W0228261

Odilo Lechner
Ulrich Schütz

Mit den Heiligen durch das Jahr

Odilo Lechner
Ulrich Schütz

Mit den Heiligen durch das Jahr

Herder
Freiburg · Basel · Wien

Zweite Auflage

Alle Rechte vorbehalten – Printed in Germany
© Verlag Herder Freiburg im Breisgau 1987
Herstellung: Freiburger Graphische Betriebe 1988
ISBN 3-451-20485-1

Inhalt

HINWEIS ZUM KALENDARIUM

Im Kalenderteil werden zuerst die Heiligen des „Allgemeinen Römischen Kalenders" (Generalkalender = GK) aufgeführt, der gemäß dem Beschluß des Zweiten Vatikanischen Konzils erneuert und 1969 eingeführt wurde. Außer den beweglichen Hochfesten (wie Dreifaltigkeit, Fronleichnam, Herz Jesu, Christkönig) und Festen (wie Hl. Familie und Taufe des Herrn) umfaßt er 10 Hochfeste (= H), 23 Feste (= F), 64 gebotene Gedenktage (= G) und 95 nichtgebotene Gedenktage (= g). Es schließen sich die Eigenfeiern der Heiligen des Regionalkalenders (= RK) für das deutsche Sprachgebiet mit insgesamt 55 Gedenktagen an sowie die Heiligen und Seligen der Diözesankalender der deutschsprachigen Diözesen; dabei wird die jeweilige Diözese in der Regel mit den ersten drei Buchstaben abgekürzt und – wie bei den Heiligen des General- und Regionalkalenders – nach einem Schrägstrich die Rangstufe der liturgischen Feier angegeben.

Aus der nahezu unübersehbaren Zahl der Heiligen und Seligen, die im Laufe der Kirchengeschichte offiziell in ein Heiligenverzeichnis aufgenommen und deren Verehrung kirchlich bestätigt wurde, die aber heute in der gesamt- bzw. teilkirchlichen Liturgie nicht mehr eigens gefeiert oder erwähnt werden, wurden zu den etwa 300 Heiligen und Seligen der erwähnten offiziellen kirchlichen Kalender ferner etwa 700 weitere ausgewählt, die wegen ihrer religiösen, historischen, frömmigkeitsgeschichtlichen, volkskundlichen oder auch persönlichen Bedeutung als Namenspatron von Interesse sein können. In verstärktem Maße sind auch die Selig- und Heiligsprechungen der letzten fünfzig Jahre berücksichtigt. Bei den kurzen biographischen Hinweisen ist in solchen Fällen in Klammern nicht nur das Todesjahr, sondern danach auch das Jahr angegeben, in dem der oder die Betreffende seliggesprochen (= sel.g:) oder heiliggesprochen (= hl.g:) wurde.

ABKÜRZUNGSVERZEICHNIS

GK	Generalkalender
RK	Regionalkalender
H	Hochfest
F	Fest
G	Gebotener Gedenktag
g	nichtgebotener Gedenktag
sel.g:	seliggesprochen
hl.g:	heiliggesprochen
Aac	Aachen
Aug	Augsburg
Bam	Bamberg
Bas	Basel
Ber	Berlin
Boz	Bozen
Chu	Chur
Eich	Eichstätt
Ein	Einsiedeln
Eis	Eisenstadt
Fel	Feldkirch
Ful	Fulda
Frei	Freiburg i. Br.
Gal	St. Gallen
Gör	Görlitz
Gra	Graz-Seckau
Gur	Gurk-Klagenfurt
Hil	Hildesheim
Inn	Innsbruck
Köl	Köln
Lau	Lausanne/Genève/Fribourg
Lim	Limburg
Lin	Linz
Lüt	Lüttich
Lux	Luxemburg
Mai	Mainz
Mei	Meißen
Mst	Münster
Mün	München-Freising
Osn	Osnabrück
Pad	Paderborn
Pas	Passau
Pöl	St. Pölten
Reg	Regensburg
Rot	Rottenburg-Stuttgart
Sal	Salzburg
Sit	Sitten
Spe	Speyer
Stra	Straßburg
Tri	Trier
Wie	Wien
Wür	Würzburg

Einführung: Die Bilder der Heiligen einüben

Also fleucht Tod, Sünd und Höll mit allen ihren Kräften, so wir nur Christi und seiner Heiligen leuchtende Bilder in uns üben in der Nacht, das ist im Glauben." Nichts könnte besser das Anliegen dieses Buches umschreiben als diese Worte Martin Luthers aus seinem Sermon von der Bereitung zum Sterben von 1519.

Aber wie geschieht solche Übung? Und müssen wir den reformatorischen Einwand nicht immer noch bedenken, die vielen Bilder der Heiligen würden den Blick auf das eine Bild Gottes, auf den einen Mittler Jesus Christus, verstellen? Oder spüren wir gerade in unserer Zeit eine neue Sehnsucht nach solchen Bildern, die in uns aufleuchten können?

Wir leben im Zeitalter der Abwesenheit Gottes. Für das Gefühl der Menschen scheint er in dieser Wirklichkeit nicht da, nicht wirksam zu sein – vielleicht in einer vermuteten Ferne. Gewiß ist er der ganz Andere, aber dieser uns Ferne ist zugleich der uns zu jeder Zeit und an jedem Ort Nahe. Die Heiligen bezeugen, daß Gott in einem menschlichen Leben wirksam ist. Das Leben der Heiligen wurde von den Alten so umschrieben: die Taten der Heiligen – das Handeln Gottes. Wir betrachten an den Heiligen also nicht menschliche Größe und Vollkommenheit, sondern das wunderbare Handeln Gottes am Menschen. Am Handeln Gottes sollten wir freilich nicht vorbeischauen, sondern uns darüber freuen, seine Gnade preisen und uns dafür öffnen, daß er auch an uns wirkt. Wenn wir also die Bilder der Heiligen betrachten, lassen wir uns nicht von menschlicher Schönheit oder irdischer Leistung faszinieren, sondern zum Lobpreis der Gnade Gottes anregen.

Wir leben im Zeitalter des Pluralismus. Vor uns steht die Vielfalt geschichtlicher Erscheinungen, die Vielzahl der Kulturen und Religionen. Die vielen Götter der Menschheit scheinen je verschiedene Werte zu repräsentieren. Unser Herz wird zwischen ihnen hin und her gerissen. An den vielen Heiligen kann uns aufgehen, daß es eine große Vielfalt an Wertvollem und Heiligem gibt, eine große Verschiedenheit entsprechend der jeweiligen Zeit und Kultur, der jeweiligen Umgebung und persönlichen Eigenart. Und doch sind sie alle nur Wirkung und Spiegelung der einen unauslotbaren Fülle Gottes. Auch die konkrete Existenz des Jesus von Nazaret in Palästina vor zweitausend Jahren birgt ein von uns nie als Ganzes erfaßbares und aussagbares Geheimnis, das Geheimnis des endlichen Menschen, der eins ist mit der Unendlichkeit Gottes.

In den Heiligen treten uns einzelne Züge des Lebens und Wirkens Jesu in bestimmter Akzentuierung entgegen: sein Mitleid mit den Kranken, seine Liebe zu den Armen, sein verborgenes Arbeiten in Nazaret, sein Kampf in der Wüste, die Macht seiner Predigt, sein Gehorsam gegenüber dem Willen des Vaters, seine Bereitschaft zum Leiden und Sterben, seine Hoheit und Herrlichkeit. Und aus der Distanz von zweitausend Jahren tritt Jesus in eine bestimmte Zeit und Situation unserer Welt, leuchtet neu an einem Menschen auf.

Wir leben in einem Zeitalter ohne Orientierung und Maßstäbe. Alles ist relativ geworden, zeit- und situationsbedingt, unserer Beliebigkeit anheimgestellt. Und wenn wir noch von Idealen träumen, dann sind wir davon überzeugt, daß sie in unserer Welt nicht zu verwirklichen sind. Die Heiligen setzen unverrückbare Maßstäbe und zeigen, daß Ideale gegen alle scheinbaren Zwänge dieser Welt doch verwirklicht werden. Jesus selbst sagt zu den Aposteln, daß sie solch richtender Maßstab sein werden. „Wenn die Welt neu geschaffen wird und der Menschensohn sich auf den Thron der Herrlichkeit setzt, werdet ihr, die ihr mir nachgefolgt seid, auf zwölf Thronen sitzen und die zwölf Stämme Israels richten" (Mt 19,28). Damit ist sicher nicht ein Urteilen anderer über uns, von außen her, gemeint, vor dem wir uns noch neben dem Urteil des göttlichen Richters fürchten müßten; das Gericht wird in unserem Erkennen der eigenen Wirklichkeit und der ganzen Geschichte bestehen. Wir werden erkennen, wie sehr Gott uns liebt und was seine Liebe aus uns machen wollte; wir werden zugleich sehen, wie seine Gnade von anderen fruchtbar aufgenommen wurde. An den Bildern der Heiligen sind uns schon jetzt solche Maßstäbe erkennbar: Wir erkennen, was in Wahrheit christliches Leben ist – ganz Christus zugehören, aus ganzem Herzen seinem Ruf antworten. An den Heiligen sehen wir zu unserer Beschämung, daß entgegen unseren Beteuerungen christliches Leben in dieser Welt möglich ist.

Wir leben in einem Zeitalter der Isolation und der Sprachlosigkeit. Gott aber ist ein Gott lebendigen Gesprächs – er ist nicht einsam und allein, sondern Gemeinschaft in seinem trinitarischen Leben, er schafft Leben und Gemeinschaft der Geschöpfe durch sein Wort, er gibt Engeln und Menschen Teilhabe an seinem Gespräch. Die Engel und Heiligen gehören zur Welt Gottes und zum Gespräch Gottes. Wer mit Gott in Verbindung ist, ist auch der Gemeinschaft der um ihn lebenden Geister verbunden. Wer mit Christus in Verbindung tritt, ist in Verbindung mit seinem ganzen Leib. Von daher wird vielleicht auch der unseren evangelischen Schwestern und Brüdern schwerer zugängliche

Kult der Heiligen und das Vertrauen auf ihre Fürsprache deutbar. Es geht um die Einübung in den Dialog mit der Welt Gottes, um das Gespräch mit der einen Familie Christi über alle Zeiten hinweg. So rufen wir die Schar der Freunde Gottes, damit wir teilhaben an ihrem freundschaftlichen Gespräch mit Gott und weil wir glauben, daß auch sie teilnehmen an der Freundlichkeit Gottes zu uns. Seligsprechungen wollen helfen, daß diese Welt Gottes nicht anonym bleibt, sondern mit Namen benannt werden kann und persönliche, uns vertraute Züge trägt. Unser Gespräch kann anknüpfen an landsmannschaftliche oder berufliche Verbindungen, an Nöte und Aufgaben, die wir mit den Heiligen gemeinsam haben. Das ist der Sinn der verschiedenen Patronate. Nie freilich dürfte das Bild eines Heiligen selbständige Größe, nie dürfte er sozusagen Endpunkt des Gespräches werden. Immer verweisen die Heiligen auf das, was ihr eigenstes Anliegen ist: die Verherrlichung Gottes. In allem künden die Heiligen von dem, wovon sie selber leben: von der Liebe Gottes.

In manchen unserer barocken Kirchen erblicken wir im Deckenfresko einen sogenannten Heiligenhimmel. So sind etwa in der Andechser Klosterkirche die vielen Seligen und Heiligen in der Anbetung des Herrn versammelt, die aus dem Geschlecht der Andechs-Meranier stammen oder einen Bezug zu diesem Ort haben. Vielleicht dürfen wir uns alle solch einen Heiligenhimmel mit dem Pinsel unserer Seele malen. Da würden wir uns besonders vertraute und liebe Bilder aus verschiedenen Zeiten und Lebensbereichen gewinnen, an denen wir mitten in der Nacht unserer Weltzeit das Heilwerden einüben könnten. So würden wir ermutigt, uns vertrauensvoll dafür zu öffnen, daß Gott auch uns heiligt. Dazu möchte unser Buch anregen.

Geleitet von der Ahnung des Paradieses

Am ersten Tag des Jahres fällt unser Blick auf das Bild der Mutter. Der Oktavtag von Weihnachten wird von der Kirche als Hochfest der Gottesmutter Maria gefeiert. Heute begeht sie auch den Weltfriedenstag. Da mag sich die Frage stellen: Verleitet angesichts der großen Bedrohungen der Menschheit, angesichts all der vielen Probleme eines neuen Jahres der Blick auf die Mutter nicht zu einer Flucht in eine Idylle der Lieblichkeit? Da sehen wir Stephan Lochners Muttergottes in der Rosenlaube: Maria mit dem Kind im Paradiesgarten, umgeben von Engeln, sitzend vor einem Rosenspalier, vor Rosen und Lilien, golden die Krone und der himmlische Hintergrund.

Aber wo könnte Zuversicht für das kommende Jahr, wo sollte Hoffnung und Frieden besser gefunden werden als vor einem Bild des Anfangs? Die Erinnerung an die Mutter, an die Kindheit kann uns Gewißheit schenken, daß Liebe und Zärtlichkeit, Geborgenheit und Übereinstimmung in dieser Welt möglich sind. Wir können uns von einer Ahnung des Paradieses leiten lassen, vom Bild einer ungetrübten Schönheit. Solche Erinnerung, solch inneres Bild muß nicht eine Illusion sein, die der Wirklichkeit entfremdet, sie kann eine Wirklichkeit erfahren lassen, die sich auch in der Welt des Alltags als wirksam erweist.

Das Gesicht Marias ist ja nicht träumerisch, sondern durchaus ernst, hingegeben an ihre Aufgabe. Es ist die Aufgabe, in zarter Ehrfurcht das Kind zu halten, es zu hüten und zugleich freizugeben, es wegblicken, es weggehen zu lassen in seine Sendung zur Erlösung der Welt. Der Apfel in der Hand des Kindes deutet an, daß es der neue Adam ist, der in seiner Tat des Gehorsams das Essen der verbotenen Frucht gutmacht, Schuld und Gier des Menschen zu einem Leben des Heils wendet. Wovon Maria zuinnerst lebt, wird im Bild oben sichtbar: sie nimmt das Wort des Vaters, den Anhauch des Geistes auf, sie ist Inbild des Menschen schlechthin, der Zukunft hat, weil er neues Leben von Gott annimmt, es als unversehrbaren Ursprung im Herzen bewahrt und hineingebiert in die Welt.

Bild 1
1. Januar: Hochfest der Gottesmutter Maria
Maria mit dem Kind im Paradiesgarten
Stephan Lochner, um 1540

JANUAR

1

Was er euch sagt, das tut. (Joh 2, 5) MARIA, MUTTER JESU CHRISTI

Die Kirche ist Gottes Tenne, voller Weizen, vermischt mit Spreu. Man darf nicht die Guten wegen der Schlechten verlassen, sondern muß die Schlechten wegen der Guten ertragen. FULGENTIUS VON RUSPE

HOCHFEST DER GOTTESMUTTER MARIA, Oktavtag von Weihnachten. Das in Rom wie in der Ostkirche alte Muttergottesfest durch nachkonziliare Kalenderreform (1969) auf den Neujahrstag gelegt. – GK/H.

FULGENTIUS, Bischof von Ruspe/Nordafrika; hochgebildeter und mutiger Vertreter der kirchlichen Lehre gegenüber Arianismus und Semipelagianismus, deswegen jahrelang in Verbannung († 532).

WILHELM, Mönch in Cluny, Abt von St-Bénigne in Dijon; wirkte für Klosterreform, die nach der von ihm gegründeten Abtei Fruttuaria benannt wurde († 1031).

JANUAR

2

Ruhe (von Zunge, Auge, Ohr) ist für die Seele der Anfang der Reinigung. BASILIUS DER GROSSE

Einer hat diesen, ein anderer jenen Beinamen. Für uns aber ist das die eine große Wirklichkeit und der eine große Name: Christ sein und Christ heißen. GREGOR VON NAZIANZ

BASILIUS der Große; führte asketisches Leben, arbeitete Mönchsregeln aus; Erzbischof von Cäsarea/Kappadozien; bedeutendes Wirken als Seelsorger, Theologe, Kirchenpolitiker; Kirchenlehrer († 379). – GK/G.

GREGOR von Nazianz, mit Basilius eng befreundet, im Bischofsamt große Schwierigkeiten; als theologischer Schriftsteller und Dichter von großem Einfluß, Kirchenlehrer († 390). – GK/G.

ADALHARD, Vetter Karls d. Gr., Abt von Corbie, Gründer der Klöster Corvey und Herford († 826).

JANUAR

3

Wenn Maler Abbilder fertigen, schauen sie oft auf das Vorbild, um dessen Züge auf ihr Werk zu übertragen. Ebenso muß jeder, der danach strebt, in allem Verhalten vollkommen zu sein, auf das Leben der Heiligen schauen wie auf Bilder, die leben und handeln, und sich das Gute an ihnen zu eigen machen durch Nachahmung. BASILIUS DER GROSSE

Werden wir wie Christus, da Christus wie wir geworden ist. Das Geringere nahm er an, um das Bessere zu geben. Er wurde arm, damit wir durch seine Armut reich werden. Die Daseinsweise des Sklaven nahm er auf sich, damit wir die Freiheit empfangen. GREGOR VON NAZIANZ

IRMINA, stiftete die von Willibrord gegründete Abtei Echternach; zuletzt Äbtissin des Klosters Oeren in Trier († vor 710). – Tri, Lux/g.

ODILO, einer der großen Äbte von Cluny; wirkte für Kloster- und Kirchenreform sowie für Bewegung des Gottesfriedens († 1048). – Lau/g.

Als ich den Tod des menschgewordenen Gottessohnes betrachtete, da ertönte in meiner Seele dieses göttliche Wort: „Ich habe dich nicht aus Laune geliebt." Es durchbohrte mich mit tödlichem Schmerz, denn ich erkannte in mir das genaue Gegenteil: ich liebte ihn nicht wahrhaft, sondern launenhaft.

ANGELA VON FOLIGNO

JANUAR

MARO (Marius), Bischof von Avenches; verlegte Bischofssitz nach Lausanne († 594). – Lau/G.

ROGER, Zisterzienser, erster Abt des Klosters Elan (Diözese Reims) († nach 1162).

ANGELA von Foligno/Umbrien, sel.; zuerst weltliches Leben, 40jährig Umkehr; Franziskanerterziarin, Büßerin und Mystikerin († 1309).

ELISABETH ANNA BAYLEY, in New York geboren, verheiratet (fünf Kinder); nach Tod des Mannes zur katholischen Kirche; gründete Orden der in USA sehr verbreiteten „Sisters of Charity" († 1821; hl.g: 1975).

Was wirst du Reicher dem Richter antworten, wenn du Wohnungswände bekleidest, einen Menschen aber unbekleidet läßt, wenn du Pferde schmückst, aber den Bruder in Lumpen übersiehst, wenn du Getreide verfaulen läßt, für den Hungernden aber nicht sorgst? – Doch du selbst nennst dich arm, und du hast recht. Denn arm ist, wer viele Bedürfnisse hat. Die Unersättlichkeit der Gier schafft immer neue Ansprüche.

BASILIUS DER GROSSE

JANUAR

EDUARD der Bekenner, letzter angelsächsischer König; förderte kirchliches Leben; politisch den Kämpfen zwischen Angelsachsen und Normannen nicht gewachsen († 1066). Grab in Westminster Abbey, Patron Englands.

GERLACH; gab Ritterleben auf, pilgerte nach Rom und Jerusalem, Einsiedler zu Houthem (zwischen Maastricht und Aachen) († 1172/1177).

Wir wissen, was geschieht, seit die drei Weisen aus der Ferne gerufen wurden und der Stern sie zum König des Himmels und der Erde führte, ihn zu erkennen und anzubeten. Der Dienst des Sternes ruft auch uns zur Nachfolge: daß wir mit allen Kräften dieser Gnade dienen, die alle zu Christus einlädt.

LEO DER GROSSE

JANUAR

ERSCHEINUNG DES HERRN. Das Fest entstand im Osten (3. Jh.), ursprünglich als Geburtsfest Christi. Der Westen feierte die Geburt Jesu seit 4. Jh. am 25. 12.; es folgte die gegenseitige Übernahme beider Geburtsfeste, wobei der Osten am 6. 1. mehr die Taufe Jesu und der Westen die Huldigung der Magier betonte. – Die Feier der hll. DREI KÖNIGE (mit den legendären Namen KASPAR, MELCHIOR und BALTHASAR) geht zurück auf die Übertragung ihrer Reliquien 1164 von Mailand nach Köln. – GK/H.

ERMINOLD, sel., Mönch von Hirsau und erster Abt des Klosters Prüfening bei Regensburg († 1121).

Entschiedenheit für die Zukunft

Epiphanie, Erscheinung des Herrn, ist der Titel dieses Hochfestes, des großen Weihnachtsfestes der Ostkirche. Dreikönig heißt es in unseren Landen nach den Magiern aus dem Morgenland, denen durch den Stern die Geburt des neuen Königs aufleuchtet, wie das Festevangelium nach Matthäus berichtet. Denn die spätere Legende hat aus ihnen wegen der drei Geschenke, Gold, Weihrauch und Myrrhe, drei Könige gemacht. Sie stellen ja die Völker dar, die zu Christus als ihrem König kommen.

Wie ist das mit der in Christus aufstrahlenden Herrlichkeit, da nach wie vor Grau und Elend dieser Welt uns umhüllen? Vielleicht kennen auch wir Augenblicke, in denen uns der Sinn des Lebens aufleuchtete, in denen alles schön zu sein schien, in denen uns Liebe geschenkt wurde, in denen wir die Nähe Gottes erfuhren. Wie geht man damit um, wenn der Alltag uns wieder einholt?

Matthäus berichtet von den Weisen, sie hätten, nachdem sie dem Kind voll Freude gehuldigt hatten, im Traum die Weisung empfangen, nicht zu Herodes zurückzukehren, und seien so auf einem anderen Weg in ihre Heimat gezogen. Sicher hatten sie sich selber zurechtgelegt, wie wohl die Sache mit dem neugeborenen König weiterginge als glanzvolle Zukunft. Aber sie sind, wie uns die beiden Bilder aus dem Speyrer Evangelistar zeigen, Menschen, die offen sind für Korrekturen ihrer eigenen Vorstellungen, offen für andere Stimmen als die gewohnten der Umgebung und des eigenen Denkens, für die Stimme tiefster Wirklichkeit. Da mag man sich zunächst abwehrend verhalten, abwenden wollen. Sie aber lassen sich von der Weisung im Traum erfassen, sammeln sich zu entschiedenem Ernst und werden in der Gemeinsamkeit solch erfahrener Weisung sicher, den rechten Weg zu gehen. Sie können sich dem Schiff anvertrauen ohne Furcht vor den Wogen des Meeres. Der weitere Weg, die weitere Geschichte sind nicht enttäuschend, weil ihnen etwa der Glanz des Festes fehlt. Die Erfahrung der Herrlichkeit gibt Entschiedenheit für die Zukunft. Das Fest verwandelt – nicht die Dinge, sondern uns und wie wir zu ihnen stehen.

Bild 2
6. Januar: Erscheinung des Herrn
Traum und Heimreise der Drei Könige
Evangelistar, Speyer, um 1197

JANUAR

Alle, die fromm in Christus leben, müssen Verfolgung leiden. Die Wunden sind dann besonders schwer, wenn sie von Freunden kommen.

RAIMUND VON PEÑAFORT

RAIMUND von Peñafort (bei Barcelona), Jurist und Kirchenrechtler, Dominikaner; veröffentlichte einflußreiche Sammlung päpstlicher Rechtsentscheidungen sowie Handbuch für Beichtväter; mit Raimundus Lullus für Mission unter Juden und Mauren tätig († 1275). – GK/g.

VALENTIN, Bischof von Rätien; wirkte in Passau und im Alpengebiet († um 475). – RK/g (Pas/H, Diözesanpatron; Pöl/G).

REINOLD, nach der Legende Mönch und Steinmetz in Köln; Reliquien nach Dortmund (Stadtpatron).

KNUD Lavard (Herzog) von Südjütland und Fürst der wagrischen Wenden (etwa im heutigen Holstein); von seinem Vetter ermordet († 1131).

JANUAR

(Letzte Worte Severins aus der Lebensbeschreibung des Eugippius:) Blickt auf die Beispiele der Vorfahren; betrachtet ihren Tod, betrachtet ihren Glauben. Abraham, der vom Herrn berufen war, gehorchte im Glauben und zog so in ein Land, welches er zu eigen erhalten sollte; und er zog aus, ohne zu wissen, wohin.

SEVERIN von Norikum (Donaugebiet); wohl germanischer Abstammung, Mönch; in den Wirren der Völkerwanderungszeit um Ausgleich zwischen Romanen und Germanen und um Hilfe für die Notleidenden bemüht († 482). – RK/g (Lin/F; Pas, Pöl, Wie/G).

ERHARD, fränkischer Missionsbischof am Hof der Agilolfingerherzöge in Regensburg († um 700). Er soll die hl. Odilia getauft haben, daher auch im Elsaß verehrt. – Reg/F.

GUDULA, von Gertrud von Nivelles erzogen, Einsiedlerin († 712). Gebeine nach Brüssel übertragen (Stadtpatronin, Hauptkirche Ste-Gudule).

JANUAR

Gott sprach zu mir: Ich will dir etwas von meiner Macht offenbaren. Da wurden die Augen meiner Seele geöffnet, und ich erblickte eine göttliche Fülle, in der ich die ganze Welt erfaßte, was jenseits und diesseits des Meeres ist und den Abgrund und das Meer selber und alles ... Da rief meine Seele in übergroßem Staunen: Diese Welt ist schwanger von Gott.

ANGELA VON FOLIGNO

Warum liebst du mich, da ich so sündig bin? Und warum hast du so große Freude an mir, da ich doch böse bin? Und Er antwortete darauf: So groß ist meine Liebe zu dir, daß ich deiner Fehler nicht gedenke und meine Augen nicht darauf richte. Denn ich habe in dich eine große Kostbarkeit gelegt.

ANGELA VON FOLIGNO

Richtet über keinen, auch wenn ihr einen schwer sündigen seht. Richtet, sage ich, nicht über die Sünder, denn ihr kennt die Gerichte Gottes nicht.

ANGELA VON FOLIGNO

JANUAR 10

Es ist wie bei hellen, durchscheinenden Körpern: Fallen Lichtstrahlen in sie ein, kommen sie selbst zum Leuchten und strahlen ihrerseits Licht aus. So werden auch die Seelen, die den Geist Gottes tragen und durch ihn zum Leuchten kommen, selbst geistlich und strahlen Gnade für andere aus.

BASILIUS DER GROSSE

GREGOR X., sel., Papst; aus Piacenza, Archidiakon in Lüttich; Hauptziele als Papst Befreiung des Heiligen Landes und Wiedervereinigung mit der Ostkirche; unter ihm zweites Konzil von Lyon 1274 (mit kurzfristiger Kirchenunion) († 1276). – Lau/g.

PAULUS von Theben, lebte neunzig Jahre als Einsiedler in der oberägyptischen Wüste; berühmt die Begegnung mit dem Mönchsvater Antonius († um 341).

PETRUS ORSEOLO, Doge von Venedig; stellte Verfassung wieder her, sorgte für karitative Einrichtungen; ging mit dem hl. Romuald als Mönch in ein Pyrenäenkloster († 987).

JANUAR 11

Seht nicht allein auf euch, die ihr im windstillen Hafen seid und die ihr durch die Gnade Gottes vor dem Sturm der bösen Geister bewahrt seid. Reicht auch den Kirchen die Hand, die dem Sturm preisgegeben sind, damit sie nicht vereinsamt und verlassen Schiffbruch im Glauben erleiden.

BASILIUS DER GROSSE

THEODOSIUS der Koinobiarch, Mönch in Palästina; gründete Höhlenkloster in der Nähe von Betlehem; wurde Generalabt über alle gemeinsam lebenden Mönche (Koinobiten, daher Beiname) in Palästina († 529).

PAULINUS, Lehrer an der Palastschule Karls d. Gr., Patriarch von Aquileja (nordwestlich von Triest); mit Erzbischof Arno von Salzburg um Christianisierung der Slawen in Kärnten und der Awaren in Böhmen und Ungarn bemüht († 802).

JANUAR 12

Sei wie ein leeres Gefäß. Gib dich selbst ganz her. Gehe ganz zu Gott über.

AELRED VON RIEVAULX

Das Kreuz Christi muß der Spiegel des Christen sein. In dieses Kreuz Christi soll er schauen und darin prüfen, ob sein alltägliches Verhalten diesem Kreuz Christi entspricht. AELRED VON RIEVAULX

TATIANA, römische Märtyrin († wohl Anfang 3. Jh.). Schon früh auch in der griechischen und russischen Kirche verehrt.

AELRED, englischer Zisterzienser; am Königshof von Schottland ausgebildet, bedeutende Stellung am Hof; wurde Mönch und Abt von Rievaulx (Diözese York), zahlreiche geistliche Schriften († 1167).

ANTONIO MARIA PUCCI, aus dem Servitenorden, Pfarrer von Viareggio/Toscana, bahnbrechender Seelsorger († 1892; hl.g: 1962).

Wer aus dem Schweigen kommt

Wir leben in einer Welt umfassender Kommunikation und stellen zugleich fest, wie Isolation, Beziehungs- und Sprachlosigkeit zunehmen. Unser Ausschnitt aus dem Isenheimer Altar zeigt eine besondere Gesprächssituation: in der Wildnis, der Einsamkeit, der Ausgesetztheit, in einer Welt des Schweigens. Antonius, der große Vater der Mönchsbewegung, der einst seinen Besitz verkauft hatte, um in der Wüste Gott zu suchen, hat im Alter von 90 Jahren einen der ersten christlichen Einsiedler, Paulus von Theben, aufgesucht, den 113jährigen in der Verborgenheit seiner Höhle aufgefunden, in der er 60 Jahre ausgehalten hatte. Paulus verkörpert, nur von einem Blättergewand bedeckt, die nackte Ausgesetztheit: keine Sicherung, kein Schutz, keine Ablenkung. So hat sich der Mönch Gott allein ausgesetzt und dem inneren Kampf mit den Dämonen, die Gott nicht zur Herrschaft kommen lassen wollen. Antonius, eingehüllt in das Mönchsgewand, verkörpert die Sammlung nach innen, die Konzentration auf das Wort Gottes, die ruhige Kraft, die aus der Demut kommt. Diese Welt der Strenge und der Stille wird der Ort neuen Lebens und neuen Gesprächs.

Wer aus dem Schweigen kommt, kann neu hören, das Wesen erkennen, auf die Seele des anderen zugehen. So spüren wir die Verbundenheit der beiden einsamen Männer, die vom selben Verlangen nach dem einen Gott erfüllt sind. Sie können einander ergänzen, sich mitteilen, miteinander in Gott eins werden. Die Unterredungen der Väter, ihre kurzen prägnanten Sprüche werden befruchtende geistliche Weisung für die folgenden christlichen Jahrhunderte. In den knappen Sätzen, die uns von Antonius und den anderen Vätern der Wüste überliefert sind, in den prägnanten Beispielen ihrer Lebensbeschreibungen steckt eine Kraft, die aufrüttelt und zur Umkehr bewegt, die hilft, die Geister zu unterscheiden und das Wesentliche zu erkennen. Wo finden wir den Raum der Stille, in dem wir neu hören lernen und zu einer neuen Kraft des Sprechens gelangen, wo finden wir eine Wüste, in deren Kargheit neues Leben erblüht?

Bild 3
17. Januar: Antonius, Mönchsvater
Antonius und Paulus im Gespräch
Matthias Grünewald, Isenheimer Altar, 1512–1515

JANUAR

13

Für uns besteht die ganze Gottesfurcht in der Liebe, und die vollkommene Liebe vollendet die Furcht, die noch in unserer Liebe ist. Es ist die ureigenste Aufgabe unserer Liebe zu Gott, seine Mahnung zu befolgen, seine Gebote zu halten und auf seine Verheißungen zu vertrauen.

HILARIUS VON POITIERS

HILARIUS, Bischof von Poitiers (Dép. Vienne); als Gegner des Arianismus nach Kleinasien verbannt; wieder in Gallien, um Versöhnung und Wiederherstellung der Glaubenseinheit bemüht; hochbedeutsames literarisches Werk, Kirchenlehrer († um 367). – GK/g.

GOTTFRIED von Cappenberg/Westfalen; übergab Norbert von Xanten seinen reichen Besitz zur Gründung von Klöstern; wurde selbst Prämonstratenser, starb 30jährig in Ilbenstadt (bei Frankfurt a. M.) († 1127). – Mst, Mai/g.

JANUAR

14

Das Himmelreich ist Frieden und Freude im Heiligen Geist. Erlange inneren Frieden, und Tausende um dich werden ihr Heil finden.

SERAPHIM VON SAROW

MAKRINA die Ältere; Großmutter der hll. Basilius d. Gr., Gregor von Nyssa, Makrina d. J.; von Gregor dem Wundertäter bekehrt; entscheidender Einfluß auf Erziehung der Enkel († um 340).

BERNO, Zisterzienser, Missionar unter den Obotriten in Mecklenburg, Bischof von Schwerin († 1191).

ODERICH von Pordenone, sel., Franziskaner; berühmte Missionsfahrt nach Indien, Ceylon, Java, Borneo, China (drei Jahre in Peking); nach siebzehn Jahren wieder in Italien; Reisebericht († 1331).

SERAPHIM von Sarow, Mönch und Einsiedler, mystisch begnadeter Starez († 1833).

JANUAR

Ich lebe hier in der Einsamkeit, in die der Herr gegangen ist. Hier ist die Eiche Mamre, hier die Leiter, die zum Himmel führt. Hier ist der Berg Karmel, auf dem Elija weilte; hier die Wüste, in der Johannes den Menschen Buße predigte. Hier ist Christus, der Freund der Einsamkeit.

BASILIUS DER GROSSE

ROMEDIUS, Einsiedler in Südtirol (5. Jh.?). Kult in Diözese Trient seit 12. Jh. bezeugt. – Inn, Boz/g.

MAURUS, Lieblingsschüler des hl. Benedikt, wohl sein Nachfolger als Abt von Subiaco (östlich von Rom) (6. Jh.).

FRANCISCO FERNANDEZ DE CAPILLAS, sel., spanischer Dominikaner auf den Philippinen, dann in China; erster Märtyrer Chinas († 1648).

ARNOLD JANSSEN, vom Niederrhein; Priester und Lehrer; gründete 1875 „Gesellschaft des Göttlichen Wortes" (Steyler Missionare, auch Steyler Missionsschwestern) († 1909; sel.g: 1975).

JANUAR 16

(Aus der Chronik der Generalminister des Franziskanerordens:) Als die Brüder durch keine Marter im Glauben zu erschüttern waren, ließ der Kalif Frauen herbeibringen und sprach zu ihnen: „Wenn ihr euch zu unserem Glauben bekehrt, gebe ich euch diese Frauen zu Gattinnen, auch schenke ich euch viel Geld, und ihr werdet hochangesehen in meinem Reich sein." Die seligen Märtyrer antworteten: „Die Frauen und dein Geld verschmähen wir, um Christi willen erachten wir all dies als Unrat."

Honoratus, Mönch; gründete das berühmte Inselkloster Lérins (vor Cannes), Bischof von Arles († 429/430).

Tillo, aus Westfalen; als Sklave verschleppt, vom hl. Eligius von Noyon losgekauft; Mönch in Solignac († um 700).

Berard und Gefährten; von Franz von Assisi zur Mission nach Marokko gesandt; erste Franziskanermärtyrer († 1220).

JANUAR 17

Jesus sagte zu ihm: „Wenn du vollkommen sein willst, geh, verkauf deinen Besitz, und gib das Geld den Armen; dann komm, folge mir."
(Als Antonius dieses Evangelium in der Kirche hörte:) Da war es ihm, als erinnere ihn eine göttliche Eingebung an die Heiligen und als sei die Lesung für ihn bestimmt. Sogleich ging er aus dem Gotteshaus und gab, was er von den Eltern besaß, den Leuten im Dorf. Auch alles bewegliche Gut teilte er an die Armen aus. Athanasius, Das Leben des Antonius

Antonius, die bedeutendste Persönlichkeit des ägyptischen Mönchtums, wie in zahlreichen Beinamen zum Ausdruck kommt: Vater des Mönchtums, der Große, Dämonenkämpfer, Wundertäter († 356). Einflußreiche Lebensbeschreibung durch seinen Freund Athanasius. – GK/G.

Sulpicius II., Erzbischof von Bourges († 647). Nach der ihm geweihten Kirche in Paris die 1641 von Jean-Jacques Olier gegründete Priesterkongregation von St-Sulpice (Sulpizianer) genannt.

JANUAR 18

Der Herr verlieh unserem Antonius auch die Freundlichkeit der Rede. Viele, die traurig waren, tröstete er. Andere, die im Streit miteinander waren, versöhnte er. Zu allen sagte er, sie sollten nichts Irdischem den Vorzug geben vor der Liebe zu Christus ... So überzeugte er viele, daß sie sich dem Mönchsleben hingaben. Athanasius, Das Leben des Antonius

Abbas Poimen wurde von einem Bruder gefragt: „Was soll ich tun, Vater, denn ich werde von Traurigkeit niedergeschlagen?" Der Greis antwortete ihm: „Schaue niemand für nichts an, verurteile niemand, verleumde niemand, und der Herr wird dir Ruhe geben." Worte der Mönchsväter

Margareta von Ungarn, Königstochter, Nichte Elisabeths von Thüringen, Dominikanerin (in dem von ihrem Vater gestifteten Kloster auf der heutigen Margareteninsel bei Budapest); übte heroische Krankenpflege, starb 28jährig († 1270).

Mit Rosen und Dornen bekränzt

Heinrich Seuse, ist tief verwurzelt in der schwäbischen Heimat am Bodensee, in Konstanz, das wir auf dem Bilde sehen und in dessen Dominikanerkloster er schon in jungen Jahren eintrat. So prägt ihn die fromme Überlieferung eines Landes, das gerade im 14. Jahrhundert reich ist an frommer Meditation und Kunst. Und doch, die entscheidende Begegnung erwächst aus dem Boden des eigenen Inneren wie hier der Rosenstrauch, der am anderen Ufer sich emporrankt, um ihm den Christusknaben zu zeigen. Gelehrt hat ihn den inwendigen Weg vor allem Meister Eckhart, als er in Köln den theologischen und philosophischen Studien obliegt. Es geht um jene „tiefe Gelassenheit, in der man alle Dinge von Gott und nicht von der Kreatur nimmt und sich in stille Geduldigkeit setzt gegen alle wölfischen Menschen". Bis zum 40. Lebensjahr, bis zur Kehre in der Lebensmitte, in der er sich ganz der Gnade Gottes überläßt, übt er strenge Kasteiung und brennt sich auf seine Brust mit glühendem Eisen den Namen Jesu ein.

Sosehr seine gefühlvolle Predigt und seine anmutige Sprache die Herzen der Menschen gewinnt, so fruchtbar sein seelsorgliches Wirken vor allem auch bei den Schwestern seines Ordens ist, so bleiben ihm doch Bedrängnis, Verdächtigung, Verfolgung und Leiden nicht erspart. Er hat die Verfolgung Eckharts miterlebt, er muß selber aus Konstanz später weichen und wird in das Kloster nach Ulm versetzt. Aber das äußere Ungemach hindert nicht die inwendige Freude. Der Rosenstrauch, in dem er Christus erblickt, der Kranz von Rosen, mit dem ihn Christus bekränzt, bedeuten hier beides: schöne Freude und bitteres Leiden. In einer großen Leichtigkeit schwebt Christus im Rosenstrauch, wie von der Hand Seuses getragen.

Aus der Bereitschaft des Menschen, dem Bild des Herrn in seinem Innern Raum zu geben, erwächst jene schwebende Leichtigkeit, in der Gottes Liebe sich ganz frei schenkt. Das Geheimnis dieser Liebe aber ist immer ein Geheimnis des Leidens, des Abschieds von aller Kreatur, des Absterbens, aber auch des Anbruchs ewigen Lebens im innersten Wesen.

Bild 4
23. Januar: Heinrich Seuse
Der Heilige sieht das Jesuskind im Rosenstrauch
Gemälde, Konstanz, 17. Jahrhundert

JANUAR

19

Herzensdemut ist es, was ihr braucht! Demut, die nicht mit krummem Buckel und heuchlerischer Rede Niedrigkeit demonstriert, die vielmehr aus der Tiefe des Herzens sich beugt. Hell-leuchtend strahlt sie auf in der Geduld. Denn nicht darin zeigt sich Demut, daß einer seine Sünden zu Markte trägt; Demut wird offenbar, wenn einer die ihm widerfahrenen Beleidigungen mit sanfter Herzensruhe erträgt. JOHANNES CASSIAN

Ausspruch des Altvaters Antonius: „Ich sah alle Schlingen des Feindes über die Erde ausgebreitet. Da seufzte ich und sprach: Wer kann ihnen denn entgehen? Und ich hörte, wie eine Stimme zu mir sagte: Die Demut.“

WORTE DER MÖNCHSVÄTER

AGRITIUS, Bischof von Trier († um 330). – Tri/g.

HEINRICH, Bischof von Uppsala; fand bei Missionsreise in Finnland den Märtyrertod; Patron Finnlands († um 1160).

JANUAR

20

Die Demut gleicht der Biene, die im Bienenstock den Honig bereitet; ohne sie ist alles verloren. Aber vergessen wir nicht, daß die Biene auch ausschwärmt, um Blüten zu suchen. So soll sich auch die Seele immer wieder von der Selbsterkenntnis zur Betrachtung der Größe und Majestät Gottes erheben. THERESIA VON ÁVILA

FABIAN, Papst; vermochte die vorangegangenen Wirren (um Hippolyt) auszugleichen und die Kirche Roms auch organisatorisch zu festigen; Märtyrer († 250). – GK/g.

SEBASTIAN, starb als Märtyrer in Rom (2. Hälfte des 3. Jh.). Grab an der Via Appia; später Legende, daß er als Offizier der kaiserlichen Garde mit Pfeilen erschossen wurde.

URSULA HAIDER, sel., aus Leutkirch; Klarissin, Äbtissin in Valdunen/Vorarlberg und Villingen († 1498).

JANUAR

Nach der Überlieferung hat die heilige Agnes mit zwölf Jahren das Martyrium erlitten. Noch zu jung, um bestraft zu werden, ist sie schon reif zum Sieg. Mit welchen Schrecken droht der Henker, um sie einzuschüchtern. Sie aber spricht: Der mich zuerst erwählte, dem will ich gehören. – Da seht ihr an der einen Opfergabe das zweifache Martyrium: das der Reinheit und das des Glaubens. AMBROSIUS

AGNES, jugendliche Märtyrin in Rom († 258/259 oder 304). Frühe Verehrung, Kirche über ihrem Grab bereits im 4. Jh. – GK/g.

MEINRAD, Mönch auf der Reichenau, Einsiedler; von Raubmördern erschlagen († 861). An der Stelle seiner Klause Kloster Einsiedeln. – RK/g (Ein/H, Hauptpatron).

PATROKLUS, Märtyrer in Troyes († 259). Reliquien 964 nach Soest.

EPIPHANIUS von Pavia (südlich von Mailand), einer der bedeutendsten Bischöfe der Zeit der Völkerwanderung, Friedensstifter († 496).

JANUAR 22

Wehe uns, wenn wir Jesus Christus den Gekreuzigten predigen und selber genießerisch leben; wenn wir seine Armut preisen und selber am Reichtum kleben; wenn wir über seine Demut reden und selber nach Ehren streben.

VINZENZ PALLOTTI

VINZENZ von Saragossa, Erzmärtyrer Spaniens († um 304). Auch in deutschsprachigen Ländern sehr verehrt. – GK/g (Gör/G).

THEODELIND, bayrische Herzogstochter; mit Langobardenkönig vermählt; gewann ihren Mann und die arianischen Langobarden für katholische Kirche († 627/628). Grab im Dom von Monza.

WALTER von Bierbeek, Zisterzienser in Himmerod/Eifel, großer Marienverehrer († um 1206).

VINZENZ PALLOTTI, Volksmissionar in Rom; gründete „Gesellschaft des katholischen Apostolats" mit Priestergemeinschaft (Pallotiner) sowie später auch Schwesterngemeinschaft († 1850; hl.g: 1963).

JANUAR 23

Ein weiser Mensch soll seine Innerlichkeit den äußeren Dingen nicht opfern. Er soll aber auch seine äußere Tätigkeit gegenüber seiner Innerlichkeit nicht verleugnen. Er soll in seinem äußeren Tun seinem inneren Verlangen einen Platz geben und in seiner innerlichen Haltung so gelassen sein, daß er seine äußeren Pflichten erfüllen kann. Und so bewegt er sich nach draußen und drinnen und findet seine Ruhe in allen Dingen. HEINRICH SEUSE

HEINRICH SEUSE, sel.; stammte vom Bodensee; Dominikaner, in Köln Schüler Meister Eckharts; wirkte in Konstanz und auf zahlreichen Predigtreisen, erlitt Verleumdung und Verfolgung, lebte zuletzt in Ulm; einer der großen deutschen Mystiker, nach anfänglicher übermäßiger Bußstrenge voll inniger Zartheit und Gemütstiefe († 1366). – RK/g.

ILDEFONS, Mönch, Abt, Erzbischof von Toledo; auch als spätlateinischer Schriftsteller im westgotischen Spanien bedeutend († 667).

JANUAR 24

Immer und überall muß unser Herz, unser Verstand, unser Wille mit seiner Spitze wie eine Kompaßnadel auf die Liebe Gottes gerichtet sein.

FRANZ VON SALES

FRANZ von Sales; aus Savoyen, studierte in Paris und Padua Jura und Theologie, Priester; wirkte in der Gegend am Genfer See für Wiedergewinnung der kalvinistisch gewordenen Bevölkerung; sorgte als Bischof von Genf für Durchführung der Beschlüsse des Trienter Konzils; gründete mit Johanna Franziska von Chantal Orden von der Heimsuchung Mariä; zahlreiche Briefe und Schriften, insbesondere zur Seelenführung; Kirchenlehrer († 1622). – GK/G (Lau/H.F, Diözesanpatron).

EBERHARD von Nellenburg, sel., Stifter des Klosters Allerheiligen zu Schaffhausen († 1078). – Bas/g.

ARNO, aus bayrischem Hochadel, enge Beziehungen zum Hof Karls d. Gr., mit Alkuin befreundet; Erzbischof von Salzburg († 821).

Die ganze Wirklichkeit

Thomas von Aquin, der doctor universalis der Kirche, sitzt in der Mandorla vor uns: Er strahlt die ruhige Ordnung der Weisheit aus; aus dem vollendeten Kreis, aus den Büchern fließen die Strahlen auf die Scharen der Mitbrüder, die vom unteren Bildrand zu ihm aufschauen. In diese Ordnung ist auch noch der arabische Philosoph Averroes einbezogen, dessen Infragestellung der Vereinbarkeit von Glaube und Wissen das christliche Abendland erschüttert hatte und der nun widerlegt und besiegt Thomas zu Füßen liegt. Das über die Mandorla hinausragende Haupt des Thomas zeigt freilich an, daß solche Einheit von oben und unten, von rechts und links sorgfältigen Nachdenkens und eines wachen Blickes bedarf. Sie kommt für Thomas nicht aus eigener Kraft, sondern von dem einen Lehrer, Christus, der über allem thront. Er aber wird sichtbar in den Schriften, die Petrus und Paulus und die vier Evangelisten dem Thomas geöffnet entgegenhalten. Das eine Wort begegnet in vielen, verschiedenartigen Worten der Verkündigung. Die Glaubenswissenschaft will die vielen Stimmen zusammenhören, die vielen Gestalten zur Einheit zusammenschauen.

Aber Thomas nimmt Weisheit auch aus den Büchern der Heiden entgegen, von Platon und Aristoteles auf der rechten und linken Seite. Thomas sucht auch hier die mehr mystische Erleuchtung Platons, die über die Kirchenväter, insbesondere Augustinus, das frühe Mittelalter prägt, mit der nüchternen Erkenntnis der Natur bei Aristoteles zu verbinden. Welt und Offenbarung, Erfahrung und Überlieferung, Vernunft und Glaube, die vielen Weisen der Erkenntnis werden zusammengetragen, befragt und unterschieden, um die eine, allem zugrunde liegende Wahrheit Gestalt werden zu lassen. Diese Gestalt erwächst aus dem Kampf, aus kühnen Versuchen des Denkens, sich neu erfahrener Wirklichkeit, wie sie Thomas durch die arabische Aristotelesdeutung begegnete, zu stellen. Die ganze Wirklichkeit annehmen und nach ihrer letzten Einheit in Gott suchen – dies ist die bleibende Lehre des Thomas.

Bild 5
28. Januar: Thomas von Aquin
Die Verherrlichung des Heiligen
Tafelbild, Pisa, 14. Jahrhundert

eri tatem medita bitur guttur meum
et labi a mea detesta buntur impiū.
ARISTOTILES
PLATO

JANUAR 25

Ich schäme mich des Evangeliums nicht: Es ist eine Kraft Gottes, die jeden rettet, der glaubt. (Röm 1, 16) PAULUS, APOSTEL

Was wertvoller ist als alles, das trug der Apostel Paulus in sich: die Liebe Christi, und mit ihr schätzte er sich glücklicher als alle Menschen. Ohne die Liebe Christi sein, das war ihm Höllenstrafe und unerträgliche Pein; sie jedoch zu besitzen, das war ihm Leben, Welt, Engel, Gegenwärtiges und Zukünftiges, Königtum, Verheißung und unzähliges Gute.

JOHANNES CHRYSOSTOMUS

BEKEHRUNG DES APOSTELS PAULUS. – GK/F.

POPPO, aus flandrischem Adel; nach Bekehrungserlebnis Mönch in Reims und Verdun; wurde hier zu einem Hauptvertreter der lothringischen Klosterreform, die er als Abt der Reichsabteien Stablo und Malmédy in zahlreichen Klöstern des ganzen Reiches durchsetzte († 1048).

JANUAR

(Paula schreibt aus Betlehem in einem von Hieronymus verfaßten Brief an die hl. Marcella in Rom:) Hier in einer kleinen Höhle wurde der Schöpfer des Himmels geboren. Hier wickelte man ihn in Windeln, hier suchten ihn die Hirten auf, hier verkündete ihn der Stern, hier huldigten ihm die Weisen. Hier wollen wir singen und beten: „Ich habe den gefunden, den meine Seele liebt.“

TIMOTHEUS und TITUS, Schüler des Apostels Paulus. Timotheus gehörte zu den engsten Mitarbeitern des Apostels; nach alter Überlieferung erster Bischof von Ephesus. Titus, von Paulus bekehrter Heide; nach der Überlieferung Bischof auf Kreta. – GK/G.

PAULA von Rom; folgte Hieronymus ins Heilige Land, gründete Klöster in Betlehem († 404).

ALBERICH; Gründerabt (mit Robert von Molesme) von Cîteaux, dem Ursprungskloster der Zisterzienser († 1109).

JANUAR

Schätzt einander, helft einander, ertragt einander. ANGELA MERICI

Bemüht euch, eure Mädchen mit Liebe an euch zu ziehen. Führt sie mit sanfter und milder Hand, nicht gebieterisch oder mit Härte. Das heißt Seelen befreien: wenn man den Schwachen und Schüchternen Mut macht, sie mit Liebe zurechtweist, allen durch das Beispiel predigt und ihnen die große Freude verkündet, die dort oben für sie bereitet ist. ANGELA MERICI

ANGELA MERICI, aus Desenzano am Gardasee, Mädchenerzieherin in Brescia, Gründerin der Ursulinen († 1540). – GK/g.

JULIANUS; gilt als erster Bischof von Le Mans, seit 1205 Verehrung auch in Paderborn. – Pad/g.

ENRIQUE DE OSSÓ Y CERVELLÓ, Priester und Lehrer in Tortosa (Spanien); gründete Schwesternkongregation für Jugenderziehung und mehrere apostolische Gruppen († 1896; sel.g: 1979).

JANUAR 28

Unter unseren Gefühlen ist keines, das im strengen Sinn auch in Gott verwirklicht sein könnte – ausgenommen die Freude und die Liebe.

THOMAS VON AQUIN

THOMAS von Aquin; wurde gegen Widerstand der Familie Dominikaner in Neapel, weitere Studien in Paris und Köln (Schüler von Albertus Magnus); Wirken an der päpstlichen Kurie, Leitung des Ordensstudiums in Rom, Professor in Paris und Neapel; als Philosoph und Theologe von überragender Bedeutung, Kirchenlehrer († 1274). – GK/G.

KARL der Große, Kaiser († 814). Trotz kirchenpolitisch motivierter Heiligsprechung (1165 durch Kölner Erzbischof Rainald von Dassel mit Zustimmung eines Gegenpapstes) Verehrung später gebilligt.

JOSEPH FREINADEMETZ, aus Südtirol, Steyler Missionar; Mitbegründer der neueren chinesischen Mission, in der er fast dreißig Jahre arbeitete; besondere Sorge für einheimischen Klerus († 1908; sel.g: 1975).

JANUAR

Offenkundig falsch ist die Meinung derer, die sagen, im Hinblick auf die Wahrheit des Glaubens sei es völlig gleichgültig, was einer über die Schöpfung denke, wenn er nur von Gott die rechte Meinung habe. Denn ein Irrtum über die Schöpfung wirkt sich aus in einem falschen Wissen von Gott.

THOMAS VON AQUIN

Die Geschenke der Gnade fügen sich auf solche Weise zur Natur, daß sie diese nicht aufheben, sondern eher vollenden. Darum auch löscht das Licht des Glaubens, das gnadenhaft in uns einströmt, das Licht der natürlichen Erkenntnis nicht aus, das unsere natürliche Mitgift ist.

THOMAS VON AQUIN

VALERIUS, zweiter Bischof von Trier (3. Jh.). – Tri/g.

AQUILINUS, aus Würzburg, Dompropst in Köln; auf Reise nach Rom in Mailand von Irrlehrern ermordet († vor 1018). – Wür/g.

JANUAR 30

Wenn die Frömmigkeit nur wahr und aufrichtig ist, zerstört sie nichts, sondern vervollkommnet und vollendet alles. Durch sie wird auch die Sorge für die Familie friedvoller, die gegenseitige Liebe von Mann und Frau lauterer. An welcher Stelle immer wir stehen, stets können und sollen wir uns um das vollkommene Leben bemühen. FRANZ VON SALES

Wünschen Sie nicht, zu sein, was Sie nicht sind, sondern wünschen Sie, was Sie sind, sehr gut zu sein … Was nützt es uns, Schlösser in Spanien zu bauen, wenn wir in Frankreich wohnen müssen! FRANZ VON SALES

ADELGUNDIS, Gründerin und Äbtissin des Klosters Maubeuge/Hennegau (Nordfrankreich) († 684?). – Tri/g.

EUSEBIUS, sel., irischer Mönch in St. Gallen, Einsiedler auf dem Viktorsberg bei Rankweil/Vorarlberg († 884). – Gal/G (Fel/g am 31. 1.).

MARTINA, römische Märtyrin. Verehrung seit 7. Jh. bezeugt.

Mitte aller Begegnung

Unter den vielen Namen, die der 2. Februar (Fest der Darstellung des Herrn, Mariä Lichtmeß) schon getragen hat, ist einer der ehrwürdigsten „Fest der Begegnung". Zwei Richtungen begegnen einander auf unserem Bild: die Prozession, die Maria anführt, die Gabe der Turteltaube haltend, und die große Gestalt Simeons, die aus dem Tempel entgegenkommt. Sie treffen sich – als ihrer Mitte – im Jesuskind, das die Hände Josefs darbringen und die Simeons aufnehmen (und dann wieder zurückgeben). Der Weg zum Tempel ist der Weg zum Haus Gottes, zum Haus des Vaters, dem Jesus gehört, für den er alles hingeben wird. Simeon aber verkörpert den uralten Tempel, die Tradition der Verheißungen Gottes und das Warten auf ihre Erfüllung. Dies läßt ihn gebückt erscheinen und doch voll offener Bereitschaft. Weit öffnen sich seine Augen, um das Heil zu schauen – das genügt.

Vor dem Kind scheint die ganze Pracht des hochaufragenden Tempels klein zu werden. Das Haus der Anwesenheit Gottes ist ja fortan kein äußerer Bau mehr, sondern der Leib Jesu selbst. So wird dieses Kind neu Josef und Maria anvertraut werden, auch wenn es in den Turteltauben schon ganz dem Heiligtum übergeben ist. Es wird seinen irdischen Weg gehen, die vielen Wege nach Ägypten und Galiläa, um dann nach drei Jahrzehnten diese erste Hingabe in Jerusalem zu vollenden.

Greis und Kind werden in zarter Ehrfurcht zur Einheit. Wie Jugend und Alter sich begegnen, so erfahren es immer wieder Großeltern, wenn das Enkelkind auf ihrem Schoß sitzt, wenn sie spüren, daß neues Leben aufleuchtet in Kinderaugen und die Mühsal ihres vergehenden Lebens nicht umsonst war. Leben ist immer Begegnung, daß anderes erfahren und Eigenes losgelassen und darin doch gerade der wahre Sinn des Lebens erfahren wird. Die Mitte aller Begegnungen ist Liebe. Die Liebe Gottes hat sich hineinbegeben in unsere Welt. Auch wir dürfen empfangen und annehmen und wieder hingeben, um die Fülle des Lebens, das Heil, zu schauen.

Bild 6
2. Februar: Darstellung des Herrn
Simeon nimmt das Jesuskind auf seine Arme
Hitda-Codex, Köln, um 1000–1020

SCA
MARIA
IHC
SYMEON

JANUAR 31

(Auf die Frage nach seinem Erziehungssystem:) Ganz einfach. Den Jungen volle Freiheit geben, das zu tun, was sie am liebsten tun. Der springende Punkt dabei ist, herauszufinden, wo die Keime ihrer guten Eigenschaften liegen, und dann zu helfen, daß diese sich entfalten. JOHANNES BOSCO

Hilf dir, auf daß der Himmel dir hilft. JOHANNES BOSCO

JOHANNES BOSCO, aus armer Bauernfamilie; charismatisch begabter Seelsorger, nahm sich der verwahrlosten Jugend in Turin an und baute ein großes, bahnbrechendes Erziehungswerk auf; gründete die Kongregation der Salesianer († 1888). – GK/G.

MARCELLA, hochgebildete Witwe in Rom; förderte (mit Hieronymus) asketische Lebensform; starb infolge von Mißhandlungen beim Goteneinfall in Rom († 410).

HEMMA, sel., Königin (Gemahlin Ludwigs des Deutschen), große Wohltäterin († 876). Grab in St. Emmeram in Regensburg.

FEBRUAR 1

Wer geliebt wird, erreicht alles, besonders bei jungen Menschen. Das Vertrauen der Liebe verbindet die Jungen und die Vorgesetzten wie elektrischer Strom. Mit der Herzlichkeit der Liebe vermögen die Vorgesetzten Sorgen, Ärger, Enttäuschungen, Versagen der Jugendlichen zu ertragen. Jesus Christus zerbrach das geknickte Rohr nicht, er löschte das flackernde Licht nicht aus. JOHANNES BOSCO

MARIA KATHARINA KASPER, gründete 1851 die „Armen Dienstmägde Christi" (Dernbacher Schwestern) († 1898; sel.g: 1978). – Lim/g.

SEVERUS, Bischof von Ravenna (4. Jh.). Im 9. Jh. Übertragung von Reliquien nach Erfurt (Severikirche).

BRIGID von Kildare, Klostergründerin, Patronin Irlands († 523).

KATHARINA DE' RICCI, aus Florenz, Dominikanerin, mystisch begabt; Anhängerin Savonarolas, Briefwechsel u. a. mit Philipp Neri, Maria Magdalena de' Pazzi († 1590).

FEBRUAR

(Aus einer Schau der Mystikerin:) Einmal am Fest Mariä Lichtmeß, als die Kerzen für die Prozession zur Darstellung des Gottessohnes im Tempel ausgeteilt wurden, da wurde ihrer Seele ihr ureigenes Ich dargestellt. Und sie sah an sich eine so große Würde und Erhabenheit, daß sie erstaunte, wie ihr solches zuteil werden konnte. Und meine Seele konnte sich selber nicht begreifen. ANGELA VON FOLIGNO

DARSTELLUNG DES HERRN (als Kind im Tempel, vgl. Lk 2,22–39), als „Fest der Begegnung" in Jerusalem seit 5. Jh. bezeugt. Später verbindet sich mit diesem Tag in Rom Lichterprozession, in Gallien Kerzenweihe; daher volkstümliche Bezeichnung „(Mariä) Lichtmeß". – GK/F.

DIETRICH, Bischof von Minden, MARKWARD, Bischof von Hildesheim, und Gefährten; bei Lüneburg erschlagen (Ebstorfer Märtyrer) († 880).

FEBRUAR

3

(Aus der Lebensbeschreibung des heiligen Ansgar, die Rimbert verfaßte:) Unser Vater stellte sich aus Worten der Heiligen Schrift für jeden Psalm des Psalters eigene kurze Gebete zusammen. Bald preist er darin Gottes Allmacht und gerechtes Gericht, bald tadelt er sich selber. Bald rühmt er die Heiligen, die Gott dienen, bald beklagt er die armen Sünder. Sich selbst achtete er geringer als alle.

Blasius, Bischof von Sebaste in Armenien, Märtyrer († um 316). Zahlreiche Legenden, Verehrung im Osten und im Westen; angerufen u. a. gegen Halskrankheiten (Blasiussegen). – GK/g.

Ansgar, Mönch in Corbie (Nordfrankreich), Lehrer in Corvey an der Weser, Missionsreisen nach Skandinavien, erster Bischof von Hamburg und Bremen, bahnbrechend für die Christianisierung Nordeuropas († 865). – RK/g; Osn/F.

Hadelin, Gründer und Abt von Celles (Südbelgien). – Lüt/g.

FEBRUAR

Gott stimmt seine Macht so sehr mit seiner Milde ab, daß seine Macht uns milde das Können zu allem Guten schenkt und daß seine Milde machtvoll die Freiheit unseres Wollens aufrechterhält. Franz von Sales

Rabanus Maurus, bedeutender Leiter der Klosterschule und Abt von Fulda, zahlreiche Schriften, „Erster Lehrmeister Deutschlands" genannt, Erzbischof von Mainz († 856). – RK/g (Ful/F).

Veronika. Nach der Legende eine der Frauen am Kreuzweg Jesu, die ihm ein Schweißtuch reicht, worin sich das Antlitz des Herrn abbildet („vera ikon", volkstümlich als „wahres Abbild" gedeutet).

Nikolaus, Abt des Klosters Studiu in Konstantinopel, wegen seiner Kirchentreue im Bilderstreit verfolgt († 868).

Johannes Hector de Britto, Jesuit aus Lissabon, Missionsoberer für Südindien, Märtyrer († 1693).

FEBRUAR

In der Einfachheit besteht der Glaube, im Glauben die Gerechtigkeit, im Bekenntnis die Frömmigkeit. Nicht durch schwierige Fragen hindurch ruft uns Gott zum seligen Leben und beunruhigt uns nicht durch das Vielerlei wortreicher Beredsamkeit. Hilarius von Poitiers

Die Liebe ist von solcher Kraft, daß sie allein die Pforten der Hölle verschließt, allein den Himmel eröffnet, allein die Hoffnung des Heils bewirkt, allein vor Gott liebenswert macht. Bonaventura

Agatha, Märtyrin in Catania/Sizilien († um 250). – GK/G.

Ingenuin, Bischof von Säben (im Eisacktal/Südtirol) († um 605), und Albuin, Bischof; unter ihm Bischofssitz von Säben nach Brixen verlegt († 1005/6). – Boz, Fel, Gur, Inn/g.

Adelheid, Äbtissin von Vilich bei Bonn, später auch des Stiftes Maria im Kapitol zu Köln, Beraterin des hl. Heribert († 1008/21). – Köl/g.

Christus gleich geworden im Tod

Nagasaki ist – mit Hiroshima – ein Name für die tödliche Bedrohung des Menschen im Atomzeitalter. Der Name steht aber auch für das frühe Aufblühen des japanischen Christentums im 16. Jahrhundert, das Franz Xaver und andere Missionare gebracht haben. Der Name steht zugleich für die erste schwere Verfolgung, die am 5. Februar 1597 sechsundzwanzig Märtyrer auf dem Toteyamahügel sterben ließ. Die Missionare im Franziskanerhabit werden wie die weißgekleideten Japaner zum Sterben am Kreuz verurteilt – ihrem Meister ähnlich. In diesem Gleichwerden mit Christus vollendet sich christliche Gemeinde. Umstellt von Grausamkeit und Gleichgültigkeit einer Welt, die das ihr Fremde verurteilt, ablehnt, ausstößt, breitet sie die Hände am Kreuz aus und bezeugt so ihre Treue zu Christus. „Wenn sie mich verfolgt haben, werden sie auch euch verfolgen."

Nicht minder berührt uns, woher dieses Fresko des 19. Jahrhunderts stammt: aus der Kathedrale von Cuernavaca in Mexiko. Denn sechs der Hingerichteten waren Franziskaner aus diesem Land Amerikas, das selber das Evangelium erst empfangen hatte und mit ihm den Auftrag übernahm, es auch anderen Völkern zu künden.

Am unteren Bildrand ist eine Reihe von Zuschauern zu erkennen. Wenden sich mir fragende Augen zu: Wo stehst du in der Szenerie weltweiter Verfolgung und Unterdrückung? Sitzt du kalt und ungerührt bei denen, die die Macht verkörpern, die verurteilen, weil es so für den Staat nützlich ist? Gehörst du zu denen, die Todesurteile vollstrecken, nicht nur mit Lanzen oder moderneren Waffen, sondern auf die vielfältigen Weisen, die dem Apparat der Gesellschaft zur Verfügung stehen? Gehörst du zu den Zuschauern, die abwarten, die gleichgültig sind, die meinen, am Lauf der Welt nichts ändern zu können? Oder siehst du Christus, deinen Bruder, in der weltweiten Verfolgung, leidest du mit, weißt du dich zugehörig dem weltweiten Zeugnis der gekreuzigten Liebe? Aus ihrem Blut, aus dem Blut der Märtyrer erwächst Segen für die Zukunft.

Bild 7
6. Februar: Paul Miki und Gefährten
Die Märtyrer von Nagasaki
Fresko, Cuernavaca (Mexiko), 19. Jahrhundert

FEBRUAR

(Der spanische Franziskaner Petrus Baptista in einem Brief auf dem Weg nach Nagasaki:) Wir sind unterwegs in diesem reichlich kalten Wintermonat, begleitet von einer großen Wachmannschaft. Wir sind tief getröstet im Herrn. Wir ziehen in der Freude des Herrn unseren Weg, weil wir verurteilt sind, dafür gekreuzigt zu werden, daß wir gegen den Befehl des Kaisers das Gesetz Gottes verkündigt haben.

PAUL MIKI und Gefährten, 26 Märtyrer (3 japanische Jesuiten und 17 Laien sowie 6 meist spanische Franziskaner), die in Nagasaki gekreuzigt wurden († 1597). – GK/G.

DOROTHEA, Märtyrin in Kleinasien († um 305). – Gör/g.

AMANDUS, wirkte von Gallien aus als Missionsbischof, gründete u. a. Elno (nach ihm St-Amand benannt, bei Tournai) († 679/684). – Lüt/g.

HILDEGUND von Meer, sel.; gründete nach dem Tod ihres Gatten das Prämonstratenserinnenkloster Meer bei Neuss († 1183).

FEBRUAR

Das Licht des Glaubens, welches ist wie eine Siegelung unseres Geistes durch die Ur-Wahrheit, kann nicht täuschen, wie Gott nicht täuschen noch lügen kann. Doch bewegt dieser Glaube nicht auf dem Wege der Erkenntniskraft, sondern eher auf dem Wege des Willens; weswegen er nicht macht, daß wir sehen, was wir glauben, noch auch erzwingt er Zustimmung; sondern er macht, daß wir freien Willens zustimmen.

THOMAS VON AQUIN

RICHARD, Angelsachse aus Wessex, Vater der hll. Willibald, Wunibald und Walburga; starb auf Wallfahrt nach Rom in Lucca († 720). Um 1150 kamen Reliquien von ihm auch nach Eichstätt. – Eich/g.

LUKAS Thaumaturgos von Steiris († um 946). Einer der verehrtesten Heiligen Griechenlands; an seinem Grab entstanden Kirchen und Kloster Hosios Lukas.

FEBRUAR

Es erging diese göttliche Rede an mich: „Du wirst vom allmächtigen Gott und allen Heiligen des Paradieses geliebt." Darauf rief meine Seele voll Zweifel: „Wie soll ich das glauben, da ich voll Bedrängnis bin und mir fast von Gott verlassen zu sein scheine?" Er versetzte darauf: „Je mehr du dir verlassen vorkommst, um so mehr wirst du von Gott geliebt und um so näher ist er dir."

ANGELA VON FOLIGNO

Der selige Antonios sprach: „Das ist die große Macht des Menschen, daß er seine Sünde über sich hinauswerfen kann vor Gott, und er muß auf Versuchung gefaßt sein bis zuletzt."

WORTE DER MÖNCHSVÄTER

HIERONYMUS ÄMILIANI, aus Venedig; begann nach Bekehrungserlebnis Leben der Buße und Nächstenliebe, sorgte für Kranke und Verwahrloste, errichtete Waisenhäuser in oberitalienischen Städten, starb in Somasca bei Bergamo († 1537). Er gründete als Laie eine Genossenschaft von Regularklerikern, später „Somasker" genannt. – GK/g.

FEBRUAR

In seiner Schwachheit erschien er als Mensch, in seinen Wundern als Gott; mächtig, wenn er die Dämonen beherrscht; gütig und barmherzig, wenn er die Sünder aufnimmt; menschlich war sein Hungern, göttlich die Vermehrung der Brote; menschlich sein Schlaf im Fischerboot, göttlich sein Befehl an das Meer. Menschlich war sein Sterben, göttlich war es, wenn er die Toten erweckte. In seiner Macht trieb er die Händler aus dem Tempel, in seiner Güte nahm er Zöllner und Sünder an. Erbarmen war es, daß du Mensch wurdest, unsere Schwäche auf dich nahmst. Alles entströmte dem Quell deiner Barmherzigkeit. AELRED VON RIEVAULX

ALTO, gehörte wohl zu den angelsächsischen Missionaren, lebte als Einsiedler in der Gegend von Dachau, gründete Kloster (später Altomünster genannt) (8. Jh.). – Mün/g.

APOLLONIA, Jungfrau und Märtyrin in Alexandrien (Mitte des 3. Jh.). Als Patronin gegen Zahnschmerzen angerufen.

FEBRUAR

(Gregor d. Gr. erzählt von Benedikts Schwester Scholastika, wie sie ihren Bruder besuchte und gegen seinen Willen unter Tränen um Regen bat, um länger bei ihm zu sein:) Seinem Willen stellte sich ein Wunder entgegen, das in der Kraft des allmächtigen Gottes aus dem Herzen einer Frau kam. Es verwundert nicht, daß die Frau, die den Bruder länger sehen wollte, in diesem Augenblick mehr vermochte als er. Denn da nach dem Wort des Johannes Gott Liebe ist, vermochte nach Gottes Ratschluß jene mehr, die mehr liebte.

SCHOLASTIKA, Schwester des hl. Benedikt von Nursia; lebte im Kloster in Subiaco, Piumarola, zuletzt Montecassino († um 547). – GK/G.

WILHELM von Malavalle, der Große; lebte nach Bußwallfahrt als Einsiedler in der Toscana. Nach seinem Tod (1157) in Castiglione della Pescaia entstand die Eremitenkongregation der Wilhelmiten, besonders im Spätmittelalter in Mitteleuropa verbreitet.

FEBRUAR

(Aus dem Ersten Originalbericht der Erscheinungen von Lourdes:) Ich ging fünfzehn Tage hin, und ich fragte sie jedesmal, wer sie wäre – was sie immer zum Lächeln brachte. Nach den fünfzehn Tagen habe ich sie es dreimal hintereinander gefragt, und es war erst beim vierten Mal, als sie mir sagte, daß sie die Unbefleckte Empfängnis sei. BERNADETTE SOUBIROUS

(Aus den Worten, die Maria bei den Erscheinungen Bernadette Soubirous sagte:) Wollen Sie mir die Freude machen, vierzehn Tage zu kommen? – Sagen Sie den Priestern, sie sollen hier eine Kapelle bauen lassen. – Gehen Sie zur Quelle und waschen Sie sich dort. – Bitten Sie Gott für die Sünder.

GEDENKTAG UNSERER LIEBEN FRAU IN LOURDES. Erste Marienerscheinung vor der 14jährigen Bernadette Soubirous am 11.2.1858; in der Erscheinungsgrotte entsprang eine Quelle. Lourdes wurde zum bedeutendsten Marienwallfahrtsort der neueren Zeit. – GK/G.

Der Sieg des Martyriums

Gereon und Viktor, deren Gebeine mitsamt denen ihrer Gefährten in Köln (St. Gereon) und Xanten (Dom) verehrt werden, stehen für die Märtyrerzeit der Kirche, die zu Anfang des 4. Jahrhunderts unter Diokletian noch einmal einer großen Verfolgung ausgesetzt ist. Der Überlieferung nach gehörten sie zur Thebaischen Legion, den aus Oberägypten stammenden christlichen Soldaten, die sich unter ihrem Hauptmann Mauritius weigerten, gegen ihre Glaubensgenossen im Wallis vorzugehen, ihrem eigenen Glauben abzuschwören, und die standhaft blieben, auch als immer wieder jeder zehnte Mann hingerichtet wurde. In solcher Standhaftigkeit offenbart sich der Sieg des Glaubens, der stärker ist als alle irdische Gewalt; auch das höchste der sichtbaren Güter, das Leben, wird preisgegeben im Festhalten einer größeren unsichtbaren Wirklichkeit, der Gemeinschaft mit Christus.

Dieser Sieg ist dargestellt auf unserer Elfenbeintafel. Die Mitte ist Christus, der den Tod überwunden hat und als Herrscher thront über der Erde, ist seine Botschaft vom Hereinbrechen des Reichs der Himmel. Dieses zunächst unsichtbare Reich neigt sich in den Engeln herab auf die beiden Zeugen, freilich ganz im Hinblick auf den einen Mittler, in dem es Fleisch, sichtbar, betastbar geworden ist. Er legt seine Hände auf die Häupter von Gereon und Viktor, er legt die Kraft seiner Auferstehung auf sie. Ihre irdischen Augen werden weit für das Geheimnis ewigen Lebens, ihre Bedrängnis wird verwandelt in den strahlenden Frieden, der vom Antlitz Christi auf sie übergeht. Ihre Hände haben nichts mehr vom Zugriff und der Geballtheit des Kriegers; sie sind ganz offen für alles, was kommt; sie weisen auf die Erde, auf alle weiteren Zeugen, die in die Fußspuren des Herrn treten werden; sie halten die Palmen, die Zeichen der friedlichen Siege über die Gewalttätigkeit der Welt. Die Kraft des Geistes, den Christus den beiden Märtyrern verleiht, erfaßt auch ihre Gefährten, macht sie, die in ihrer Eigenart so Verschiedenen, zu Zeugen ein und desselben Sieges. Dieser Sieg, der die Welt, ihre Angst und ihre Brutalität, ihren falschen Glanz und ihren elenden Tod überwindet, braucht auch heute Zeugen.

Bild 8
Heilige und ihr Martyrium für Christus
Christus mit Gereon, Viktor und Gefährten
Elfenbeintafel, Köln, um 1000

FEBRUAR

12

Sie leben nicht nach eigenem Gutdünken und gehorchen nicht ihrem Begehren und Behagen, sondern wandeln nach Entscheid und Befehl eines anderen. Sie ahmen den Spruch des Herrn nach, der da sagt: Ich bin nicht gekommen, meinen Willen zu tun, sondern den Willen dessen, der mich gesandt hat. BENEDIKT-REGEL

GREGOR II., Papst; erteilte 719 Bonifatius den Auftrag zur Mission in Germanien († 731). – Ful/g.

BENEDIKT von Aniane, nach Hofdienst unter Pippin und Karl d. Gr. Mönch in St-Seine bei Dijon; gründete Kloster Aniane bei Montpellier, von dem fränkische Klosterreform ausging; Abt von Maursmünster im Elsaß, zuletzt von Kornelimünster bei Aachen, das Musterkloster des Frankenreichs wurde († 821). – Aac/g.

LUDANUS, wohl schottischer Rompilger, auf dem Rückweg in Hipsheim/ Elsaß gestorben (1202). – Stra/g.

FEBRUAR

13

Das gute Leben, das wir führen, sei das Lob dessen, dem wir leben. HILARIUS VON POITIERS

KASTOR, Schüler Bischof Maximins von Trier; lebte als Einsiedler in Karden an der Mosel († um 400). Gebeine kamen 836 nach Koblenz (St.-Kastor-Kirche). – Tri/g.

WIHO, aus Friesland, zur Sachsenmission berufen, erster Bischof von Osnabrück († 804); GOSBERT, zum Missionsbischof für Schweden geweiht, mußte von dort fliehen und wurde Bischof von Osnabrück († 874); ADOLF, Domherr in Köln, Zisterzienser in Camp (Niederrhein), Bischof von Osnabrück, bedeutendes Reformwirken († 1224). – Osn/g.

JORDAN von Sachsen, sel., Dominikaner, 2. Ordensgeneral, gewann viele Ordensmitglieder in Universitätsstädten (z. B. Albertus Magnus in Padua), nach Visitationsreise in Palästina bei Schiffbruch vor der syrischen Küste umgekommen († 1237).

FEBRUAR

14

Haltet mich nicht ab vom Leben; verschenkt den, der Gottes sein will, nicht an die Welt! Laßt mich reines Licht empfangen! Dort angekommen, werde ich Mensch sein. IGNATIUS VON ANTIOCHIEN

CYRILL und METHODIUS, Brüderpaar aus Thessalonike (Griechenland), Mönche, Slawenapostel, Patrone Europas. Missionierten im Auftrag des byzantinischen Kaisers in Südrußland, dann in Mähren und Pannonien, entwickelten das Slawische als Kirchensprache (mit eigener Schrift). Cyrill starb in Rom (869), Methodius setzte sich als Bischof und päpstlicher Legat weiter für eigenständige Mission ein († 885). – GK/F.

VALENTIN, römischer Märtyrer († 269). Später gleichgesetzt mit gleichnamigem Bischof von Terni, ebenfalls Märtyrer. – Ful, Lim, Mai/g.

MARON von Syrien, Einsiedler († um 410). Nach ihm christliche Volksgruppe der Maroniten (vor allem im Libanon) benannt.

FEBRUAR 15

Wenn einer den Namen Abt annimmt, muß er seinen Jüngern in doppelter Weise mit seinen Lehren vorstehen. Das heißt, er zeige alles Gute und Heilige mehr durch Taten als durch Worte. – Der Abt sei nicht aufgeregt und ängstlich, er sei nicht maßlos und hartnäckig; er sei nicht eifersüchtig und allzu argwöhnisch, weil er sonst nie zur Ruhe kommt. BENEDIKT-REGEL

Die Gottesliebe hat sammelnde Kraft; sie führt die Zuwendung des Menschen vom Vielen zum Einen. Die Eigenliebe dagegen spaltet die Zuwendung des Menschen auf und lenkt sie auf das Vielerlei.

THOMAS VON AQUIN

SIGFRID (Sigurd), aus England, missionierte als Bischof in Norwegen und Schweden († nach 1030). Patron Schwedens.

DRUTMAR, Mönch im Reichskloster Lorsch, Abt von Corvey an der Weser († 1046).

FEBRUAR 16

Die höchste Kraft der Liebe ist es, daß sie alles duldet und niemals aufhört. – Du sagst: Ich sehe den Weg und möchte ihn gehen; aber er ist bitter, er ist hart, und der Weg, der zum Leben führt, ist schmal und eng. – Christus ist ihn gegangen, ist er da noch hart? Er, der das Haupt ist, hat ihn gewählt, und die Glieder zögern? So viele tausend Märtyrer sind ihn gegangen, und er ist dir immer noch zu hart? AUGUSTINUS

JULIANA von Nikomedien, Märtyrin († um 305). Reliquien 1207 nach Neapel, von dort aus auch im Norden verbreiteter Kult.

PAMPHILUS von Cäsarea, Verteidiger des Origenes, Lehrer des Eusebius von Cäsarea, Märtyrer († 309/310).

SIMEON, einer der ersten Bischöfe von Metz († um 380).

FEBRUAR 17

Als die heilige Maria Magdalena von Pazzi ein Bild des Gekreuzigten in die Hand nahm, rief sie aus: „Wahrhaftig, mein Jesus, du bist ein Narr aus Liebe." Doch Dionysius Areopagita sagt: „Nein, keine Spur von Narrheit, es ist genau die Wirkung der göttlichen Liebe, die den Liebenden aus sich heraustreten läßt, um sich ganz dem Geliebten zuzuwenden."

ALFONS VON LIGUORI

SIEBEN GRÜNDER DES SERVITENORDENS. Vornehme Bürger in Florenz schlossen sich zum Orden der „Diener Marias" (Serviten) zusammen (1233); förderten Verehrung der Schmerzensreichen Muttergottes. – GK/g.

BONOSUS, Bischof von Trier († 374). – Tri/g.

EVERMOD, Prämonstratenser, Schüler und Freund des hl. Norbert, Propst von St. Marien in Magdeburg, erster Bischof von Ratzeburg († 1178).

BENIGNUS, Missionar in Burgund (3. Jh.). Grab in Dijon, Kirche und Kloster St-Bénigne. Reliquien in Siegburg (Benignusschrein).

Schauen macht heil

Das Bild der Heiligen kann uns erinnern und ermuntern, Vorbild geben und Fürsprache verheißen. Für die Ostkirche ist das Bild mehr: In ihm geschieht Gegenwart, Gegenwart des Heiligen, Gegenwart des Heils. Wer das Heil schaut, wird selber heil. Er erfährt die Wirklichkeit, das Wirken des Heils an sich.

Darum wird das Bild des Heiligen zum Kranken getragen. Die Gegenwart Gottes und seiner Gnade, die im Kirchenraum verehrt wird, macht sich auf den Weg. Sie kommt zum Haus des Menschen, in dem er darniederliegt, in dem er gefangen ist und nicht ausbrechen kann. Es bedarf des Dienstes derer, die das Bild tragen und es dem Menschen zeigen. Sie treten hinter das Bild zurück voll Ehrfurcht und Würde. Das Bild Gottes und der von ihm Geheiligten bleibt durch die Jahrhunderte. Immer wieder treten Menschen in seinen Dienst, der sie selber voll Würde und Frieden macht.

Der Kranke auf seinem Lager begrüßt das heilige Bild voll Freude, richtet sich auf und streckt sich ihm entgegen. Mit seinem Diener blickt er auf das Bild, wird ganz Auge, läßt sich von ihm anziehen. Wir schauen viele Abgründe, viel Negatives, viel Zerbrochenes. Aber da ist ein Bild des Menschen, der ganz, der heil ist im Zeichen des Kreuzes, der jugendlich und schön bleibt durch Gnade. Der Kranke, der Gebrochene schaut auf das Bild und erfährt seine Wirklichkeit, seine Wirkung, seine verwandelnde Kraft. Er wird aus der Zerstreuung und dem Widerspruch seiner Existenz gesammelt zu innerster Einheit und Ganzheit, seine Verwundungen heilen, neuer Anfang wird möglich.

Weit breitet sich das Krankenlager dieses Menschen, das Feld der kranken Welt schlechthin. Im Schauen wird Heil. Denn im Bild offenbart sich mir, was in mir selber durch Gottes Gnade dem Schöpfer ähnlich ist. Mag ich mich der heilenden Kraft eines Bildes aussetzen? Der Mensch ist zum Schauen bestellt, um tiefer zu erfassen, was er selber ist: Ebenbild Gottes.

Bild 9
Heilige, die Wunder wirken
Krankenheilung angesichts wundertätiger Ikone
Rußland, 15. Jahrhundert

FEBRUAR 18

Einer und derselbe ist, wie immer wieder betont werden muß, wahrhaft Gottessohn und Menschensohn. Nur eins ohne das andere hätte nicht zum Heil geführt: Jesus Christus nur für Gott zu halten und nicht auch für einen Menschen oder umgekehrt nur für einen Menschen und nicht zugleich für Gott. LEO DER GROSSE, BRIEF AN FLAVIANUS

SIMON, „Herrenbruder" (vgl. Mk 6,3; Mt 13,55), nach späterer Überlieferung Bischof von Jerusalem († um 100).

FLAVIANUS, Patriarch von Konstantinopel, Verteidiger des Glaubens gegen monophysitische Irrlehrer, die ihn auf der „Räubersynode" 449 in Ephesus absetzten und auf dem Weg in die Verbannung so mißhandelten, daß er starb († 449).

KOLOMAN, Mönch des Inselklosters Hy (oder Iona) südwestlich von Schottland, Abtbischof von Lindisfarne auf Holy Island (vor der Ostküste Nordenglands) († 676).

FEBRUAR

Siehe, du warst drinnen, und ich war draußen. Du warst mit mir, und ich war nicht bei dir. Du hast gerufen und laut gerufen und meine Taubheit mir zerrissen. Du hast mich angerührt: Da bin ich entbrannt nach deinem Frieden. O ewige Wahrheit und wahre Liebe und geliebte Ewigkeit! Du bist es, du mein Gott, dir atme ich Tag und Nacht! AUGUSTINUS

Gott verlangt Geringes, und er schenkt Großes denen, die ihn von Herzen lieben, die aus Liebe zu ihm und in der Hoffnung auf ihn alles ertragen, in allem standhalten und ihm für alles danken. BASILIUS DER GROSSE

BONIFATIUS, aus Brüssel, Bischof von Lausanne; mußte, als er die Exkommunikation Kaiser Friedrichs II. bekanntgab, in seine Heimat fliehen; lebte in der Zisterzienserinnenabtei Mariä Kammern bei Brüssel († 1265). – Lau/g.

FEBRUAR

Da du, Herr, unendlich bist, wir aber endlich, können jene, die dich lieben, dich jederzeit und überall finden. Darum, Herr, sollten deine wahren Diener ihr Angesicht nicht hin- und herwenden und so dich suchen. Sie können dich, wenn sie auch endlich sind, in ihrem Herzen finden.

RAMON LLULL

EUCHERIUS, Mönch in Jumiège, Bischof von Orléans, wegen Verteidigung der Kirchenrechte von Karl Martell nach Köln, dann nach St-Trond (Sint Truiden) bei Lüttich verbannt († 738). – Lüt/g.

ELEUTHERIUS, erster Bischof von Tournai zur Zeit der Frankenkönige Childerich und Chlodwig († Anfang 6. Jh.). Reliquien im Eleutheriusschrein (Mitte 13. Jh.) der Kathedrale von Tournai.

FALKO, Bischof von Tongern-Maastricht († um 512).

AMATA, Nichte der hl. Klara von Assisi; nach weltlicher Jugend von Klara bekehrt, Klarissin, große Büßerin († um 1254).

FEBRUAR
21

Die Hoffnung richte dich auf und erfreue dich, die Liebe entzünde ihre Glut, damit der Geist in heiliger Trunkenheit vergißt, was er im Äußeren leidet.

PETRUS DAMIANI

PETRUS DAMIANI, aus Ravenna, Mönch und Prior des Eremitenklosters Fonte Avellana (nördlich von Perugia); kämpfte für Reform und Freiheit der Kirche – seit 1057 Kardinal – in zahlreichen Schriften und als päpstlicher Gesandter († 1072). – GK/g.

GERMANUS, Schüler des hl. Modoald von Trier, Mönch in Remiremont, später Luxeuil, erster Abt des Klosters Münster-Granfelden (Bistum Basel), wurde zusammen mit dem hl. RANDOALD ermordet († 675). Reliquien in Delsberg/Delémont. – Bas/g.

MAXIMIANUS, Erzbischof von Ravenna, Förderer des Kirchenbaus († 556); nach ihm berühmter Bischofsstuhl mit Elfenbeinreliefs benannt.

FEBRUAR
22

Du bist Petrus. Das heißt: Ich, Jesus Christus, bin der unzerstörbare Fels, das Fundament, außer dem kein anderes gelegt werden kann. Aber auch du bist Fels, weil du durch meine Kraft gestärkt wirst und durch Teilnahme an mir erhältst, was ich aus eigener Vollmacht habe.

LEO DER GROSSE

KATHEDRA PETRI („Petri Stuhlfeier"), hängt mit dem römischen Brauch zusammen, bei einer Totengedächtnisfeier für den Verstorbenen einen Sessel (cathedra) freizuhalten; später wurde der Sessel als bischöflicher Lehrstuhl verstanden und das Gedächtnis des Apostelbegräbnisses in ein Fest der Primatsübertragung und Amtsübernahme umgedeutet. – GK/F.

MARGARETA von Cortona, Mystikerin; bekehrte sich angesichts der Leiche ihres langjährigen Liebhabers, führte ein strenges Bußleben als Franziskanerterziarin († 1297).

FEBRUAR
23

(Aus dem Bericht über das Martyrium Polykarps:) Die nicht an Christus glauben, begreifen nicht, daß wir niemals einen anderen Menschen anbeten könnten. Ihn beten wir an, weil er der Sohn Gottes ist. Den Märtyrern aber schenken wir zu Recht unsere Liebe, weil sie Schüler und Nachfolger des Herrn sind. Sie sind ihrem König und Lehrer treu geblieben. Gott möge uns gewähren, daß auch wir Weggenossen und Mitschüler der Märtyrer werden.

POLYKARP, Apostelschüler, Bischof von Smyrna († um 155). Der Bericht über das Martyrium des greisen Bischofs gehört zu den ältesten christlichen Märtyrerakten. – GK/G.

WILLIGIS, Erzbischof von Mainz und Erzkanzler, erhielt den Ehrentitel „Vater des Kaisers und des Reiches" († 1011). – Mai, Tri/g.

Kostbare Gegenwart

Wie ihre Brüder Wunibald und Willibald, wie ihre Mitschwester Lioba im englischen Kloster Wimborn wurde sie von Bonifatius nach Deutschland gerufen. Sie wirkte in der Gegend von Tauberbischofsheim und leitete dann mit Wunibald das Doppelkloster Heidenheim. Für die Umgebung wurde sie Beraterin und Helferin, für viele Töchter der fränkischen Edelleute eine begnadete Erzieherin. Als sie am 25. Februar 779 stirbt, wird sie nicht vergessen. 871 werden ihre Gebeine von Heidenheim nach Eichstätt überführt.

Die Reliquienbüste, eine mit kostbaren Edelsteinen verzierte Holzplastik, zeigt an, wie wertvoll dem glaubenden Volk die Gegenwart eines Heiligen ist. Diese Gegenwart ist auch eine körperliche. Die Gebeine und was sonst einer, der von der Erde abgerufen wurde, hinterlassen hat, sind Garantie, daß er ein Mensch war, leibhaftig, betastbar, ergreifbar, verwundbar wie wir. Wir leben durch Kontakt, durch den Händedruck, dadurch, daß wir einander stützen und halten. Wir werden uns der Gesinnung eines anderen gewiß durch den Blick, den wir austauschen, durch ein Wort, das wir hören. Reliquien stellen solch einen Kontakt her, auch wenn der Geist und die Seele den suchen und nennen, sich vorstellen und erahnen müssen, der diese irdischen Reste einst an sich getragen hat. Darum wird die Reliquienbüste mit dem Kostbarsten umgeben, was der Mensch besitzt. So drücken wir ja unsere Wertschätzung und Liebe aus.

Walburga ist uns nahe durch die Jahrhunderte. Was sie Menschen als Richtschnur des Lebens mitgegeben hat, gilt auch heute noch. Der Stab zeigt, daß sie kostbare Weisung gibt; das Ölgefäß erinnert an die durchsichtige Flüssigkeit, die aus dem Grabstein heraustritt. Der Heilige ist eine Quelle, die weiterfließt, tröstet und heilt. So schaut uns Walburga an, und wir spüren den Geist, der hinter aller Fassung, hinter allem Gefäßsein verborgen ist. Ein Blick voll Klugheit und Charme, von klarer Entschiedenheit und doch auch von heiterer Leichtigkeit. Er will helfen und fördern, daß wir uns dankbar neigen und die Kostbarkeit der Gnade in irdischen Gefäßen annehmen.

Bild 10
25. Februar: Walburga von Heidenheim
Reliquienbüste der Heiligen
Holzplastik mit Edelsteinen, Eichstätt, nach 1200

FEBRUAR

24

Die den Heiligen Geist empfangen und in sich tragen, sie werden zum Wort, das heißt zum Sohn, geführt. Der Sohn aber führt sie zum Vater, und der Vater macht sie der Unvergänglichkeit teilhaft. Also kann man ohne den Geist das Wort Gottes nicht sehen, und ohne den Sohn kann niemand zum Vater kommen. Irenäus von Lyon

Das entspricht dem Volk Gottes, unter dem einen Vater Brüder zu sein, unter dem einen Geist eins zu sein, unter einem gemeinsamen Haus einträchtig einherzuschreiten, unter dem einen Haupt Glieder des einen Leibes zu sein. Hilarius von Poitiers

Matthias, wurde nach Apg 1, 15–26 durch das Los als Ersatz für Judas Iskariot zum Apostel gewählt; seine Gebeine kamen nach der Überlieferung im Auftrag der Kaiserin Helena nach Trier; Grab in der Basilika der St.-Matthias-Abtei. – RK/F; Tri/H (GK am 14. 5.).

FEBRUAR

25

Glaube mir, du wirst dich nicht mit Christus freuen können, wenn du nicht abläßt, dich mit der Welt zu ergötzen; wenn du jetzt nicht weinst, wirst du in Ewigkeit nicht lachen; wenn du dich nicht vor dir selbst erniedrigst, wirst du nicht erhöht werden; wenn du die nichtige Herrlichkeit der Welt nicht verachtest, wirst du die ewige Herrlichkeit Christi nicht erlangen; wenn du es vorziehst, hier in der Zeit reich zu sein, wirst du dort in Ewigkeit Not leiden. Paulinus von Nola

Walburga, aus vornehmem angelsächsischem Geschlecht, Schwester der hll. Willibald und Wunibald; von Bonifatius, ihrem Onkel, zur Mission nach Deutschland gerufen, zuerst in Tauberbischofsheim unter Lioba, dann als Äbtissin des Doppelklosters Heidenheim/Franken († 779). Gebeine 870 nach Eichstätt übertragen (Diözesanpatronin), weitverbreitete Verehrung. – RK/g; Eich/H.

FEBRUAR

Der Wille Gottes ist, was Christus tat und lehrte: Demut im Umgang, Festigkeit in der Treue, Ehrfurcht im Wort, Gerechtigkeit in der Tat, Barmherzigkeit im Werk, Ordnung in der Lebensführung; unfähig sein, Unrecht zu tun, aber fähig, es zu ertragen; mit den Brüdern Frieden halten; den Herrn aus ganzem Herzen lieben: ihn lieben als unseren Vater, ihn fürchten als unseren Gott; Christus nichts vorziehen, weil auch er uns nichts vorgezogen hat. Cyprian von Karthago

Nimm alle Kraft zusammen, meine Seele. Erkenne dich selbst, wer du bist, wo dein Ziel und wo dein Ausgang ist, ob es das Leben ist, was du hier lebst, oder ob ein anderes machtvoller ist. Sinne nach, meine Seele, und läutere dadurch dein Leben. Gregor von Nazianz

Adalbert und Ottokar (Otgar) von Tegernsee, sel., gräfliche Brüder, Gründer der Abtei; Adalbert erster Abt († um 804, Ottokar starb früher).

FEBRUAR 27

Laßt uns gegenüber der Güte Christi nicht stumpfsinnig sein. Wenn er es machte wie wir, dann wären wir verloren. Ignatius von Antiochien

Alt waren wir, du hast uns neu gemacht; wir waren verweslich, du hast uns unverweslich gemacht, Christus, durch dein Kreuz und befahlest, in der Neuheit des Lebens würdig zu wandeln. Johannes von Damaskus

Nichts ist mächtiger als die Güte. Denn wie Wasser die Wut des Feuers löscht, so löschen Worte voll Güte wütenden Zorn. Niemand löscht Feuer mit Feuer. Ebenso läßt sich auch Wut eines Menschen nicht durch Wut besänftigen. Johannes Chrysostomus

Marward, sel., Abt von St-Hubert und Prüm/Eifel, Berater der späten Karolinger († 853).

Gabriel von der Schmerzhaften Gottesmutter (Francesco Possenti), aus Assisi, Passionist († 1862).

FEBRUAR

Was liebe ich, wenn ich dich liebe? Nicht körperliche Wohlgestalt noch zeitliche Anmut, nicht den Glanz des Lichtes, das unseren Augen so angenehm ist, nicht die lieblichen Melodien des ganzen Reiches der Töne, nicht den Duft von Blumen, Salben und Gewürzen, nicht Honig, nicht Glieder, die zu freundlicher Umarmung einladen: nicht das liebe ich, wenn ich meinen Gott liebe. Und dennoch, wenn ich meinen Gott liebe, liebe ich eine Art von Licht und Klang und Duft und Speise und Umarmung: das Licht, den Klang, den Duft, die Speise, die Umarmung des inneren Menschen.

Augustinus

Romanus und Lupicinus, Brüder, Gründer des Klosters Condat im Jura († um 460 bzw. 480). – Lau/G.

FEBRUAR

Wieso glauben wir noch, wenn Christus nicht auferstanden ist und lebt, wie einige meinen? Wie sollte dann die große Schar der Heiligen dem Vorwurf, sie würden betrügen, entgehen? Aber das stimmt nicht. Die Verkünder des Mysteriums lügen nicht, wenn sie sagen: Christus ist auferweckt worden. Cyrill von Alexandrien

(Im Schaltjahr, sonst am 28.2.:)

Hilarus, Papst; aus Sardinien, römischer Archidiakon; mußte als Vertreter des Papstes auf der „Räubersynode“ in Ephesus 449 (Irrlehre des Monophysitismus gerechtfertigt) fliehen; nach Plünderung Roms durch Vandalen 455 Helfer der Notleidenden († 468).

Oswald, Kanoniker in Winchester, Mönch im Reformkloster Fleury (St-Benoît-sur-Loire), Bischof von Worcester, Erzbischof von York († 992).

Anziehungskraft des Apostels

Die Miniatur bebildert eine um 1450 in Brüssel entstandene Handschrift „Bericht über die Taten und Wunder des Apostels Thomas" und ist eine liebenswerte Mischung flämischer Kultur und indisch-orientalischer Eigenart mit Fezen und Turbanen. Die Eroberung Konstantinopels durch die Türken hatte den Blick des Westens wieder auf die Christen des Nahen und Fernen Ostens und damit auch auf die Thomaschristen in Indien gelenkt – auf die Vielfalt, mit der sich das Evangelium, die Predigt der Apostel in den verschiedenen Ländern der Erde zu je eigener Gestalt entwickelt hatte. Ehrwürdig ist die Tradition – auch von den westlichen Kirchenvätern des 4. Jahrhunderts bezeugt –, der Apostel Thomas habe nicht nur den Parthern, sondern auch den Indern gepredigt und in Mailapur (einer Vorstadt des heutigen Madras) den Martertod erlitten. So führen auch die Christen Indiens ihre Kirche auf die Predigt eines Apostels zurück. So wird das Apostelgrab – ähnlich wie in Compostela – Zeichen der Kontinuität des Glaubens, der Verbindung mit der Urkirche und der einen Kirche aller Zeiten und aller Kontinente.

Zum Heiligtum auf dem Großen Thomas-Berg pilgert auf dem Bild der Patriarch von Indien, wie er es nach diesem Bericht alljährlich am Fest des heiligen Thomas tut. Auf einem Maultier reitet er an der Spitze des langen Zuges, der aus dem Stadttor kommt. Nun macht der Weg eine Kehre, hin zum Berg. Der Patriarch blickt etwas zur Seite, wie um sich zu vergewissern, daß die Scharen ihm folgen. Wallfahrt ist ja Ausdruck davon, daß die ganze Gemeinde sich auf den Weg macht, dem gemeinsamen Ziel entgegen. Hinzukommende grüßen und verehren den heiligen Zug. Nach dem Bericht bittet das Volk darum, etwas von dem Öl zu erhalten, das in einer goldenen Lampe vor dem Grab brennt, ohne je zu verlöschen. Der Wallfahrer reiht sich ein in die Prozession des Volkes Gottes durch die Zeit und wird inne, daß sein Glaube aus einer Quelle lebt, die nie versiegt.

Bild 11
Wallfahrt zu den Heiligen
Der Patriarch von Indien pilgert zum Grab des Apostels Thomas
Miniatur, Brüssel 1449–1450

MÄRZ

1

Ich bin so gehetzt, daß ich keine Zeit habe, etwas anderes zu schreiben als das große Wort unseres Heils: Jesus. Wenn wir wenigstens ein einziges Mal diesen heiligen Namen von ganzem Herzen aussprechen könnten ... Aber was heißt das, diesen heiligen Namen gut aussprechen? Ach, ich weiß es nicht; ich weiß nur, daß man eine Zunge ganz aus Feuer haben muß. Das heißt, es muß die göttliche Liebe sein, und sie allein, die Jesus in unserem Leben ausprägt, indem sie ihn einprägt in den Grund unseres Herzens.

Franz von Sales

David von Menevia/Wales, Abt von Gwyn, Patron von Wales († um 589). Sein Grab gehörte bis zur Reformation zu den meistbesuchten Wallfahrtsorten Englands.

Teresa Eustochio Verzeri; litt in jungen Jahren an Epilepsie, gründete 1831 in Bergamo Kongregation zur Mädchenerziehung († 1852; sel.g: 1946).

MÄRZ

2

O selige Armut, die ihren Liebhabern ewige Schätze bereitet! O heilige Armut, denn denen, die arm sind und danach verlangen, hat Gott das Himmelreich verheißen, ewige Herrlichkeit und ein seliges Leben. O fromme Armut, die unser Herr Jesus Christus, Herrscher des Himmels und der Erde, als erster zu umarmen sich gewürdigt hat.

Klara von Assisi an Agnes von Prag

Karl, sel., Graf von Flandern, Sohn des hl. Knud, Königs von Dänemark; setzte sich für Gottesfrieden-Bewegung ein, deswegen in Brügge ermordet († 1127).

Grimo, sel., Prämonstratenser, Propst von Ursberg (Diöz. Augsburg) († 1172).

Agnes von Böhmen, sel.; gründete in Prag Salvatorkirche mit Hospital und 1234 Klarissenkloster, dessen Äbtissin sie wurde; Briefwechsel mit der hl. Klara von Assisi († 1282).

MÄRZ

3

Freue dich stets im Herrn, Liebste. Stelle deine Gedanken vor den Spiegel der Ewigkeit, stelle dein Herz vor das Bild des göttlichen Herrn und laß dich, indem du ihn betrachtest, umformen in sein Abbild.

Klara von Assisi an Agnes von Prag

Kunigunde, Gemahlin Kaiser Heinrichs II., zeitweise Mitregentin; gründete mit ihm Bistum Bamberg; lebte nach seinem Tod in dem von ihr gestifteten Kloster Kaufungen/Hessen († 1033). – Bam/H (Diözesanpatronin) (RK/g am 13.7.).

Gerwin von St-Riquier (Diöz. Amiens), cluniazensischer Reformabt († 1075).

Friedrich, sel., aus Friesland, Prämonstratenser, Abt von Mariengaarde († 1175).

Innozenz von Berzo (Giovanni Scalvioni), Kapuziner, Volksmissionar vor allem in der Gegend von Bergamo († 1890; sel.g: 1961).

MÄRZ

Ich möchte keine phantastische, wirre, melancholische, verärgerte und verdrießliche Gottesnähe, sondern eine milde, sanfte, angenehme, friedliche, mit einem Wort, eine aufrichtige Frömmigkeit, die so ist, daß Gott und dann auch die Menschen sie lieben. FRANZ VON SALES

Es ist, als ob wir zwei Herzen hätten: ein mildes, nachsichtiges und höfliches für uns selbst und ein hartes, schroffes und strenges Herz für die anderen. FRANZ VON SALES

KASIMIR, polnischer Prinz von ungewöhnlicher Sittenstrenge, großer Marienverehrer; zum König gewählt, konnte er sich gegen Matthias Corvinus nicht durchsetzen, starb 23jährig († 1484). Grab im Dom zu Wilna. – GK/g.

PLACIDA VIEL, aus der Normandie, seit 1846 Generaloberin der Sœurs des Écoles de la Miséricorde, gründete 1862 deutschen Zweig (seit 1948 „Heiligenstädter Schulschwestern" genannt) († 1877; sel.g: 1951).

MÄRZ

Gott hat nichts lieber als des Menschen Leben, darum hat Gottes Sohn sich an das Kreuz gegeben. – O Mensch, hab Gott in deinem Sinn; als bestes Gut, so halte ihn. – Du sollst, Mensch, in der Weisheit stehen, Zorn laß nicht in dein Haupt eingehen. – O Mensch, denk an die Sonne breit, wie sie steht am Himmel weit; wie sie empfangen hat den Schein, so auch die Seele dein der ewigen Gottheit Schein. NIKLAUS VON FLÜE, REIMSPRÜCHE

THIETMAR, Bischof von Minden († 1206).

KONRAD SCHEUBER, sel.; seine Mutter Dorothea war die älteste Tochter des hl. Niklaus von Flüe; Landammann des Kantons Nidwalden, zog er sich in die Einsamkeit zurück, zuerst im Ranft in die Hütte seines Großvaters, dann in die Nähe von Wolfenschießen; von vielen um Rat aufgesucht († 1559).

MÄRZ

(Aus dem Testament der hl. Coleta:) Getreulich müssen wir halten, was wir versprochen haben: Wenn wir aus menschlicher Schwäche versagen, müssen wir uns immer wieder und ohne Verzug aufrichten durch heilige Buße. Seien wir darauf bedacht, recht zu leben und heilig zu sterben.

FRIDOLIN, aus Irland; wirkte als wandernder Missionar zuerst in Poitiers, baute Kirchen zu Ehren des hl. Hilarius von Poitiers, kam über Straßburg, Konstanz, Chur nach Säckingen (7. Jh.) – RK/g.

QUIRIACUS, Priestermönch in Trier (vor 7. Jh.) – Tri/g.

CHRODEGANG, Bischof von Metz, verdient um Reform der fränkischen Kirche in Zusammenarbeit mit Rom; verfaßte einflußreiche Regel für das Leben der Kleriker († 766). – Lüt/g (in Metz am 3. 10.).

COLETA (Nicolette Boillet); reformierte zahlreiche Klarissenklöster (die Mitglieder der von ihr gegründeten Klöster heißen Colettinnen), starb in Gent († 1447). – Lau/G.

Heilige als Christusträger

Was wir an Daten und Fakten von Christophorus wissen, ist wenig – nur sein Martyrium; was die Legende von ihm erzählt, macht ihn zum Typus des Heiligen schlechthin: einer, der Großes sucht, der nur dem Stärksten dienen will; einer, der sich weisen läßt, den Kleinen und Schwachen zu dienen, sie durch den Fluß der Zeit zu tragen; einer, der beim Tragen des Kleinsten erfährt, daß er den Größten, daß er Christus trägt.

Behutsam läßt Konrad Witz seinen Christophorus durch das schattendunkle Wasser schreiten, das sich einen breiten Weg durch die Felsenlandschaft gegraben hat. Mag es in der Ferne heller sein, mögen die Leute in den Booten sich leichter tun, das Wasser zu überqueren – er muß hier das Ufer anstreben, mit dem Stecken die nächsten Schritte sichern, um das kleine Kind auf seiner Schulter nicht zu verlieren. Gesicht und Haltung drücken die stille Zufriedenheit aus, mit der er sich diesem Dienst hingibt. Das Kind scheint die Bewegung, die Suche nach dem Gleichgewicht, das sorgende Ausschauen nach plötzlichen Untiefen mitzuvollziehen, mit seiner Hand mitzulenken – Gottes zarte, unsichtbare Gegenwart schmiegt sich unserer Tätigkeit, unseren Schritten an, lenkt unmerklich unsere Freiheit, der sie sich anvertraut.

Der, der alles trägt, will von uns getragen sein; der, der schon am anderen Ufer, beim anderen Menschen, schlechthin überall ist, will doch durch uns zu Orten und Menschen kommen. Die Heiligen sind Menschen, an denen spürbar wird, daß Christus in ihnen lebt, durch sie spricht und wirkt. Auch sie wissen oft nicht, daß es der Herr ist, wenn sie bereitwillig eine Last auf sich nehmen, auch ihnen wird die Last oft überschwer. Sie nehmen ihre Freiheit ganz ernst, der sich Gott ausliefert; sie nehmen die Kraft Gottes ganz ernst, die das Unmögliche möglicht macht. So tragen sie Christus in die Welt.

Bild 12
Christophorus
Gemälde (Ausschnitt), Konrad Witz, um 1435

Wußten Sie schon, daß...

...Schallplatten viel leichter im Regal zu finden sind, wenn man je nach Musikart ein bestimmtes farbiges Klebeband an dem seitlichen Hüllenrand befestigt?

● ● ●

...Naturschwämme stets mit klarem aber nie heißem Wasser ausgespült werden müssen? Ist der Schwamm hart geworden, wird er in einer 2prozentigen Salzsäurelösung ausgedrückt und gründlich nachgespült.

● ● ●

... man Spritzbeutel ganz leicht füllen kann, wenn man sie in ein hohes Gefäß stellt? Somit kann nichts daneben gehen.

● ● ●

...Linsen schneller gar werden, wenn man sie vor dem Kochen mit heißem Wasser überbrüht? Danach 15 Minuten ziehen lassen, das alte Brühwasser abgießen und die Linsen nun in neues kochendes Wasser geben und sie für zirka 30 Minuten garen lassen.

● ● ●

... man einen gewöhnlichen Pfannkuchenteig im Nu mit etwas Eischnee in einen Omelette-Teig verwandeln kann?

● ● ●

...kaltes Wasser niemals an kochende Speisen gegeben werden darf? Durch die Abschreckung bildet das Eiweiß - das gilt besonders den Hülsenfrüchten und dem Fleisch - eine ziemlich harte Kruste. Das mindert dann leider das Essen.

● ● ●

...hart gewordener Zucker wieder schnell krümelig wird, wenn man ein Stück frisches Brot in die Packung legt, die man für einige Zeit fest verschließen muß?

Wegkreuz; Foto: Ernst Fabricius

JANUAR 1989 **3. Woche**

Montag	Dienstag	Mittwoch	Donnerstag	Freitag	Samstag	Sonntag
16	**17**	**18**	**19**	**20**	**21**	**22**
Tasso	Antonius	Regina	Henriette	Jakob	Agnes	Vinzenz

MÄRZ

(Aus den Akten des Martyriums der heiligen Perpetua und Felizitas:) Nun brach der Tag ihres Sieges an, und sie traten hervor aus dem Kerker in das Amphitheater, als ob sie in den Himmel gingen, heiteren und schönen Antlitzes, und wenn sie zitterten, so war es vor Freude, nicht vor Furcht. Perpetua kam langsamen Schrittes, wie eine Braut Christi, wie eine Dienerin Gottes.

PERPETUA und FELIZITAS, Märtyrinnen in Karthago († 202/203). Als Katechumenen verhaftet, empfingen sie im Kerker die Taufe; Augenzeugenbericht erhalten, der z. T. auf Perpetua selbst zurückgeht. – GK/G.

JOHANNES von Vandières, Abt von Gorze in Lothringen, Mitbegründer der von Cluny unabhängigen Gorzer Reform, die zahlreiche Klöster erfaßte († 976).

VOLKER, Priester zu Segeberg in Holstein, Glaubensbote bei den Wenden, von heidnischen Slawen ermordet († 1132).

MÄRZ

Mehr als einhundertzehn Leute wohnen im Haus: Amputierte, Krüppel, Aussätzige, Stumme, Irre, Gelähmte, Altersschwache, viele Kinder ... Um Christi willen bin ich ein Gefangener. Oft drücken mich die Schulden so, daß ich nicht wage, auf die Straße zu gehen. JOHANNES VON GOTT

JOHANNES von Gott, Portugiese; nach abenteuerlicher Jugend durch Predigt des hl. Johannes von Ávila bekehrt; wurde Krankenpfleger in Granada, gründete Krankenpflegeorden der „Barmherzigen Brüder", wandte bahnbrechende Heilmethoden in der Behandlung psychisch Kranker an († 1550). – GK/g.

EDDO, Mönch auf der Reichenau; von Pirmin als Abt eingesetzt, später Bischof von Straßburg, gründete Kloster Ettenheimmünster bei Lahr/Baden, hier begraben († 776).

GERHARD, sel., Zisterzienser, Abt von Clairvaux, ermordet († 1177).

VINZENZ KADLUBEK, sel., Bischof von Krakau, Zisterzienser († 1223).

MÄRZ

Grund der Menschwerdung Gottes ist seine Liebe. Der Kranke braucht den Heilenden, der Gefallene den Aufrichtenden, der Todverfallene den, der Leben schenkt. GREGOR VON NYSSA

FRANZISKA von Rom; lebte während des großen Papstschismas in Rom, vierzig Jahre lang verheiratet, Mystikerin († 1440). – GK/g.

BRUNO von Querfurt, Hofkaplan Ottos III.; wirkte in der Ostmission, in Merseburg zum Missions-Erzbischof geweiht; erlitt bei Braunsberg das Martyrium († 1009). – RK/g.

VIERZIG MÄRTYRER von Sebaste in Armenien, Soldatenmärtyrer, zum Tod durch Erfrieren verurteilt († um 320). Im Osten hochverehrt.

GREGOR von Nyssa, Bruder des hl. Basilius, mystischer Theologe, Bischof und Kirchenvater († 394).

DOMENICO SAVIO, Lieblingsschüler Don Boscos, starb 14jährig in Turin († 1857; hl.g: 1954).

MÄRZ

10

Steht einer an einer Quelle und staunt über das entspringende Wasser, wird er sagen, er habe all ihr Wasser gesehen? Auch wenn er lange am Entspringen verweilt, bleibt er doch immer am Anfang des Schauens, immer ist die Quelle im Ursprung. So ergeht es auch dem, der auf die göttliche grenzenlose Schönheit blickt. Nie steht die Sehnsucht des Schauens still, denn das über dem Gefundenen Erahnte ist immer noch größer und göttlicher als alles Erschaute. GREGOR VON NYSSA

ATTALA, aus Burgund; schloß sich dem hl. Kolumban in Luxeuil an, dessen Nachfolger er als Abt von Bobbio in Italien wurde († 627).

GUSTAV, durch Ansgar bekehrt, Einsiedler in Nordschweden († 890).

JOHN OGILVIE, aus Schottland; wurde in Studienzeit auf dem Festland katholisch und Jesuit, kehrte heimlich in seine Heimat zurück, in Glasgow verraten, gefoltert und gehängt († 1615; hl.g: 1976).

MÄRZ

11

Sei fröhlich in Gott und bewahre die ruhige, maßvolle Freude des Geistes nach dem Wort des Apostels: „Freuet euch immerdar im Herrn, wiederum sage ich, freuet euch" (Phil 4,4). An anderer Stelle sagt er: „Die Frucht des Geistes ist Freude" (Gal 5,22). Solche Fröhlichkeit verwirrt nicht den Geist durch schändliches Gelächter. Sie erhebt vielmehr die Seele zur Sehnsucht nach der himmlischen Ruhe. Dort kannst du die Worte hören: „Geh ein in die Freude deines Herrn" (Mt 25,21.23). LEANDER VON SEVILLA

So wie ein Trunkener kaum noch bei Sinnen ist, wenn ihn die Kraft des Weins ergreift, bin ich ganz außer mir, kaum noch bei Sinnen im Überschwang der Freude meines Seins! Aus meiner Freude, Herr, dem Glück und all der Fröhlichkeit, erbau ich mir ein Haus, mach mir ein Zimmer, Bett und Kleider, einen Hut! RAMON LLULL

MÄRZ

12

Ich erkannte, daß ich dich bewußt in mir besitze. Du warst es wahrhaftig, die ständige Liebe, die in mir war. Das war damals schon mein Glaube. Ja, die Liebe selbst, das ist es wirklich, was du bist, mein Gott!

SYMEON DER NEUE THEOLOGE

Die Heiligkeit besteht ganz und gar in der Liebe; ohne sie sind die anderen Tugenden wie ein Steinhaufen. Die Liebe gibt den Geschmack an allem Guten. ALFONS VON LIGUORI

THEOPHAN, Abt von Sigriane am Hellespont, als Bilderverteidiger verbannt, Kirchengeschichtsdarsteller († 817).

SYMEON der Neue Theologe, wohl der bedeutendste mystische Schriftsteller in der byzantinischen Ära; lebte als Mönch und Abt in Konstantinopel, später im Exil († 1022).

ENGELHARD, einer der ersten Gefährten des hl. Franz von Assisi; predigte in England, in Oxford gestorben († um 1230).

Der persönliche Ursprung

Aus einem Gemälde zu Anfang des 18. Jahrhunderts trifft mich der Blick eines Menschen aus der Mitte des 17. Jahrhunderts. Ich bin fasziniert von diesem geprägten Antlitz, bin davon fasziniert, daß ich in ihm dem so persönlichen Anfang eines großen, durch die Jahrhunderte sich weiterentwickelnden Werks, einer heute weltweiten Organisation begegne. Die Genossenschaft der Barmherzigen Schwestern, der Vinzentinerinnen, die Krankenpflege der Neuzeit, die soziale Fürsorge haben in ihr eine Gründerin, einen Ursprung, eine Patronin. Sosehr Not und Elend der Menschen nach einer umfassend organisierten Hilfe, nach neuen Strukturen der Gesellschaft, nach effizientem Einsatz aller Mittel schreien, so wenig ist eine Besserung der Verhältnisse des Menschen möglich ohne ganz persönliches Wollen und Verstehen. 1934 wurde Louise de Marillac heiliggesprochen, 1960 zur Patronin aller in der Sozialarbeit Tätigen erklärt.

Aus dem scharf geschnittenen Gesicht spricht alles, was sie für ihren Dienst mitbringt: die große Tradition der adeligen Herkunft; eine ausgezeichnete Bildung; die Welterfahrung, die ihr aus der nur zwölfjährigen Ehe mit Anton Le Gras, dem Privatsekretär der Königin Maria Medici, erwuchs; die geistliche Tiefe und Feinfühligkeit, die ihr so große Seelenführer wie Franz von Sales, dessen Schüler J. P. Camus und schließlich Vinzenz von Paul vermittelten. Ihre Augen künden von Klugheit und Aufmerksamkeit, ihre Nase von Entschlossenheit und der Witterung für das Wichtige, die Falten von durchlittenen Zeiten der Prüfung, ihr Mund von Charme und Liebenswürdigkeit, die sie alle Schwierigkeiten überwinden lassen und die ihr Anvertrauten ermuntern und ermutigen. So geht sie ohne Furcht in die verrufensten Armenviertel von Paris, fährt in dreckigen Karren übers Land und nächtigt in Scheunen, läßt sich von Vinzenz von Paul ganz in den Dienst der Kranken und Armen stellen, bildet Mädchen zu Krankenpflegerinnen aus, gründet die „Töchter der Liebe“ – alle Rettung des Menschen kommt aus der Liebe.

Bild 13
15. März: Louise de Marillac
Gaspard Duchange, Paris, 1704

MÄRZ

13

Du wirst gut tun, wenn du eine Abwesende nicht verleumdest und fremdes Leben nicht zischelnd zerpflückst oder heruntermachst, sei es aus Bosheit oder aus Stolz. Vor Gott ist es ein großes Übel, über eine Abwesende schlecht zu reden und fremde Art schlechtzumachen. Denn wenn du von Liebe erfüllt bist, dann mußt du die Anwesende zurechtweisen und darfst nicht die Abwesende verletzen. LEANDER VON SEVILLA

Der Blick auf die eigenen Nöte öffnet den Blick für die Nöte der anderen; und durch das, was man selbst erleidet, wird man fähig, mit anderen Leidenden mitzuleiden. BERNHARD VON CLAIRVAUX

PAULINA, sel.; gründete das Kloster Paulinzelle in Thüringen, mit Mönchen aus Hirsau besiedelt († 1107). – Ful/g.

LEANDER, Erzbischof von Sevilla, besonders verdient um Bekehrung der arianischen Westgoten († 600).

MÄRZ

14

Ich weiß nicht, wie ich auf die Welt kam und ob die Dinge hier unten das sind, wofür man sie hält. Sind wir Menschen doch alle betört und haben kein rechtes Urteil über das, was ist. Gewiß, gestern kam ich und heute gehe ich wieder, und doch glaube ich, ewig hier zu leben ... Verleihe mir Armen und Unglückseligen die Kraft, alle Verkehrtheit der Seele abzulegen. Stolz und nichtige Überheblichkeit reiben mich auf, zerbrechen mich. Gib mir Demut, reiche mir die helfende Hand. Ich möchte dich doch sehen, dich, das Licht der Welt, das Licht meiner Augen.

SYMEON DER NEUE THEOLOGE

MATHILDE, Gemahlin König Heinrichs I., Mutter Ottos d. Gr. und Erzbischof Brunos von Köln; stiftete Klöster im Harzgebiet († 968). Grab im Quedlinburger Dom. – RK/g.

JAKOB (Giacomo Capoccio), Augustinereremit, bedeutender Theologe, Erzbischof von Neapel († 1308).

MÄRZ

15

Die Zeit ist soviel wert wie Gott selbst, weil man in einem Augenblick verlorengehen und in einem Augenblick Gott selbst gewinnen kann. Zieht also Nutzen aus dem Augenblick, der in euerer Gewalt steht. Wenn man auch die vergangene Zeit nicht mehr zurückrufen kann, so kann man sie doch dadurch zurückbekommen, daß man den Eifer im Gutestun verdoppelt. KLEMENS MARIA HOFBAUER

KLEMENS MARIA HOFBAUER, aus Mähren; zuerst Bäckergeselle, studierte in Wien und Rom, wurde als erster Deutscher Redemptorist, wirkte als Volksseelsorger zwanzig Jahre in Warschau, dann in Wien, trug viel zur Überwindung der kirchenfeindlichen Aufklärung bei († 1820). – RK/g (Wie/F; Lin/G).

LOUISE DE MARILLAC, aus Paris; widmete sich nach dem Tod ihres Mannes der Caritas, gründete zusammen mit Vinzenz von Paul die „Filles de la Charité" (Vinzentinerinnen) († 1660).

MÄRZ 16

Ich übersende Ihnen die Briefe und das Memorandum, die Sie für Ihre Reise brauchen. So ziehen Sie denn aus im Namen unseres Herrn Jesus. Ich bitte ihn, er möge Sie mit seiner göttlichen Liebe begleiten, er möge Ihre Erfrischung sein auf Ihrem Weg, Ihr Schatten gegen die Glut der Sonne, Ihr Mantel gegen Regen und Kälte, Ihr weiches Bett für Ihre Müdigkeit, Ihre Stärke bei Ihrer Arbeit und Sie schließlich ganz gesund und voller guter Werke heimkehren lassen. VINZENZ VON PAUL AN LOUISE DE MARILLAC

Woher kam nur die große und heilbringende Gabe, Gott zu erkennen und zu lieben, woher kam, daß ich Heimat und Eltern verlor und nach Irland kam, um das Evangelium zu predigen, von den Ungläubigen Unbilden zu erleiden, die Schmach meiner Pilgerschaft und viele Verfolgungen bis zu den Fesseln auszuschöpfen? PATRICK

MÄRZ 17

Ich sehe, daß alles, was uns feindlich zu sein scheint, uns dorthin führt, wo Gott uns haben will. KLEMENS MARIA HOFBAUER

PATRICK, Patron Irlands, römischer Brite, in der Jugend von Seeräubern ins heidnische Irland entführt; kehrte nach Flucht, Studien- und Pilgerzeit als Missionar nach Irland zurück, errichtete Klöster als Bischofssitze, u. a. Armagh; machte Irland zur „Insel der Heiligen" († um 461). – GK/g.

GERTRUD von Nivelles, Äbtissin, Tochter Pippins d. Ä.; förderte in ihrem Kloster (südlich von Brüssel) besonders biblische und liturgische Bildung († um 655). – RK/g.

JOHANNES SARKANDER, sel., Pfarrer in Holleschau (Mähren), am Anfang des Dreißigjährigen Kriegs in Olmütz zu Tode gefoltert († 1620). – Gör/g (Gra/g am 7. 9.).

MÄRZ 18

Ärgerst du dich über die Zeit, die dir zur Ruhe gegeben ist? Werden wir nicht oftmals, wenn wir tagsüber uns geplagt haben, durch die Nacht wieder erfrischt? Ist nicht, wer gestern von der Arbeit erschöpft war, am Morgen durch die Ruhe der Nacht wieder gekräftigt? Was nützt der Weisheit mehr als die Nacht? Nachts denken wir oft über Gott nach. Nachts lesen und betrachten wir die göttlichen Worte. CYRILL VON JERUSALEM

CYRILL von Jerusalem, Bischof, Kirchenlehrer, bedeutend u. a. durch seine „mystagogischen Katechesen"; in den arianischen Wirren mehrfach verbannt († 386). – GK/g.

EDUARD, König von England, ältester Sohn des hl. Edgar des Friedfertigen, auf Betreiben der Gegenpartei in jugendlichem Alter ermordet († 978, „der Märtyrer" genannt).

SALVATOR von Horta, spanischer Franziskanerbruder, mit Gabe der Krankenheilung begnadet; starb in Cagliari/Sardinien († 1567; hl.g: 1948).

Heiliger Alltag

Anscheinend das idyllische Bild einer Familie beim Mahl, einer gut bürgerlichen der Niederlande des 16. Jahrhunderts – sollen wir uns so Josef mit Maria und Jesus vorstellen? Es ist auf jeden Fall gut, sie uns in unserer Welt, in unserem kleinen und so gar nicht heroischen Alltag vorzustellen, denn auch das Haus des Zimmermanns in Nazaret, in dem Jesus den größten Teil seines Lebens verbrachte, war von solcher Alltäglichkeit. Aber daß diese Stube gut eingerichtet, daß der Tisch reich gedeckt ist, daß Brot aufgeschnitten wird, daß Maria und das Kind sich geborgen fühlen können, ist keine Selbstverständlichkeit, sondern verdankt sich der Sorge Josefs.

Der Familie das Brot bereiten, dieses achtsame Tun seiner Hände am Rand des Tisches scheint die Mitte des Bildes zu sein. Die Gestalt Marias, mit der rechten Hand gerüstet, den Löffel zum Mund des Kindes zu führen, ist zusammen mit den Blicken des Kindes selbst ganz gerichtet auf die Hände Josefs. Und er scheint alles in diese Arbeit hineinzulegen, alle Aufmerksamkeit und alle Sorge, die sich in seinem Gesicht ausdrückt. Es ist die Aufmerksamkeit auf den großen Anruf, der sein Leben bestimmt und immer wieder ins Kleine führt. Es ist der Anruf des Engels, trotz allen Verdachts und gegen den äußeren Anschein ja zu sagen zu Maria und zum neuen kleinen Leben, das in ihr entsteht. Dieses Ja bedeutet ein beständiges Horchen auf neue und immer überraschende, alles eigene Planen durchkreuzende Anrufe, zur Flucht nach Ägypten, zur Rückkehr nach Galiläa. Nicht nur ein Engel im Traumgesicht kündet die Weisung Gottes für sein Leben; Blicke und Worte von Maria und Kind, die Nöte der Menschen, denen er begegnet, alle Dinge, die nach Vollendung schreien, sind ein Anruf, den Josef nicht überhören will. Die große Aufmerksamkeit für jeden Anruf Gottes macht auch die kleinste Begegnung groß, die Treue zum Auftrag heiligt auch den unscheinbarsten Alltag.

Bild 14
19. März: Josef
Die Heilige Familie beim Mahl
Jan Mostaert (zugeschrieben), 16. Jahrhundert

MÄRZ

19

Er wurde vom Vater erwählt als treuer Ernährer und Behüter seiner ewigen Schätze: seines Sohnes und der Braut Josefs. Dieses Amt hat Josef mit größter Treue verwaltet. Die Vertrautheit, Ehrfurcht und hohe Wertschätzung, die ihm Christus wie ein Sohn dem Vater entgegenbrachte, als er noch auf Erden lebte, hat er ihm im Himmel gewiß nicht versagt, vielmehr erfüllt und vollendet.

BERNHARDIN VON SIENA

JOSEF, Bräutigam der Gottesmutter Maria. Aus davidischem Geschlecht, der Mann Marias (Mt 1, 16), von Beruf Zimmermann, als „Gerechter" bezeichnet (Mt 1, 19); von ihm näher nur in den Kindheitsgeschichten bei Mt und Lk die Rede, dürfte deshalb vor dem öffentlichen Wirken Jesu gestorben sein. Verehrung früh bezeugt, seit dem Spätmittelalter stärker verbreitet. – GK/H.

MÄRZ

20

Auf, meine Seele! Sprich mit dem lieben Gott, arbeite mit ihm, geh, kämpfe und leide mit ihm! Du wirst arbeiten, er wird deine Arbeit segnen. Du wirst gehen, er wird deine Schritte segnen. Du wirst leiden, er wird deine Tränen segnen. In dieser Welt müssen wir arbeiten und kämpfen. Dann werden wir Zeit haben, uns eine ganze Ewigkeit auszuruhen.

JOHANNES VIANNEY

GISBERT, Mönch und Bischof von Lindisfarne (Insel an der Ostküste Nordenglands), Nationalheiliger der angelsächsischen und keltischen Kirche († 687).

WOLFRAM, Mönch; kam an den Hof des Merowingerkönigs Theudebert III., Erzbischof von Sens, Missionar in Friesland († um 700).

IRMGARD, Gemahlin Kaiser Lothars I.; gründete Kloster bei der Pfalz Erstein/Unterelsaß († 851).

MÄRZ

21

Mach uns zu lebendigen Menschen. Gib uns den Geist des Lichtes, damit wir dich erkennen, den wahren Gott, und den du gesandt hast, Jesus Christus. Gib uns den Heiligen Geist, damit wir von dessen unaussprechlichen Mysterien künden und erzählen können.

SERAPION VON THMUIS

SERAPION, Bischof von Thmuis (Unterägypten), Wüstenvater, Schüler Antonius' d. Gr., theologisch gebildet, wertvolle Gebetssammlung erhalten († nach 362).

RICHEZA, sel., Tochter des lothringischen Pfalzgrafen Erenfrid, Gemahlin des polnischen Königs Mieszko II., Regentin, vertrieben (ihr Sohn Kasimir wurde später König); starb in Saalfelden/Thüringen († 1063). Gebeine heute im Kölner Dom.

ABSALON, Bischof von Roskilde, Erzbischof von Lund; erbaute Bischofsburg Havn (das spätere Kopenhagen) († 1201).

MÄRZ 22

Franz von Sales, der selige Bischof von Genf, hat eine ganz einfache Art der Meditation gelehrt, die sogar die Kranken halten können. Sie besteht darin, daß wir ruhig vor Gott sind und ihm einfach zeigen, was wir brauchen und was uns quält, ohne unsere geistigen Kräfte sonst anzustrengen – so wie es ein Armer macht, der seine Gebrechen enthüllt und dadurch die Vorübergehenden mehr bewegt, ihm Gutes zu tun, als wenn er sich den Kopf zerbräche, wie er sie am besten von seiner Not überzeugen könnte. Man betet und meditiert also gut, wenn man so in der Gegenwart Gottes bleibt. Vinzenz von Paul

Elko (Elmar), sel., Abt des Prämonstratenserklosters Lidlom/Friesland; wurde wegen seiner Regelstrenge von Laienbrüdern erschlagen († 1332).

José Oriol, Seelsorger in Barcelona, Mystiker († 1702).

MÄRZ 23

Reichtum, Gold und Silber gehören nicht, wie einige glauben, zur Herrschaft des Teufels. Geh damit nur richtig um, dann ist es nicht zu tadeln. Den zeitlichen Gütern kann es einer sogar verdanken, daß er gerecht ist. Denn es steht – offenbar von zeitlichen Gütern – geschrieben: „Ich war hungrig, und ihr habt mir zu essen gegeben.“ Dies sage ich der Irrlehrer wegen, die Geld und Gut und Leiblichkeit verdammen. Du sollst den irdischen Schätzen nicht dienen, du sollst sie aber auch nicht als Feinde ansehen. Cyrill von Jerusalem

Toribio Alfonso Mongrovejo, Spanier aus der Diözese Oviedo, Erzbischof von Lima, zahlreiche Visitationsreisen und Synoden; für Entwicklung der Kirche in Südamerika besonders bedeutend durch Provinzialkonzil in Lima 1582–83 († 1606). – GK/g.

Merbot, sel., Mönch der Abtei Mehrerau am Bodensee, Einsiedler und Seelsorger im Bregenzer Wald († 1120).

MÄRZ

Ich bin viel zu ungeduldig zum Gehorchen und nicht fröhlich genug zum Leiden. Birgitta von Schweden

Wenn ich mich nicht auf deine Hilfe stütze, Herr, kann ich mich selbst nicht regieren. Denn mein Leib ist wie ein ungebändigtes Füllen, das zügellos läuft, wohin es Lust hat. Und mein Wille ist wie ein wilder Vogel, der dauernd flüchten will. So bitte ich dich: Leg dem Füllen einen Zaum an, sobald es springen will, wohin es nicht soll. Leg dem Vogel ein Band an, damit er nicht weiter fliegt, als es dir gefällt. Birgitta von Schweden

Katharina, Tochter der hl. Birgitta von Schweden; blieb nach dem Tod ihres Mannes bei der Mutter in Rom, brachte deren Leichnam nach Schweden; erste Vorsteherin des Klosters Vadstena, erreichte Bestätigung des Birgittenordens († 1381).

Gottes Gruß vernehmen

Heilige sind Menschen, die ein Ohr haben für den Gruß Gottes, die seinen Anruf vernehmen, die seine Boten eintreten lassen in ihren Raum. Darum ist im „Englischen Gruß" alles einbegriffen, was zwischen Gott und Mensch geschieht; darum verdichtet sich in seine zarte Stunde hinein die ganze Heilsgeschichte; darum wird er so gerne betend nachgesprochen, besungen und im Bilde dargestellt.

Maria kniet im Schlafgemach, ist ganz in ihrem Innen; aber das Fenster des Raums wie ihrer Seele ist offen für Welt und Zukunft. Sie ist offen für den Anhauch des Neuen, das unerwartet, aus ungewohnter Richtung auf sie zukommt. Sie neigt sich zurück, um zu vernehmen, was da – fürs irdische Auge unsichtbar und doch in mächtiger Gestalt – aus dem geheimen Urgrund auf sie zutritt. Im Engel, in seinen Flügeln, drückt sich Hoheit aus, die wie von ferne kommt; in seinem Gesicht, das wie eine Schwester blickt, nahe Vertrautheit. Die Neigung der Knie wie des Stabes bekundet die Ehrfurcht, die Gott seinem schönsten Geschöpf und seiner Freiheit entgegenbringt. Er begrüßt voll Freude und Wohlgefallen das Werk seiner Huld.

Maria ist voll Staunen, das ratlos ist vor dem Unfaßbaren, und doch auch voll ruhiger Gelassenheit. Sie wird im Gestus der rechten Hand der des Boten gleichförmig; sie ahnt, daß die unerhörte Botschaft das anruft, was an geheimer Gnade immer schon in der Tiefe ihrer reinen Seele ruht, daß diese Botschaft anknüpft an das, was ihr vertraut ist aus dem Buch, das ihre Linke hält, aus den Psalmen und Liedern ihres Volkes, aus den Verheißungen seiner Propheten, aus der Geschichte Hannas und der anderen Frauen. So kann sie den Gruß aufnehmen ohne Furcht; so kann sie mutig fragen nach dem Wie des angekündigten Geschehens; so kann sie sich demütig und in kühnem Vertrauen öffnen für die Überschattung durch den Geist, der in winziger, leichter Gestalt über ihr schwebt und doch so Großes bewirkt.

Bild 15
25. März: Verkündigung des Herrn
Der Engel verkündet Maria die Frohe Botschaft
Rogier van der Weyden, um 1460

MÄRZ

25

Der Sohn Gottes tritt in unsere Welt ein: unsichtbar in seinem Bereich, wurde er sichtbar in dem unsrigen; unfaßbar, wollte er sich erfassen lassen, er blieb überzeitlich und begann doch ein Dasein in der Zeit; der Herr des Weltalls verhüllte seine unermeßliche Herrlichkeit und nahm Sklavengestalt an.

LEO DER GROSSE

VERKÜNDIGUNG DES HERRN. Als Fest im Osten seit 6. Jh., im Westen seit 7. Jh. bezeugt; ursprünglich Herrenfest, später als Marienfest („Mariä Verkündigung") verstanden. Die nachkonziliare Ordnung von Kirchenjahr und Kalender hat ursprüngliche Bezeichnung wieder eingeführt. – GK/H.

PROKOP, zuerst verheiratet, wurde dann Mönch und Abt des von ihm gegründeten Klosters Sázava (östlich von Prag), verbreitete das Kirchenslavische als Liturgiesprache; einer der Landespatrone von Böhmen († 1053).

MÄRZ

Gott ist der glatte, steile Fels, der dem Denken keine Stelle bietet, auf der es Fuß fassen könnte. Jeder Halt ist ihm genommen durch das Wort bei Mose: „Kein Mensch kann mich (Gott) sehen und am Leben bleiben." Der Herr aber gibt der zusammenbrechenden Hoffnung Halt, wie er es bei Petrus tat. Als Petrus unterzugehen drohte, machte der Herr das Wasser fest, so daß Petrus darauf stehen konnte.

GREGOR VON NYSSA

LIUDGER, Schüler des hl. Gregor von Utrecht, von Karl d. Gr. mit Leitung der Friesen- und Sachsenmission beauftragt, erster Bischof des späteren Münster i. W.; schuf vorbildliche Pfarr- und Diözesanorganisation († 809). – RK/g (Mst/H; Ess/F).

KASTULUS, römischer Märtyrer († um 286). Gebeine kamen nach Pavia, im 8. Jh. nach Moosburg bei Freising, im 17. Jh. nach Landshut. – Mün/g.

MÄRZ

Höre, mein Sohn, auf die Weisungen des Meisters, und neige das Ohr deines Herzens; nimm die Mahnung des gütigen Vaters willig auf, und erfülle sie durch die Tat, damit du durch die Mühe des Gehorsams zu dem zurückkehrst, von dem du durch die Trägheit des Ungehorsams abgewichen bist. An dich richtet sich jetzt mein Wort, wer immer du sein magst: Du entsagst den Regungen des Eigenwillens und ergreifst die starken und herrlichen Waffen des Gehorsams, um dem Herrn Christus, dem wahren König, als Soldat zu dienen.

BENEDIKT-REGEL

HAIMO, Angelsachse, Schüler Alkuins, Mönch in Fulda, Bischof von Halberstadt (am Nordharz) († 853).

FROWIN, Mönch in St. Blasien, Abt des Klosters Engelberg (am Vierwaldstättersee); begründete Schreib- und Malschule, verfaßte theologische Werke zur geistlichen Lesung († 1178).

MÄRZ 28

Um im fortwährenden Gottgedenken, in der ständigen Gegenwart Gottes zu leben, diene euch folgendes Gebet: „O Gott, komm mir zu Hilfe, Herr, eile mir zu helfen!" Dieser kleine Vers duldet nicht, daß einer an den Heilmitteln zweifelt, wenn er in Herzenslahmheit oder in Seelenängsten oder in bedrückender Traurigkeit oder in depressiver Stimmung niedergedrückt ist. Denn er zeigt ihm, daß der, den er anruft, immer unsere Kräfte sieht und mit seiner Hilfe nicht fern ist. Und umgekehrt: wenn wir bei uns geistlichen Fortschritt bemerken und wenn unser Herz vor Freude überströmt, dann mahnt er uns, uns ja nicht zu überheben und uns etwas einzubilden, bezeugt er doch, daß wir diesen glücklichen Zustand ohne Gottes Hilfe nicht bewahren können.

Johannes Cassian

Guntram, Frankenkönig, verdient um die Wiederherstellung der kirchlichen Ordnung, beim Volk wegen Freigebigkeit beliebt († 592).

MÄRZ 29

Bei der Feier der Eucharistie ruft der Priester: „Erhebt die Herzen!" Ja, in dieser heiligen Stunde soll das Herz nach oben auf Gott gerichtet sein und nicht nach unten zur Erde und zu den irdischen Angelegenheiten. Keiner soll mit dem Mund sprechen: „Wir haben sie beim Herrn", und seine Gedanken hängen an den Sorgen des Lebens. Zwar sollten wir immer an Gott denken; doch wenn dies wegen der menschlichen Schwäche nicht möglich ist, sollen wir uns wenigstens in dieser heiligen Stunde darum bemühen.

Cyrill von Jerusalem

Helmstan, Bischof von Winchester, das ein Mittelpunkt kirchlichen Lebens in England wurde († um 850).

Ludolf, aus Sachsen, Prämonstratenser, Bischof von Ratzeburg; starb nach längerer Kerkerhaft und Mißhandlungen in Wismar († 1250).

MÄRZ

Das Sehen kann man nicht lernen, denn es ist eine Wirkung der Natur. Die Schönheit des Gebetes kann man nicht lernen durch den Unterricht eines anderen. Es hat seinen eigenen Meister, nämlich Gott.

Johannes Klimakos

Johannes Klimakos, Abt des Sinaiklosters; sein Hauptwerk „Leiter (klimax, daher Beiname) zum Paradies" (nach Jakobsvision in Gen 28, 10–19) weitverbreitet und von größter Bedeutung für ostkirchliches Mönchtum († um 649).

Diemut, sel., Benediktinerin in Wessobrunn, Reklusin, bekannt auch durch Abschreiben von Büchern († 1130).

Amadeus IX.; sel., Herzog von Savoyen, behindert (Epilepsie); machte Savoyen zum „Paradies der Armen" († 1472).

Gott zu Gast

Auf den Mosaiken der alten Basiliken ziehen lange Reihen wegweisender Gestalten dem Herrn entgegen. Für das Verständnis der frühen Kirche ist es eine einzige große Schar von Zeugen: die Heiligen des Alten wie des Neuen Bundes. Sie bezeugen die Erfahrung Gottes in geschichtlicher Begegnung, eine Erfahrung des Glaubens. An ihrer Spitze steht Abraham, der „Vater des Glaubens".

Der Heilige Gott, der Ewige, begegnet dem Menschen „zur heißen Tageszeit", zu irgendeiner Stunde, als irgendein Fremder. Die drei Männer, die Abraham vom Zelteingang aus zunächst erblickt, sind nach der biblischen Erzählung und auf unserem Bild zugleich einer, der Eine im Nimbus, den Abraham „mein Herr" nennt, der zu Abraham spricht: „Ich werde im nächsten Jahr wiederkommen." Die Erfahrung Gottes ist keine eindeutig festzustellende Sache, sie bleibt in der Schwebe. Man wird ihrer nur gewiß, wenn man sich im Glauben auf sie einläßt und wenn man im Glauben die sich aus dieser Begegnung entwickelnde Geschichte deutet.

Abraham ist ein Mensch, der Glauben wagt, etwa als er aus dem Vaterhaus in ein fremdes Land gerufen wird, und der das Vertrauen bewahrt, auch wenn die Zusage gänzlich fern von der Verwirklichung scheint. So eilt er im oberen Teil des Bildes den Fremden entgegen und verneigt sich vor ihnen und lädt sie ein, unter dem Baum Platz zu nehmen und sich stärken zu lassen. Gastfreundschaft ist für ihn nicht eine Pflicht, die von ihm eingefordert wird, sondern ein Geschenk, das er erbittet: die Gegenwart Gottes.

Wer Gott einläßt in sein Leben, der erfährt in diesem Leben eine Veränderung, einen neuen Segen. Der Fremde, dem das Mahl bereitet ist, fragt mit der segnenden Hand zugleich nach Sara, und Abraham wendet sich um, zeigt auf die (in unserem Bildausschnitt nicht mehr sichtbare) Frau und empfängt die Verheißung des Sohnes.

Bild 16
Gott erscheint dem Heiligen und hält Mahl mit ihm
Abraham mit den geheimnisvollen drei Männern
Mosaik, Rom, 5. Jahrhundert

MÄRZ

31

Vermeidet in eurem Gebet viele Worte. Ein einziges Wort genügte, um dem Zöllner und dem verlorenen Sohn die göttliche Verzeihung zu schenken ... Laßt euch nicht auf lange Gedankengänge ein, damit ihr euren Geist nicht mit dem Suchen nach Worten zerstreut. Ein Wort des Zöllners hat die Barmherzigkeit Gottes getroffen. Ein Wort voll des Glaubens hat den Schächer am Kreuz gerettet. Gedankenfülle im Gebet erzeugt Bildfülle und läßt den Geist zerfließen, während oft ein wiederholtes Wort den Geist sammelt. JOHANNES KLIMAKOS

Ich glaube, daß der Herr die Apostel umarmte, als er zu ihnen sprach: Friede sei mit euch! So umarmt er uns, einen jeden von uns, wenn wir beten, und sagt: Friede dir! JOHANNES VIANNEY

KORNELIA, erlitt bei Christenverfolgung mit mehreren Gefährten in Nordafrika das Martyrium (Zeit nicht näher bekannt).

APRIL

1

(Der Auferstandene sagt zu Maria Magdalena:) Rühre mich nicht an! Das heißt: Gewöhne dir ab, auf dein trügerisches Sinnesvermögen zu vertrauen; baue auf das Wort, gewöhne dich an den Glauben.
BERNHARD VON CLAIRVAUX

IRENE, AGAPE und CHIONIA, Schwestern, in Thessalonike zum Feuertod verurteilt (+ 304).

HUGO, Bischof von Grenoble, Verfechter der gregorianischen Reform; förderte den hl. Bruno und „La Grande Chartreuse" (Ursprungsstätte des Kartäuserordens bei Grenoble) (+ 1132).

HUGO, Neffe des hl. Hugo von Grenoble, Zisterzienser, Abt von Bonnevaux (Diözese Vienne) (+ 1194).

NUNO ÁLVARES PEREIRA, aus dem Adel, Oberbefehlshaber des portugiesischen Heeres; trat später in den Karmel von Lissabon als einfacher Bruder ein (+ 1431).

APRIL

2

Verzeiht einander, damit ihr nicht weiterhin an das Unrecht denkt, das ihr einander zugefügt habt. An die Bosheit zurückdenken bedeutet neues Unrecht, Entfremdung von der Liebe, Nagel, der in der Seele steckt, niemals schlafende Bosheit, nie endende Sünde, täglicher Tod. FRANZ VON PAOLA

FRANZ von Paola, aus dem Dorf Paola in Kalabrien, Franziskaner; gründete Eremitenorden (Minimiten oder „allergeringste" Brüder, auch Paolaner genannt); stand im Ruf eines Wundertäters, lebte fündundzwanzig Jahre in äußerster Armut am französischen Hof als Ratgeber der Könige (+ 1507). – GK/g.

MARIA von Ägypten. Dirne, bei Jerusalemfahrt bekehrt, Büßerin und Einsiedlerin (4. Jh.); später entwickelte sich reiche Legende.

EUSTASIUS, Schüler Kolumbans und dessen Nachfolger als Abt von Luxeuil (+ 629).

APRIL 3

Vernommen habe ich, Herr, deiner Heilsordnung Mysterien. Betrachtet habe ich deine Werke. Gepriesen habe ich deine Gottheit.

Joseph der Hymnenschreiber

Du bist der Stürzenden Rettung, der Sünder Mittlerin, der Fremden Erquikkung, der Trauernden Trost, allheilige Jungfrau. Zerstreu meiner Seele Trauer, o Reine, und daß vom Himmel her, von Gott, mir Tröstung erscheine, flehe für den, der jubelnd in Liedern dich preist, dich erhebt in alle Äonen.

Joseph der Hymnenschreiber

Joseph der Hymnenschreiber; Mönch in Thessalonike und Konstantinopel zur Zeit des Bilderstreits; zeitweilig entführt und verbannt; verfaßte zahlreiche Hymnen († 886).

Richard, aus England, zuerst Rechtsgelehrter und Kanzler, später Bischof von Chichester († 1253).

APRIL

Wer immer bei Gott sein will, muß viel beten und viel in der Heiligen Schrift lesen. Wenn wir beten, sprechen wir mit Gott; wenn wir lesen, spricht Gott mit uns. Dem wahren Leser liegt alles daran, das, worin er unterwiesen wurde, auch zu tun. Wie wir beim Lesen den Wunsch haben, auch zu verstehen, so müssen wir, nachdem wir verstanden haben, das Richtige, das wir erkannt haben, auch tun.

Isidor von Sevilla

Vor allem muß (ein Bischof wie ein jeder Christ) die hervorragendste aller Gaben, die Liebe, erwerben, ohne die jede Tugend Lüge ist. Der Schutz jeder Heiligkeit ist die Liebe, und die Demut ist der Ort, an dem sie wohnt.

Isidor von Sevilla

Isidor, Erzbischof von Sevilla, Kirchenlehrer. Zahlreiche Werke, die ihn zu einem der großen, vielzitierten Lehrmeister des Mittelalters machten († 633). – GK/g.

APRIL

Predige in einer schlichten, vertrauten Sprache. Bringe, soweit du kannst, Beispiele, damit jeder Sünder sich so getroffen fühlt, als wenn du ihm allein predigtest. Ein allgemeines Reden über Tugenden und Laster trifft die Hörer nicht ins Herz.

Vinzenz Ferrer

Vinzenz Ferrer, Spanier aus Valencia, Dominikaner, gewaltiger Bußprediger; im Großen Schisma lange auf seiten des Avignoner Papstes, setzte sich nach dem Konzil von Konstanz für den rechtmäßigen neugewählten Papst Martin V. ein († 1419). – GK/g.

Kreszentia Höss, sel., Franziskanertertiarin in Kaufbeuren, mystisches Gebetsleben, einflußreiche Korrespondenz, gesuchte Beraterin († 1744). – Aug/G.

Nikephoros I., Patriarch von Konstantinopel; einer der bedeutendsten Bilderverehrer, deswegen von Kaiser Leon V. verbannt († 828).

Mit Christus auf dem Weg

Zunächst scheint es sich einfach um ein Bild der Jüngerschaft zu handeln: hinter dem Meister hergehen. Aber bei näherem Zusehen erschließt sich doch die besondere Situation des Weges nach Emmaus. Der Mann neben der Säule macht nicht den Eindruck entschlossenen Mitgehens, sondern den der Unentschlossenheit und der Verschlossenheit. Ratlos ist er, nachdem der Karfreitag den erhofften Weg in die Befreiung jäh unterbrochen, sein Leben sinnlos gemacht hat. Verschlossen ist ihm daher das heilige Buch der Hoffnungen seines Volkes; er verschließt sich auch in sein Gewand, verschließt sich gegenüber der Welt, die so grausam ist und alle gute Erwartung enttäuscht. Während die Füße in die Wegrichtung zeigen, drückt die Wendung des Körpers eher ein Stehenbleiben aus. Auch die Stellung der Füße Jesu ist merkwürdig: der eine scheint ganz dem Vorausgehen gewidmet – Jesus ist ja schon weit vorausgegangen in die Herrlichkeit der Auferstehung –, der andere aber stellt sich entgegen, ermöglicht, daß der Vorausgegangene sich zurückwendet zu seinen Jüngern. Sie sind ihm ja nicht gefolgt, sondern gehen ihren eigenen Weg der Verzweiflung.

Jesus aber gesellt sich zu ihnen, geht neu ihren dunklen Weg. Seine linke Hand wendet sich zu ihnen zurück, um sie zu erfassen und zu ermutigen, neu mit ihm zu gehen. Dazu weist die rechte Hand voraus zum Ziel des Weges, den Sinn der unbegreiflichen Strecken von Leid und Kreuz deutend. Und so kann der Mann in der Mitte wirklich ein Jünger des Auferstandenen werden, die Bewegung der erhobenen Hand ganz mitvollziehen, den Weg bewußt und entschlossen mitgehen, erhellt werden von der im Brennen des Herzens erspürten Gegenwart des Herrn, die Augen der Seele öffnen für den Sinn der Schriften, für das geheime „Müssen", das den Weg Jesu und darum auch den seiner Jünger bestimmt. Mitgehen mit Christus heißt zuallererst: dessen innewerden, daß Er mit uns geht.

Bild 17
Heilige unterwegs mit dem Auferstandenen
Emmausjünger
Steinrelief, S. Domingo de Silos, 12. Jahrhundert

APRIL

Gott schickt uns jedes Kreuz zu unserem größten Nutzen, und er will uns dadurch an sich ziehen. Wenn wir ein Kreuz tragen, denken wir an Gott und bitten ihn um Hilfe und Beistand, was wir ohne ein solches Kreuz vielleicht niemals getan hätten. Kreszentia Höss

Wilhelm, stammte aus französischem Adelsgeschlecht, trat in Paris dem Orden der regulierten Chorherren bei; wurde vom hl. Absalon, Erzbischof von Lund, nach Dänemark berufen, Abt von Aebelholt; verdient um Ordensreform und Kirchenfreiheit (deswegen zwei Jahre vom französischen König eingekerkert) († 1203).

Petrus Martyr, aus Verona, Dominikaner, Volksprediger, bei Mailand ermordet († 1252).

Michele Rua, aus Turin, Salesianer, einer der wichtigsten Mitarbeiter Don Boscos und dessen Nachfolger in der Ordensleitung († 1910; sel.g: 1972).

APRIL

Von Christus getrennt, sind wir verloren. Durch viele Beispiele stellt er uns diese Vereinigung vor Augen. Er ist das Haupt, und wir sind der Leib. Er ist das Fundament, wir sind das Gebäude. Er ist der Weinstock, wir sind die Rebzweige. Er ist der Bräutigam, wir sind die Braut. Er ist der Hirt, wir sind die Schafe. Er ist der Weg, wir sind die Wanderer. Wir sind der Tempel, er ist es, der darin wohnt. Er ist der Erstgeborene, wir sind seine Brüder. Er ist der Erbe, wir sind die Miterben. Er ist das Leben, wir sind die Lebenden. Er ist die Auferstehung, wir sind die Auferstandenen. Er ist das Licht, wir sind die Erleuchteten. Johannes Chrysostomus

Johannes Baptist de la Salle, aus Reims; verzichtete auf seine Domherrenstelle, gründete Orden der Schulbrüder; bahnbrechend für Erziehungs- und Schulwesen († 1719). – GK/G.

APRIL

Christus ist für uns alles. Willst du, daß deine Wunde heile: er ist der Arzt. Glühst du vor Fieberhitze: er ist erfrischende Quelle. Sinkst du zusammen unter der Ungerechtigkeit deiner Werke: er ist die ewige Gerechtigkeit. Bedarfst du der Hilfe: er ist die Allmacht. Fürchtest du den Tod: er ist das Leben. Verlangst du nach dem Himmel: er ist der Weg. Willst du die Finsternis fliehen: er ist das Licht. Suchst du Speise: er ist das Brot des Lebens. Kostet also und seht, wie gut der Herr ist. Ambrosius

Walter, aus der Picardie; wurde Mönch in Rebais (Diözese Meaux) und erster Abt des Klosters Pontoise (nordwestlich von Paris) († 1095).

Marie-Rose-Julie Billiart, aus der Picardie; gründete Erziehungsorden, der, 1809 in Frankreich verboten, nach Belgien verlegt wurde und den Namen „Schwestern Unserer Lieben Frau von Namur“ erhielt († 1816, hl.g: 1969).

APRIL

Ein Mensch, den jene heilsame Trauer erfüllt, die Buße zur Seligkeit bewirkt, ist in seinem Verhalten: nachgebend, ansprechbar, demütig, mild, sanft und geduldig, denn solche Trauer erwächst ja aus der Gottesliebe. Die Traurigkeit dieser Welt aber, der Trübsinn, macht den Menschen ganz ungefällig, ungeduldig, hartherzig, voll von Groll und unfruchtbarem Kummer, sträflich verzweifelt.

JOHANNES CASSIAN

WALTRUD, Schwester der hl. Adelgund, Gründerin und Äbtissin eines Klosters im heutigen Mons (Südbelgien) († um 688). Früh nachweisbare Verehrung (Prozession in Mons seit 1349).

KONRAD I., sel.; stammte aus dem Geschlecht der Grafen von Abensberg, Domherr in Hildesheim, Erzbischof von Salzburg; im Investiturstreit auf seiten des Papstes, wirkte mit Gerhoh von Reichersberg für Klerus- und Klosterreform, führte an vielen Stiftskirchen die Augustiner-Chorherren-Regel ein († 1147).

APRIL 10

Wir bitten dich, Herr, sei unser Helfer und nimm dich unser an: Die unter uns in Bedrängnis sind, errette, der Bedrückten erbarme dich, die Gefallenen richte auf, den Betenden zeige dich, die Kranken heile, die Irrenden in deinem Volk führe wieder auf die rechte Bahn. Speise die Hungernden, löse unsere Gefangenen, mache gesund die Kranken, tröste die Kleinmütigen. Erkennen sollen alle Völker, daß einzig du bist der Gott und Jesus Christus dein Knecht und wir dein Volk und die Schafe deiner Weide.

KLEMENS VON ROM

FULBERT, Bischof von Chartres; begründete die im Mittelalter berühmte Schule († 1028).

ENGELBERT, sel., Abt von Admont/Steiermark, vielseitiger Schriftsteller († 1331).

APRIL 11

Du, ewige Dreifaltigkeit, bist ein tiefes Meer, in dem ich immer Neues entdecke, je länger ich suche. Und je mehr ich finde, desto mehr suche ich dich. Gleichsam auf unersättliche Weise sättigst du die Seele; denn in deinem Abgrund sättigst du die Seele so, daß sie doch immer noch hungrig bleibt, nach dir, ewige Dreifaltigkeit, verlangt und sich danach sehnt, dich, das Licht, in deinem Licht zu schauen.

KATHARINA VON SIENA

STANISLAUS, Bischof von Krakau; wegen Reformwirken sowie Kritik und Exkommunikation König Boleslaws II. von diesem am Altar der Michaelskirche in Krakau während der Messe ermordet († 1079). Nationalheiliger Polens. – GK/G.

RAINER, sel.; lebte etwa zwanzig Jahre als Rekluse am Dom zu Osnabrück († 1233).

GEMMA GALGANI, Mystikerin, stigmatisiert, starb in Lucca († 1903; hl.g: 1940).

Den Strom des Lebens schauen

Johannes, der Empfänger der Geheimen Offenbarung, schreibt als „Bruder und Gefährte in der Drangsal", in der Bedrängnis der Verfolgungen und Enttäuschungen der frühen Christenheit, in der Bedrängnis der heutigen Christen, die von äußerer Anfechtung und innerer Kälte bedroht sind, in der Bedrängnis unserer Welt, die am Abgrund des Chaos und der Versteppung steht. Der Heilige sieht wie kein anderer die Gefahr, die kommenden Plagen, das Verderben, das sich die Menschheit bereitet, und er läßt es nicht an Warnung und Mahnung fehlen; aber der Heilige sieht durch alles Tödliche hindurch den Strom neuen Lebens, der von Gott ausgeht.

Diese Schau wird dem fast Darniederliegenden und seine Hände zagend und flehend Emporhaltenden durch den Engel vermittelt, der auf dem Felsen am rechten unteren Bildrand steht, sich ihm behutsam zuneigt und ihn auf den Wasserstrom weist, an dessen Ufern zwölf aufblühende Bäume stehen. Der Engel nimmt ihn mit weiter hinauf, ans andere Ufer, so daß er die ganze Breite des Flusses und seine Quelle vor sich hat. In dieser Schau ist die Urerinnerung lebendig an den Garten Eden, in dem ein alles bewässernder Strom entspringt, der sich in vier Flüsse teilt (Gen 2). Die Schau wird geprägt von der Vision des Ezechiel, der in der Drangsal der Verbannung auf den Tempel blickt, aus dem das Wasser hervorströmt, das alles Leben gesunden läßt und an dessen Ufern Fruchtbäume wachsen, deren Laub nie welkt (Ez 47).

Vom Engel geleitet und umfaßt, kann also jetzt, etwas aufgerichtet und die betenden Hände geöffnet, Johannes seinen Blick werfen auf die Stadt der endgültigen Zukunft, in der der Allherrscher und das Lamm selber der Tempel sind. Von ihrem Thron strömt das kristallglänzende Lebenswasser; zu beiden Seiten des Flusses steht der Lebensbaum, dessen Blätter zur Heilung der Völker dienen. Der Heilige ist der, der in aller Krankheit das Heilende, in allem Verderben das Heil schaut, das von Gott kommt und vom Lamm, dessen Opfer er annimmt.

Bild 18
Der Heilige am Strom des Lebens
Der Seher Johannes und die Quelle
Miniatur, Westflämische Apokalypse, um 1400

APRIL
12

Nichtwollen sollte ich, was ich wollte, und wollen, was du wolltest. Aber mein freier Wille, wo war er in all der jahrelangen Zeit, und aus welcher geheimnisvollen Tiefe ward er in einem Augenblick herausgerufen, auf daß ich den Nacken beuge deinem sanften Joch und die Schultern deiner leichten Bürde, Christus Jesus, du mein Helfer und Erlöser? AUGUSTINUS

ZENO, Bischof von Verona, vermutlich aus Nordafrika; seine Schriften zeigen ihn als großen Seelsorger († 371/372). Korbinian brachte seinen Kult nach Bayern, zahlreiche Zeno-Patrozinien auch in Schwaben und Bodenseegegend. – Mün/g.

HERTA (Hertula), römische Märtyrin († um 303).

JULIUS I., Papst; bekämpfte den Arianismus, verteidigte Athanasius († 352).

GIUSEPPE MOSCATI, aus Benevent, Arzt, Professor für klinische Chemie, Wohltäter der Armen und Kranken († 1927; sel.g: 1975).

APRIL
13

Ich wundere mich über die Rücksichtslosigkeit aller, die einst zu uns gehörten. Sie haben mich in meinem Unglück gründlich vergessen. Oder dekken uns die bösen Geister derart mit Verleumdung zu? Hält mich die ganze Kirche für ihren Feind und Gegner? PAPST MARTIN I.

MARTIN I., Papst; der byzantinische Kaiser ließ ihn verhaften, nach Konstantinopel bringen, wegen Häresie und Hochverrat zum Tode verurteilen; begnadigt, starb er an den erlittenen Mißhandlungen im Exil auf der Krim († 655). – GK/g.

HERMENEGILD, Sohn des arianischen Westgotenkönigs Leovigild; wurde durch seine Frau katholisch; als Rebell gefangengenommen und hingerichtet († 585). Grab in Sevilla.

IDA von Boulogne, sel., Förderin der cluniazensischen Reform († 1113).

IDA von Löwen, sel., Zisterzienserin im Kloster Rosendaal bei Mecheln, Mystikerin († um 1290).

APRIL
14

Du Feuer und Abgrund der Liebe, du Narr aus Liebe, brauchst du denn dein Geschöpf? Es scheint mir so, denn du benimmst dich, als ob du ohne es nicht mehr leben könntest. Dabei bist du doch das Leben, von dem alles Leben hat und ohne das nichts lebt. Warum also bist du deinem Geschöpf so närrisch zugetan? KATHARINA VON SIENA

HADWIG von Meer, Tochter der hl. Hildegund; gründete mit ihrer Mutter Prämonstratenserinnenkloster (bei Düsseldorf), das sie später leitete († um 1200).

JOHANNES und Gefährten, Kämmerer am Hof des litauischen Großfürsten Olgerd; als Christen ermordet († 1342). Grab in Wilna.

LIDWINA, aus Schiedam bei Rotterdam; ertrug heroisch langjähriges Leiden, Mystikerin († 1433).

APRIL 15

Du bist über allem. Darf ich anders dich nennen? Wie soll Wort dich loben, den kein Wort sagen kann? Wie soll Geist dich schauen, den kein Geist fassen kann? Du allein bist unaussprechbar, schufst aber alles, was spricht. Du allein bist über allem Denken und schufst doch alles, was gedacht wird. Alles preist dich, was Stimme hat und was stumm ist. Alles verehrt dich, was denkt und was nicht denkt. Gemeinsam ist das Verlangen aller, das Sehnen aller nach dir.

GREGOR VON NAZIANZ

WALTMANN, sel., Schüler des hl. Norbert, erster Abt des Prämonstratenserklosters in Antwerpen († 1138).

CESAR DE BUS, aus der Nähe von Avignon; gründete „Kongregation von der christlichen Lehre" (Doktrinarier) († 1607; sel.g: 1975).

APRIL 16

Vierzehn Tage ging ich hin, und jeden Tag erschien die Dame außer an einem Montag und Freitag. Jedesmal trug sie mir auf, die Priester an den Bau der Kapelle zu mahnen. Jedesmal forderte sie mich auf, mich in der Quelle zu waschen und um die Bekehrung der Sünder zu bitten. Öfters fragte ich sie, wer sie sei, aber sie lächelte nur. Zuletzt sagte sie mir, die Arme und die Augen zum Himmel erhoben: „Ich bin die unbefleckt Empfangene!"

BERNADETTE SOUBIROUS

BENEDIKT JOSEF LABRE, aus Nordfrankreich; führte ein Pilgerleben in größter Armut und mystischem Gebet, besuchte die großen Wallfahrtsorte Europas, starb in Rom († 1783). – Ein/g.

BERNADETTE SOUBIROUS; ihr erschien die Gottesmutter Maria in Lourdes, das zu einem der größten Wallfahrtsorte wurde; später lebte die viel verkannte, verleumdete, kranke Bernadette im Kloster in Nevers-sur-Loire († 1879).

APRIL 17

(Der Beichtvater Benedikt Labres bezeugte:) Sein ganzes Leben war nichts als ein immerwährendes Gebet.
(Auf die Frage eines Rompilgers: „Haben Sie den Papst gesehen?" antwortete Benedikt Labre:) Man muß ihn nicht sehen, sondern für ihn beten.

LANDRICH, Sohn der hl. Waltrud, Abt von Soignies und Hautmont; wirkte zuletzt als Missionsbischof in der Gegend von Brüssel († um 730).

EBERHARD von Wolfegg, sel., Prämonstratenser, erster Propst des Klosters (Ober-)Marchtal († 1183).

KATERÍ (Katharina) TEKAKWITHA; Indianerin aus dem Irokesenstamm der Mohawks; verwaist, durch Pockenkrankheit entstellt und halbblind, kam sie in näheren Kontakt zu Christen, erlebte nach ihrer Taufe schwere Anfeindungen, starb 24jährig, „Lilie der Mohawks" genannt († 1680; sel.g: 1980).

Christliche Tapferkeit

Der Märtyrer aus Kappadozien ist durch die legendäre Ausgestaltung in der Überlieferung des Volkes zum „Großmärtyrer" geworden, zum Typos des Kämpfers gegen die Gewalt des Bösen. Ja, das Bild des Heiligen darf nicht erweicht und verniedlicht werden zu milder Innerlichkeit und allzu sanfter Harmonie. Der Heilige ist wie kein anderer hineingestellt in Auseinandersetzung und Kampf – freilich ist es kein Kampf „gegen Blut und Fleisch, sondern gegen die Mächte, gegen die Gewalten, gegen die Weltbeherrscher dieser Finsternis", und darum gilt es, „die Waffenrüstung Gottes" anzulegen, um „am bösen Tag Widerstand leisten" zu können (vgl. Eph 6,12f).

Für diese Gewalten steht der Drache, der unersättlich unschuldige Opfer fordert. Gegen ihn sehen wir Georg im Kampf, sich ganz konzentrierend auf den Stoß der Lanze, die schräg durch das ganze Bild sich zieht bis zum Rachen des sich am Boden wälzenden Ungetüms. So bewegt auch der Schimmel aufspringt, der Reiter führt den Stoß aus ruhiger Überlegung und gesammelter Kraft. Christliche Tapferkeit ist nicht wilde Verwegenheit oder blinder Fanatismus, sie kommt aus nüchterner Erkenntnis der Gefahr, aus gewissenhafter Abwägung dessen, was wirklich böse ist, aus dem unbestechlichen Wahrnehmen des selbstgemachten Feindbildes und aus der Unterscheidung dessen, was den ganzen Einsatz lohnt, von dem, was nur der Selbstbestätigung dient. Allzuoft sind ja Kreuzzüge gegen vermeintliche statt wirkliche Feinde geführt worden. Wo aber die Erkenntnis des Notwendigen ... zur Klarheit geführt hat, kennt der Tapfere kein Zögern mehr, mag er auch noch so alleine stehen. Wer das Unrecht erkennt, die Bedrängnis der Schwachen und Geängsteten, die hier auf den Zinnen der Stadt zu sehen sind, die bedrohte Unschuld, die hier hinter der großen Gestalt des Heiligen mitreitet, den treibt es zum Handeln. Der Heilige kämpft selbstlos und furchtlos für andere.

Bild 19
23. April: Georg
Der Heilige kämpft mit dem Drachen
Ikone, Rumänien, Ende 17. Jahrhundert

APRIL

18

Laßt uns die alte Überlieferung befragen, die Lehre und den Glauben der katholischen Kirche. Der Herr hat sie gegeben, die Apostel haben sie verkündet, und die Väter haben daran festgehalten. Auf ihr gründet die Kirche, und wer sie aufgibt, kann nicht mehr Christ sein noch den christlichen Namen tragen. ATHANASIUS

ALEXANDER, Patriarch von Alexandrien; bekämpfte die Irrlehre des Arius; mit seinem Diakon Athanasius führend auf dem Konzil von Nizäa († 328).

WIKTERP (Wigbert), Bischof von Augsburg, besonders verdient um Christianisierung des Allgäu († wohl 771).

MARIA von der Menschwerdung (Barbe Acarie), sel.; stammte aus Paris, Mutter von sechs Kindern; nach Tod des Mannes Unbeschuhte Karmelitin in Pontoise († 1618).

APRIL

Besser ist schweigen und sein als reden und nicht sein. Gut ist das Lehren, wenn man tut, was man sagt. So ist nur einer Lehrer (Christus), der da sprach, und es geschah, und was er schweigend getan hat, ist des Vaters würdig. Wer Jesu Wort wirklich besitzt, kann auch seine Stille vernehmen, auf daß er vollkommen sei, auf daß er durch sein Wort wirke und durch sein Schweigen erkannt werde. IGNATIUS VON ANTIOCHIEN

LEO IX., aus Egisheim im Elsaß, Wegbereiter der cluniazensischen Reform; Bischof von Toul; wurde mit Hilfe seines Vetters, Kaiser Heinrichs III., 1049 Papst, zahlreiche Reisen und Synoden; in seine Amtszeit fällt der Bruch zwischen Ost- und Westkirche († 1054). – RK/g (Bas/G).

GEROLD, verschenkte seinen Besitz an das Kloster Einsiedeln und wurde Einsiedler im Großen Walsertal/Vorarlberg († um 978). – Ein/G; Fel/g.

APRIL

Du höchstes, unzugängliches Licht! Du volle und selige Wahrheit, wie fern bist du von mir, obwohl ich doch so nahe bei dir bin! Wie fern bist du meinen Blicken, wo ich deinen Augen doch unmittelbar gegenwärtig bin! Du bist überall, und doch sehe ich dich nicht. In dir bewege ich mich, und in dir bin ich, und doch kann ich nicht zu dir kommen! Du bist in mir und um mich, und doch, ich fühle dich nicht! Mein Gott, ich bete: Ich möchte dich erkennen, dich lieben und an dir mich freuen. Wenn ich es in diesem Leben nicht ganz erreichen kann, so laß mich täglich fortschreiten, bis jenes Ganze kommt; hier möge deine Erkenntnis in mir wachsen und dort vollendet werden. Hier nehme meine Liebe zu dir zu, um dort vollkommen zu werden. Hier sei meine Freude groß in der Hoffnung, dort in der Wirklichkeit unbegrenzt. ANSELM VON CANTERBURY

APRIL 21

Herr, ich versuche nicht, in deine Höhe vorzudringen; mein Verstand kann dich ja auf keine Weise erreichen. Ich wünsche nur, einigermaßen deine Wahrheit zu begreifen, die mein Herz glaubt und liebt. Denn ich suche nicht zu begreifen, um zu glauben, sondern ich glaube, um zu begreifen.

ANSELM VON CANTERBURY

ANSELM VON CANTERBURY, aus lombardischem Adelsgeschlecht, Mönch und Abt in Bec (Nordfrankreich), Erzbischof von Canterbury, Verteidiger der Freiheit der Kirche gegenüber englischem Königtum, bedeutender Theologe („Vater der Scholastik"), Kirchenlehrer († 1109). – GK/g.

KONRAD VON PARZHAM, aus einer Bauernfamilie in der Nähe von Passau; wurde Kapuzinerbruder in Altötting, über vierzig Jahre lang Pförtner († 1894). – RK/g (Pas/F; Reg/G).

APRIL

„Alle, die in der Gemeinschaft mit Christus ein frommes Leben führen wollen, werden verfolgt werden" (2 Tim 3, 12). „Alle" heißt es, keiner ist ausgenommen! Wer könnte auch ausgenommen sein, da der Herr selbst durch die Leiden der Verfolgungen geprüft wurde. Wie viele stille Märtyrer Christi gibt es täglich, die Jesus Christus bekennen! Dieses Martyrium, dieses treue Zeugnis für Christus kannte der Apostel, wenn er sagte: „Das ist unser Ruhm: das Zeugnis unseres Gewissens" (2 Kor 1, 12). AMBROSIUS

Da die Welt ist, wie sie ist, mit so viel Armen darin, wie kann da ein Mensch reich sein und reich bleiben ohne Gefahr, dafür verdammt zu werden? Der heilige Ambrosius sagt sogar: Wenn Menschen aus Not sterben, während wir ihnen helfen könnten, dann besage das, daß wir sie töten.

THOMAS MORUS

WOLFHELM, sel., aus rheinischem Adel, Ausbildung an Kölner Domschule, Mönch, Abt von Brauweiler († 1091).

APRIL 23

Das Blut hat eine laute Stimme, nicht nur das Blut Abels, sondern auch das Blut all jener, die für den Herrn getötet wurden. Die Stimme ihres Blutes ist die Standhaftigkeit des Glaubens, die Glut der Liebe.

BEDA VENERABILIS

GEORG, aus Kappadozien, Offizier im römischen Heer, Märtyrer († um 305). Sein Leben hinter den reich entfalteten späteren Legenden kaum greifbar; in der Ostkirche schon früh als „Großmärtyrer" verehrt; im Mittelalter als Drachenkämpfer, Nothelfer und Patron von Staaten, Königen, Ständen, Zünften, unzähligen Kirchen einer der beliebtesten Heiligen. – GK/g (Lim/H; Bam/F.G).

ADALBERT (Taufname Vojtech), aus Böhmen, Bischof von Prag; bei Preußenmission in der Gegend von Danzig ermordet († 997). – RK/g (Ber, Gör/G).

GERHARD, aus Köln, Bischof von Toul/Lothringen († 994). – Köl/g.

Die eine Frohbotschaft in vier Evangelien

Ein kräftiges, mit Edelsteinen verziertes Gebälk faßt auf dem Bild zusammen, was eher auseinanderzustreben und ohne Mitte zu sein scheint. Denn die vier Weißgekleideten sind voneinander abgewandt, blicken in verschiedene Richtungen, sind je ihrer Tätigkeit hingegeben, sind bezogen auf je ihre Eigenart, die sich in ihren so verschiedenen Symbolen – Mensch, Löwe, Stier, Adler – ausdrückt. Ein Bild der gespaltenen Christenheit, der Isolation der einzelnen Christen, Gemeinden, Gruppen?

So wirkt auch die antikische Landschaft mit den vier felsigen Hügeln, vor die die Evangelisten gesetzt sind, düster und bedrückend. Nur am Horizont ist Helligkeit, und um jeden der vier und um ihre Bücher. Gemeinsam ist ihnen auch das tiefrote Leuchten ihrer Sitzpolster, auf denen sie wie antike Philosophen sitzen. Gemeinsam ist ihnen vor allem die Schreibfeder, die aufmerksame Beschäftigung mit dem Buch, das die Worte und Taten Jesu aufnimmt. Verschiedene Phasen dieser Tätigkeit sind festgehalten: nachforschendes Lesen bei Matthäus, das Eintauchen der Feder, der Beginn des Aufzeichnens bei Markus, das Fortblättern und Weiterschreiben bei Lukas, die Meditation, die ekstatische Schau der im Leben Jesu verborgenen göttlichen Geheimnisse bei Johannes.

Jeder der vier bringt seinen Charakter (man hat in ihnen auch die vier Temperamente dargestellt gesehen), bringt seine Erfahrung, seine Umwelt, sein Lebensalter, bringt seinen ganz persönlichen Zugang mit hinein in das Bild, das seine Schrift von Jesus zeichnet. Vielleicht ist es gut, daß sie so getrennt voneinander und so verschieden von Jesus berichten und so um so glaubwürdiger sich zu ein und demselben Herrn bekennen. Vielleicht ist es gut, daß die Mitte leer bleibt (leer wie das Pult links von Johannes), daß Christus nicht selbst ein Buch geschrieben, sich nicht in eine festumrissene Gestalt festgelegt hat. So bleibt sein gottmenschliches Geheimnis unausschöpfbar, nur zu erahnen durch die verschiedenen Spiegelungen im Zeugnis der Jünger.

Bild 20
25. April: Markus
Die vier Evangelisten. Evangeliar der Palastschule Karls d. Gr., Anfang 9. Jahrhundert

APRIL

24

Gütigster Jesus, bewahre mich davor, daß ich je einen Menschen, und mag er mich noch so hassen und verfolgen, verachte, geringschätze, ihn herabsetze oder mich von ihm abwende. Fidelis von Sigmaringen

Fidelis von Sigmaringen, Kapuziner; Prediger und Seelsorger in Vorderösterreich, Vorarlberg, Schweiz; in Seewies/Graubünden von kalvinistischen Bauern erschlagen († 1622). – RK/g (Fel, Frei [Hohenzollern]/F).

Wilfrith, aus angelsächsischem Adel; in iroschottischem Kloster Lindisfarne erzogen, kämpfte als Bischof von York für Einführung der Benediktregel und römischen Liturgie († 709/710).

Egbert, Mönch und Bischof in Irland; sandte Willibrord, Suitbert u. a. zur Friesenmission († 729).

Maria von der hl. Euphrasia (Rose-Virginie Pelletier); gründete in Angers Kongregation der „Schwestern Unserer Lieben Frau von der Liebe des Guten Hirten" († 1868; hl.g: 1940).

APRIL

Was läßt heute die wahren Christen alle Bequemlichkeiten abtun, Wohlstand verlassen, das Steile erklimmen, das Mühsame aushalten? Der lebendige Glaube, der sich durch Liebe auswirkt. Er läßt in der Hoffnung der künftigen Güter auf die gegenwärtigen verzichten, er tauscht die Gegenwart gerne gegen die Zukunft ein. Fidelis von Sigmaringen

Markus, Evangelist; Johannes (Markus ist Beiname, Apg 12, 12), Sohn der Maria, in deren Haus sich die Urgemeinde versammelte; zeitweilig Begleiter des Paulus, später des Petrus (nach alter Überlieferung dessen Dolmetscher). Nach Markus das älteste (im Bibelkanon das zweite) Evangelium benannt. – GK/F.

Ermin, Priester in Laon, ging in das Kloster des hl. Ursmar, Abt und Bischof von Lobbes (im belgischen Hennegau) († 737).

Hermann, sel., Markgraf von Baden; später Mönch in Cluny († 1074).

APRIL

Dankbarkeit ist die eigentliche Demut Gott gegenüber. Das ist der authentische Glaube der Väter, von den frühesten Zeiten bis auf den heutigen Tag. Johannes Cassian

Trudpert; gehörte wohl zu iroschottischen Mönchen, kam von Luxeuil und Remiremont in den Breisgau und lebte als Einsiedler im Münstertal südlich von Freiburg (7. Jh.). – Frei/g.

Richarius, Priester und Asket († um 645). Über seinem Grab entstand berühmte Abtei von Centula (Diözese Amiens), nach ihm St-Riquier genannt.

Paschasius Radbertus, Abt von Corbie, bedeutender Theologe († um 859).

Pedro de Betancur, auf Teneriffa geboren; ging nach Guatemala, wirkte als Franziskanertertiar in Krankenpflege und Unterricht († 1667; sel.g: 1980).

APRIL 27

Dort, am Grab der Völkerapostel in Rom, erfuhr ich deinen Trost und die Gegenwart deiner Gnade, die mir zuteil wurde durch so hohe Fürsprecher. Du weißt, Herr, wie sehr und wie tief du mir an diesem Tag Deutschland anvertraut hast, wohin ich aufbrechen und für das ich zu leben und zu sterben wünschen sollte. Petrus Kanisius

Petrus Kanisius, aus Nijmegen; wurde 1543 als erster Deutscher Jesuit, wirkte für den Wiederaufbau der katholischen Kirche in Deutschland nach der Reformation; Lehrer, Prediger, Schriftsteller (Katechismus), Kirchenpolitiker; als erster Provinzial maßgebend für Ordensausbau und Kollegsgründungen in Süddeutschland, Österreich, Schweiz († 1597). – RK/g (Inn/H, in zahlreichen Diözesen F oder G).

Tutilo, Mönch in St. Gallen, Künstler († um 913).

Zita, Dienstmagd in Lucca († 1272).

APRIL

Es macht nichts, wenn ich sterbe. Der Glaube an Christus haftet zu fest am Boden dieser Insel, daß er durch meinen Tod nicht weggenommen werden kann. Pierre Chanel

Pierre Chanel, schloß sich der Priesterkongregation der Maristen an, ging zur Mission in die Südsee, wirkte ohne nennenswerte Erfolge zu seinen Lebzeiten auf einer der Fidschi-Inseln, starb mit 37 Jahren als erster Märtyrer Ozeaniens († 1841; hl.g: 1954). – GK/g.

Hugo von Cluny, einer der großen Reformäbte, Berater von neun Päpsten, vermittelte im Investiturstreit zwischen Kaiser Heinrich IV. (war dessen Taufpate) und Papst Gregor VII. († 1109).

Ludwig Maria Grignion de Montfort, aus der Bretagne, Volksmissionar; gründete Priesterkongregation (Montfortaner), großer Marienverehrer († 1716; hl.g: 1947).

APRIL 29

Einzig auf die Kraft der Liebe kommt es an.
Gebt euch nicht mit Kleinem zufrieden, Gott erwartet Großes!
Katharina von Siena

Katharina von Siena (Caterina Benincasa), Mystikerin, Kirchenlehrerin. Trat 18jährig dem Dritten Orden des hl. Dominikus bei, erkrankte bei Pflege von Pestkranken; besondere mystische Begnadungen (Visionen, Stigmata); Ratgeberin von weltlichen und geistlichen Würdenträgern, betrieb Rückkehr des Papstes von Avignon nach Rom; zahlreiche Briefe; starb in Rom († 1380). Patronin Italiens. – GK/G.

Roswitha, Verwandte Karls d. Gr., um 815 erste Äbtissin des Klosters Liesborn (Bistum Münster).

Robert, Abt von Molesme, zusammen mit Alberich Gründer des Klosters Cîteaux, das zur Wiege des Zisterzienserordens wurde († 1111).

Leben und Sendung vom Kreuz

Anscheinend ein übliches frommes Bild: vor goldenem Hintergrund eine Nonne, die zum Gekreuzigten betet. Gewiß hat es Katharina Benincasa, das 24. Kind eines Wollfärbers, früh vor das Kruzifix gezogen. Die Zwölfjährige weigert sich zur Enttäuschung ihrer Eltern, zu heiraten; als ihr Gesicht von den Pocken entstellt wird, zieht sie sich ganz zurück, und mit achtzehn Jahren wird sie Dominikaner-Terziarin. Aber als sie 1380 mit dreiunddreißig Jahren stirbt, hat sie Weltgeschichte gemacht, Königen und Päpsten Weisung erteilt, Papst Gregor XI. aus Avignon nach Rom zurückgeholt, im Schisma sich für Papst Urban VI. eingesetzt, Friedensverhandlungen geführt. Aus ihren Schriften und 381 hinterlassenen Briefen – die sie diktiert hatte, weil sie selber nicht schreiben konnte – spricht tiefe Weisheit, so daß Papst Paul VI. sie zur Kirchenlehrerin erklärte.

Und doch, das alles kommt aus dem Blick auf den Gekreuzigten, der sich ihr immer mehr zuneigt und ihr 1375 die Wundmale einprägt. Sie wird ganz Auge für das Leiden des Herrn, mit den übereinander gefalteten Händen streckt sie sich ihm entgegen, zieht ihn ganz zu sich. So hört sie von ihm: „Großes Gefallen habe ich an der Bereitschaft, zum Besten der Seelen Leiden anzunehmen“ – „Wer mehr liebt, der leidet auch mehr“. Das Leiden mit Christus drängt sie zu den Leidenden; sie pflegt Kranke und Sterbende, kümmert sich in Pisa um die Opfer der Pest, gibt einem frierenden Bettler ihren Ordensmantel. Vor allem leidet sie mit Christus an der Kirche, seinem mystischen Leib. Er stellt ihr das sündhafte Leben vieler seiner Priester vor Augen, ihren Stolz und Ehrgeiz, ihre Hartherzigkeit gegenüber den Armen, die Finsternis, die sie verbreiten – damit sie „mehr Grund hat, demütige, andauernde Gebete darzubringen“. Im „Namen des Gekreuzigten“ bestürmt sie auch Florenz, mit dem Papst sich zu versöhnen und Frieden zu schließen.

Bild 21
29. April: Katharina von Siena
Die Heilige im Gebet vor dem Kreuz
Tafelbild, Vecchietta, 1445

APRIL 30

Ein Hirt der Kirche muß so sein, daß er wie Paulus allen alles wird, daß der Kranke bei ihm Genesung findet, der Betrübte Freude, der Verzweifelte Vertrauen, der Unerfahrene Belehrung, der Schwankende Klarheit, der Reuevolle Vergebung und Trost, kurz, ein jeder das, was ihm zum Heil notwendig ist. PETRUS KANISIUS

PIUS V., aus Oberitalien, Dominikaner, Bischof und Kardinal, ähnlich reformgesinnt wie Karl Borromäus; auf dessen Betreiben 1566 zum Papst gewählt; besonders verdient um die Verwirklichung der Reformbeschlüsse des Trienter Konzils († 1572). – GK/g.

QUIRINUS, römischer Märtyrer († um 130). Reliquien um 1000 nach Neuss, Verehrung besonders im Kölner Raum. – Köl/g.

GIUSEPPE BENEDETTO COTTOLENGO, gründete in Turin mehrere karitative und religiöse Genossenschaften und das „Kleine Haus der göttlichen Vorsehung" für Arme und Kranke († 1842).

MAI 1

Wo Liebe ist und Weisheit, da ist nicht Furcht noch Unwissenheit. Wo Geduld ist und Demut, da ist nicht Zorn noch Aufregung. Wo Armut ist mit Fröhlichkeit, da ist nicht Begierde noch Habsucht. Wo Stille ist und Sich-Versenken, da ist nicht Sorge noch unsteter Sinn. FRANZ VON ASSISI

JOSEF, DER ARBEITER. Gedenktag wurde 1955 (zusätzlich zum Hauptfest am 19. März) gegenüber der oft klassenkämpferischen Feier des 1. Mai eingeführt. – GK/g.

MARIA, SCHUTZFRAU VON BAYERN. – In bayerischen Diözesen/H.

SIGISMUND, König von Burgund; büßte für Mord am Sohn seiner ersten Frau im Kloster St-Maurice, später mit seiner zweiten Frau und seinen Söhnen ertränkt († 524). In St-Maurice beigesetzt, Teil der Reliquien 1354 in Veitsdom nach Prag. – Ein/G (Mün, Sit/g am 2. Mai).

AUGUSTIN SCHOEFFLER, aus Lothringen, Missionar in West-Tonking (Hinterindien); einer der zahlreichen annamitischen Märtyrer († 1851).

MAI

Wenn der Geist in uns ist, so ist auch das Wort, von dem wir ihn empfangen, in uns, und im Wort ist auch der Vater. Wo nämlich das Licht ist, da ist auch sein Glanz; wo der Glanz ist, da ist auch sein Wirken und seine strahlende Gnade. ATHANASIUS

ATHANASIUS, Patriarch von Alexandrien, Kirchenlehrer; entschiedener Kämpfer gegen arianische Irrlehre (deswegen fünfmal, insgesamt siebzehn Jahre, verbannt), „Vater der Orthodoxie" und „Säule der Kirche" genannt († 373). – GK/G.

WIBORADA, Einsiedlerin, seit 916 in St. Gallen, Ratgeberin für Adel und Volk; veranlaßte Räumung des Klosters (und damit Rettung der Bibliothek) vor Ungarnüberfall († 926). – Gal/G.

BORIS, Fürst der Bulgaren; wirkte für Christianisierung Bulgariens (mit eigenem Patriarchat, was zur Abwendung von Rom führte); lebte zuletzt als Mönch († 907). Bulgarischer Nationalheiliger.

MAI 3

Der Sohn Gottes ist Sohn des Menschen geworden, damit die Söhne des Menschen, Adams Söhne, Gottes Söhne würden. Denn er, der auf eine unbegreifliche, unaussprechliche und ewige Weise aus dem Vater im Himmel geboren ist, wird in der Zeit aus Maria, der Gottesgebärerin, geboren, damit die früher von unten Geborenen von oben, das heißt, aus Gott, wiedergeboren würden.

ATHANASIUS

JAKOBUS der Jüngere, Sohn des Alphäus, einer der Zwölf, nur in Apostellisten genannt (Mk 3,18; Mt 10,3; Lk 6,15; Apg 1,13). – GK/F.

PHILIPPUS, aus Betsaida, bei Joh mehrfach erwähnt (1,53f: Berufung; 6,5f: Brotvermehrung; 12,21f: führt Griechen zu Jesus; 14,8: beim letzten Abendmahl). – GK/F.

PHILIPP von Zell, aus England, lebte nach Rückkehr von Pilgerfahrt nach Rom in Einsiedelei bei Worms († um 760), aus der später das Kloster Zell entstand.

Der Herr sagte zur heiligen Katharina von Siena: „Denke du an mich, ich werde an dich denken.“ Wir schauen zu sehr auf uns selbst, wir wollen sehen und begreifen, wir haben nicht genug Vertrauen auf den, der uns mit seiner Liebe umhüllt.

ELISABETH VON DIJON

FLORIAN und die Märtyrer von Lorch. Florian war hoher Beamter des römischen Statthalters, mit anderen Christen in der diokletianischen Verfolgung zum Tod verurteilt, in der Enns ertränkt († 304). Als „Wasserheiliger“ Patron gegen Wasser- und Feuergefahr. – RK/g (Lin/H, Diözesanpatron; Pöl/G).

GUIDO, Abt von Pomposa (bei Ravenna) († 1046). Seine Gebeine von Kaiser Heinrich III. nach Speyer gebracht. – Spe/g.

ARIBO, sel., Bischof von Freising; um Förderung der Seelsorge und Bildung bemüht († 783).

Herr, du bist allzeit liebeskrank nach mir, das hast du wohl bewiesen an dir: Du hast mich in die heilige Wunde deines Herzens eingegraben, um mich nimmer zu vergessen, und in deine Hände, um deine Gnade mir auszuteilen, und in deine Füße, um nimmer von mir loszukommen.

MECHTHILD VON MAGDEBURG

GODEHARD, Mönch und Abt in Niederaltaich, Bischof von Hildesheim als Nachfolger des hl. Bernward († 1038). – RK/g (Hil/F; Pas/G).

ANGELUS, Karmelit; ging von Palästina nach Sizilien, dort ermordet († 1220).

JUTTA von Sangerhausen, sel., aus Sachsen, verheiratet; lebte die letzten Jahre als Einsiedlerin bei Kulmsee/Preußen; befreundet mit Mechthild von Magdeburg, große Herz-Jesu-Verehrerin († 1260).

NUNZIO SULPRIZIO, aus den Abruzzen, Waise, sehr schwere Kindheit, früh unheilbar erkrankt; starb 19jährig († 1817; sel.g: 1963).

Gefäße des Heiligen Geistes

Apostel sind Boten der guten Nachricht von Jesus, als seine Zeugen von ihm ausgesandt. Sie haben ihn selber gesehen und gehört, seine Predigt, die Wunder seiner Barmherzigkeit, sein Leiden und Sterben, das Aufscheinen seiner neuen Existenz als Auferstandener. Aber nicht aus der Kraft ihrer menschlichen Erinnerung, aus dem Bewahren der äußeren Eindrücke können sie Jesus bezeugen, sondern nur aus der Kraft von oben, aus der Gegenwart Jesu in ihrem Inneren. Auf dem Bild wird sichtbar, daß es der auferstandene, zur Vollendung gelangte Herr selber ist, der sich im Pfingstgeist ihnen mitteilt. Seine Hände sind ausgebreitet über alle Apostel, aus seiner Mitte zielen Strahlen auf das Haupt jedes einzelnen von ihnen: In jedem, der sein Ohr neigt, seine Seele öffnet, will er gegenwärtig und wirksam sein.

Sosehr die Weise, wie sie aufnehmen, im Inneren hören und wie sie – etwa im Gestus ihrer Hände – bezeugen, verschieden ist, in dieser Sendung gehören sie und bleiben sie zusammen. Sie künden gemeinsam wie die Gruppe im Vordergrund, geschart um Petrus, der die Einheit, die Gegenwart des einen Herrn, in ihrer Mitte verkörpert; sie sind in diese Einheit einbezogen, auch wenn sie, wie etwa die fünf Apostel im Hintergrund, mehr für sich allein stehen an je ihrem Ort des Wirkens, in je ihrer Sendung. Sie sind Gefäße des Heiligen Geistes, in dem sich Christus ihnen persönlich schenkt; sie können ihn glaubwürdig und sicher bezeugen, wenn sie dies gemeinsam tun und – wie hier die drei im Vordergrund – auf das Buch weisen können, das die Botschaft Jesu unverrückbar bewahrt im äußeren festen Buchstaben, der lebendig wird durch die Deutung aus dem in ihrem Inneren wohnenden Geist.

Beim Betrachten des Bildes ist es gut, sich in einen dieser Apostel hineinzuversetzen, zu erspüren, wie Jesus seinen Geist in mich hineinstrahlt – und zugleich in die Schwestern und Brüder neben mir.

Bild 22
3. Mai: Jakobus d. J. und Philippus
Die Apostel empfangen den Heiligen Geist
Lektionar von Cluny, um 1000

MAI

Nicht alle Heiligen haben die gleiche Art von Heiligkeit. Es gibt solche, die hätten nie mit anderen Heiligen leben können. Nicht alle haben den gleichen Weg. Aber alle kommen bei Gott an. JOHANNES VIANNEY

BRITTO, Bischof von Trier; mit Ambrosius und Martin von Tours befreundet († 385/386). – Tri/g.

PETRONAX, Abt von Montecassino; unter ihm das von den Langobarden zerstörte Kloster wiederaufgebaut († um 750).

MARWARD, sel., Prämonstratenser in Rot an der Rot, erster Propst des Klosters in Wilten bei Innsbruck († 1142).

FRANÇOIS DE MONTMORENCY-LAVAL, Mitbegründer des Pariser Missionsseminars, erster Bischof von Quebec (Kanada); baute Seelsorge und Pfarrorganisation auf, gründete Seminar in Quebec (daraus später Laval-Universität); viele Visitationsreisen († 1708; sel.g: 1980).

MAI

Ich erinnere mich an eine Äußerung des Bischofs von Genf (Franz von Sales): „Oh, ich möchte nicht zu Gott gehen, wenn Gott nicht zu mir käme!" Wunderbare Worte! Man ist weit davon entfernt, wenn man die Oberhand gewinnen und Gott mit Gewalt zu sich heranziehen will. Nein, man erreicht in diesen Fällen nichts mit Gewalt. VINZENZ VON PAUL

NOTKER der Stammler (so nach angeborenem Sprachfehler genannt), sel., Mönch in St. Gallen, Leiter der Klosterschule in ihrer ersten Blütezeit; durch seine Hymnen und Sequenzen von großem Einfluß auf Dichtung und Musik († 912). – Gal/G.

GISELA, sel., Königin von Ungarn; Schwester Kaiser Heinrichs II., Gemahlin König Stephans I.; verdient um die Ausbreitung des christlichen Glaubens in Ungarn, nach Tod des Königs von heidnischer Gegenpartei verfolgt und mißhandelt; lebte zuletzt als Äbtissin in Passau († um 1060).

MAI

Die Heiligkeit des Menschen besteht ganz und gar in der Liebe zu Jesus Christus, unserem höchsten Gut, unserem Erlöser. Wer ihn liebt, sagt Jesus Christus selbst, ist der Liebe des Vaters gewiß. Der heilige Franz von Sales sagt: „Manche sehen die Vollkommenheit in einem strengen Leben, andere im Beten, im häufigen Empfang der Sakramente oder im Almosengeben. Doch sie täuschen sich. Die Vollkommenheit besteht darin, Gott aus ganzem Herzen zu lieben." ALFONS VON LIGUORI

FRIEDRICH, sel., aus schwäbischem Adel, Mönch in Einsiedeln, erster Abt des wiederhergestellten Klosters Hirsau († 1071).

ULRIKA NISCH, aus Oberschwaben, Küchenschwester bei den „Barmherzigen Schwestern vom Heiligen Kreuz" (Ingenbohler Schwestern), tätig in Bühl und Baden-Baden, starb 30jährig im Mutterhaus Hegne am Bodensee († 1913; sel.g: 1987).

MAI
9

Reiche, vornehme, talentierte Kinder erhalten leicht Lehrer und Erzieherinnen. Aber unser Anteil, unsere Aufgabe ist es, den Waisen und Verwahrlosten Mutter zu sein. THERESIA GERHARDINGER

BEATUS, nach alter Legende Einsiedler am Thuner See und erster Glaubensbote der Schweiz. (Vielleicht identisch mit iroschottischem Abt Beatus von Honau im Elsaß [† 810]). Seit 12. Jh. verehrt. – Bas/g.

ADALGAR, Mönch in Corvey, Erzbischof von Bremen-Hamburg († 909).

VOLKMAR, sel., Abt von Niederaltaich; wegen seines Reformeifers von widerspenstigen Mönchen mit Pfeilen erschossen († 1282).

THERESIA GERHARDINGER, Lehrerin in Stadtamhof; gründete in Neunburg vorm Wald Kongregation der Armen Schulschwestern (1841 nach München verlegt), die sich rasch in Mitteleuropa und Nordamerika ausbreiteten († 1897; sel.g: 1985).

MAI
10

Auf die Nacht folgt der Tag mit seiner Sonne, nach dem Sturm ist das Meer dem Schiffer günstig, den Schmerzen der Geburt folgt die Freude über das zur Welt gekommene Kind. Denken Sie daran, daß Ihre großen Leiden nur Vorboten großer Freuden sind. JOHANNES VON ÁVILA

JOHANNES von Ávila, aus Zentralspanien; bekam früh Schwierigkeiten wegen seiner halbjüdischen Abstammung; Prediger und Volksmissionar; von großem Einfluß u.a. auf die späteren Heiligen Franz Borgia, Johannes von Gott, Ludwig von Granada; mußte sich vor Inquisition rechtfertigen; stand Ignatius von Loyola und den Jesuiten nahe; geistlicher Schriftsteller († 1569; hl.g: 1970).

MAI
11

Ich glaube, daß es ohne Geduld keinen Frieden in dieser Welt gibt, auch halte ich es nicht für wahre Geduld, wenn man den Nächsten erträgt, ohne sich selbst zu ertragen. JOHANNES VON ÁVILA

GANGOLF, burgundischer Edler, auf Anstiften seiner ehebrecherischen Frau ermordet (8. Jh.). Weitverbreiteter Kult, Reliquie in Bamberg. – Bam/g.

MAMERTUS, Bischof von Vienne (Südostfrankreich); führte Bittgänge an den drei Tagen vor Christi Himmelfahrt ein († um 477). Zählt im Volksmund zu den „Eisheiligen" (wegen des häufigen Kälterückfalls zwischen 11./12. und 14./15. Mai) mit Pankratius, Servatius und der „kalten Sophie".

FRANCESCO DE HIERONYMO, Jesuit, Volksmissionar, glänzender Redner; baute soziale Hilfswerke auf, starb in Neapel († 1716).

Das Kreuz – Widerspruch und Brücke

Als Brückenheiliger ist er uns vertraut, Johannes aus Pomuk, der gelehrte Generalvikar des Prager Erzbischofs, den König Wenzel IV. 1393 von der Karlsbrücke in die Moldau stoßen ließ. Gewiß ist, daß er den Zorn des Königs so erregte, daß dieser ihn grausam foltern ließ, ja selber mit Pechfackeln ihn versengt haben soll. Ungewiß bleibt, was vor allem seinen Zorn erregte. Die Überlieferung meint, es sei die Weigerung gewesen, preiszugeben, was die Königin dem Heiligen in der Beichte anvertraut hatte. Auf jeden Fall war es der Widerstand gegen die Einmischungen des Königs in den kirchlichen Dienst, in den Bereich, der Gott allein zusteht.

In der Darstellung aus unserem Jahrhundert umgibt den schmalen, von nachdenklicher Sorge gezeichneten Kopf des Priesters kein goldener Heiligenschein, sondern eine Wolke roten Weltenbrandes, der übergeht in das Dunkel des Himmels, in die tödliche Bedrohung, die über unserer Erde steht. Die Gewalt des Staates und anonymer Mächte bedroht ja längst das Gewissen der Menschen, ihre Würde, ihre einmalige Beziehung zu Gott mehr als einzelne Tyrannen vergangener Zeiten. Noch liegt die Stadt mit hochragenden Bauten und Türmen im Licht – wie lange noch? Wird die Drohung von oben und das Wasser von unten sie wegspülen?

Der Priester steht davor, der Wahrer und Hüter des Geheimnisses, und hält vor sich das Kreuz mit der Gestalt des Geschundenen, des häßlich Gewordenen. Das Kreuz widersteht aller Anpassung, wehrt dem Angriff auf das Geheimnis, auf die personale Würde, widersetzt sich der Einebnung in die wesenlose Gleichheit, der Auslieferung an bloße Nützlichkeit, an die augenblickliche Lust oder das Interesse der Macht. Der Widerstand eines einzelnen wird zur Brücke, die die Stadt trägt und die Kreuzigungsgruppe, die Zeiten und Gruppen verbindet, so daß man auch nach den Zeiten der Schande noch leben kann.

Bild 23
16. Mai: Johannes Nepomuk
Gemälde, Herbert Boeckl, 20. Jahrhundert

MAI

12

Wenn man anderen Gutes tun will, muß man herausspüren, welche Art dem anderen besonders angenehm ist. Man muß einen inneren Kontakt mit ihm suchen und sich in ihn hineindenken. Man kann jemand weder helfen noch raten, wenn man durch wenig einfühlsame Art seinen Widerwillen erregt.

THOMAS MORUS

PANKRATIUS, römischer Märtyrer. Kult seit 5. Jh. bezeugt, um 500 Kirche über seinem Grab an der Via Aurelia; nach einem Sieg Kaiser Arnulfs von Kärnten an einem 12. Mai (896) Verbreitung der Pankratius-Verehrung auch in Deutschland. – GK/g.

NEREUS und ACHILLEUS, römische Märtyrer (Anfang 4. Jh.). Über ihrem Grab in der Domitilla-Katakombe dreischiffige Basilika. – GK/g.

MODOALD, Bischof von Trier; gründete Klöster (St. Symphorian, wohl auch Oeren in Trier, St. Martin in Münstermaifeld, St. Maria in Andernach) († 647/649). – Tri/g.

MAI

13

Wenn wir der eigenen Armseligkeit innewerden, ist nichts notwendiger, als sich zu demütigen unter der mächtigen Hand Gottes. Darum ermahne ich dich, mit aller Ehrlichkeit dein Versagen zu erkennen und dich dann zu demütigen, nicht groß von dir zu denken. Die Demut ist jene Tugend, wie der heilige Bernhard sagt, die in aufrichtiger Selbsterkenntnis sich so nimmt, wie man in Wirklichkeit ist.

BONAVENTURA

SERVATIUS; wahrscheinlich aus dem Orient, erster Bischof von Tongern, starb in Maastricht († 384). Seit dem Vandaleneinfall von 406, den er vorausgesagt haben soll, verbreitete sich sein Kult besonders an Rhein und Mosel; Grab in Maastricht bedeutende Wallfahrtsstätte des Mittelalters. – Aac, Lüt/g.

ELLINGER, sel., Abt von Tegernsee, wegen seines Reformwirkens wiederholt angefeindet und verbannt († 1056).

MAI

14

Machen wir unser Fortschreiten im inneren Frieden nicht vom guten Willen der anderen abhängig, über den wir nicht im geringsten gebieten. Es hängt von uns allein ab. Daß wir nicht in Zorn geraten, ist nicht Sache der Vollkommenheit anderer, sondern allein der Tugend in uns selbst.

JOHANNES CASSIAN

BONIFATIUS von Tarsus, Märtyrer (zählt zu den sog. „Eisheiligen“).

PACHOMIUS, aus Oberägypten, zuerst Einsiedler in der Thebais; baute 320–325 Kloster und begründete das „gemeinsam lebende“ (koinobitische) Mönchtum († 347).

MICHEL GARICOÏTS, aus Südwestfrankreich, Priester und Theologieprofessor; bekämpfte Gallikanismus und Jansenismus, gründete Priesterkongregation († 1863; hl.g: 1947).

MARIA DOMENICA MAZZARELLO, aus Piemont; gründete mit Don Bosco die „Don-Bosco-Schwestern“ († 1881; hl.g: 1951).

MAI
15

Gewöhnlich verfährt Gott folgendermaßen: Er teilt und fügt dann wieder zusammen; er entfernt und nähert dann wieder; er nimmt und gibt dann wieder; schließlich zerstört er und stellt dann wieder her. So gibt es nichts Beständiges in diesem Leben und niemanden in der ständig gleichen Lage. Und Gott will es so. Gepriesen sei sein Name dafür, daß das schwere Gewitter vorübergezogen ist und die Ruhe wiederkehrt. VINZENZ VON PAUL

RUPERT von Bingen, mildtätiger Adliger; lebte als Einsiedler, starb jung († um 732). Hildegard von Bingen verfaßte seine Lebensbeschreibung und förderte seine Verehrung. – Lim, Mai, Tri/g.

SOPHIA, vielleicht römische Märtyrin aus der Zeit Diokletians; volkstümlich mit Wetterregeln („Eisheilige") verbunden.

GERENBERN (Gerbert), Märtyrer in Brabant (6./7. Jh.).

MAI
16

Kleinmut und Ängstlichkeit hindern einen Menschen oft, das Gute zu tun, zu dem er fähig wäre, wenn er im Vertrauen auf Gottes Hilfe Mut fassen würde. Feigheit maskiert sich oft als Demut. THOMAS MORUS

JOHANNES NEPOMUK, aus Pomuk (Böhmen), Generalvikar in Prag; König Wenzel ließ ihn (wohl wegen seines Widerstandes gegen Übergriffe in kirchliche Rechte) verhaften, foltern und von der Karlsbrücke in die Moldau stürzen († 1393). Der bekannteste Brückenheilige, auch als Märtyrer des Amts- und Beichtgeheimnisses verehrt. – RK/g (Gör, Mei, Reg, Sal, Wie/G).

ADELPHUS, Bischof von Metz († um 400). Gebeine kamen 836 in die elsässische Abtei Neuweiler. – Stra/g.

SIMON STOCK, aus England, Karmelit, Ordensgeneral († 1265).

ANDREAS BOBOLA, aus Polen, Jesuit, Volksmissionar in der Gegend von Pinsk, Märtyrer († 1657; hl.g: 1938).

MAI
17

O wahres Licht, Glanz der Gerechtfertigten! Wenn die Menschen mit Freude und Gefallen die belaubten Bäume voller Blüten und Früchte betrachten, wenn ihr Blick über Ufer und Wiesen und Wälder schweift: wie viel größer muß dann erst die Freude sein, wenn sie erkennen, daß sie im Sein sind. Denn wie sehr muß, wen schon äußere Schönheit freut, die Schönheit im Innern beglücken. Und du, Herr, der du mir schon so viele Freude ins Herz gelegt hast: laß sie meinen ganzen Leib durchströmen! Laß mein Angesicht, den Mund, die Augen, meine Hände, alle meine Glieder freudeerfüllt sein. RAMON LLULL

DIETMAR von Neumünster/Holstein, sel., Augustiner-Chorherr († 1152).

WALTER, sel., Abt von Mondsee/Oberösterreich (1158).

PASCHALIS BAYLON, aus Spanien; lebte zuerst als Hirt, wurde dann Franziskanerbruder und verrichtete die einfachsten Dienste in verschiedenen Klöstern; mystisch begnadet; starb in Villareal bei Valencia († 1592).

Bestellt für das Volk

Kein Heiliger empfängt die Gaben Gottes nur für sich, immer dienen sie dem Ganzen des Leibes Christi. Besonders deutlich wird dies an einem Volksheiligen wie Bernhardin, dem gewaltigsten Prediger des 15. Jahrhunderts, dem Apostel Italiens. So sehen wir ihn auf dem Fresko von Sano di Pietro, wie er den Frauen, Männern und Vornehmen von Siena auf der Piazza del Campo predigt. Die Vornehmheit Sienas und seines Rathauses ist ihm wohl vertraut. Trotz des frühen Todes seiner Eltern erhielt er eine ausgezeichnete Erziehung und studierte bereits mit elf Jahren an der Universität von Siena. Der 17jährige allerdings gibt sein Studium auf, um die Opfer der Pest zu pflegen. Er wird selber sterbenskrank, und so reift sein Entschluß, für andere dazusein, arm zu werden, das Kleid der Minderbrüder zu nehmen. Ein Jahrzehnt lebt er, der strengeren Armutsrichtung innerhalb der Franziskaner verpflichtet, in einem einsamen Kloster und empfängt dann von seinen Oberen die Weisung, als Wanderprediger durch Italien zu ziehen und „das Land von seinen Sünden zu reinigen".

Wie hier im heimatlichen Siena strömten überall in Kirchen und auf Marktplätzen die Menschen zusammen und blickten fasziniert auf den hageren Franziskaner, der mit Klugheit, Heiterkeit und Liebenswürdigkeit die Menschen zu gewinnen verstand, der mit klaren und ernsten Worten sie überzeugte und ihre Herzen bewegte, so daß sie auf die Knie sanken und Buße taten. In der Hand hält er eine Tafel mit den Initialen Jesu, von einem Strahlenkranz umgeben. Der Name Jesus – IHS sind die ersten drei Buchstaben in der griechischen Schreibung – soll das Leben des einzelnen und das der Gesellschaft beherrschen. Darum läßt Bernhardin dieses sein Wappen am Ende seiner Predigten aufstellen; darum rät er, es an Stelle der Parteiwappen an Kirchen und Palästen zu setzen. Auch an der Spitze des Rathauses können wir die Wirkung der Predigt erkennen. Der Geist Jesu soll die Öffentlichkeit durchdringen: Bernhardin gründet eine Bank für die Armen, Spitäler, Waisenhäuser und stiftet Frieden.

Bild 24
20. Mai: Bernhardin von Siena
Der Heilige spricht zum Volk auf dem Rathausplatz
Fresko, Sano di Pietro, 1427

MAI

18

In der Liebe, die Gott selber ist, bitte ich alle meine Brüder, daß sie danach trachten, sich in allem gering zu erachten, sich nicht zu brüsten, noch selbstgefällig zu sein oder sich etwas einzubilden auf gute Worte oder Werke, überhaupt auf gar nichts, was Gott an Gutem in ihnen oder durch sie sprechen oder wirken mag. FRANZ VON ASSISI

JOHANNES I., Papst; reiste auf Befehl des arianischen Ostgotenkönigs Theoderich nach Konstantinopel, ohne Erfolg; wurde deshalb nach Rückkehr vom König in Ravenna festgehalten und starb wenige Tage darauf († 526). – GK/g.

BURKARD, Pfarrer von Beinwil im Aargau († um 1192). – Bas/g.

FELIX von Cantalice/Umbrien, Kapuzinerbruder, sammelte über vierzig Jahre Almosen in Rom; mit Karl Borromäus und Philipp Neri befreundet; „Bruder Deogratias" genannt († 1587).

MAI

19

Wie das Wasser in den Tälern zusammenfließt, so das Wasser des Heiligen Geistes in der Demut. Und wie das Wasser um so stärker strömt, je größer das Gefälle ist, so verhält es sich auch mit der Gnade und Demut. Der heilige Augustinus sagt: „Es ist leicht, Schleier vor den Augen zu haben, billige Kleider zu tragen und mit gesenktem Kopf einherzugehen. Wahre Demut aber erkennt man an der Geduld." BONAVENTURA

ALKUIN, sel., aus York, Leiter der Hofschule Karls d. Gr. in Aachen und Mittelpunkt der hiervon ausgehenden Bildungsbewegung, Lehrer u. a. von Einhard und Rabanus Maurus; lebte zuletzt in seiner Abtei zu Tours († 804).

DUNSTAN, Abt von Glastonbury, Erzbischof von Canterbury, bedeutendes Reformwirken († 988).

YVES HÉLORY, aus der Bretagne, studierte Theologie und Jura; Priester, leistete vielen Armen unentgeltlich Rechtsbeistand († 1303).

MAI

20

Der Name Jesus ist das Licht der Verkündigung, das die Einsicht erhellt und sein Wort in den Herzen vernehmbar macht und es einpflanzt. Von denen, die so erleuchtet im Licht das Licht schauen, sagt der Apostel mit Recht: „Einst wart ihr Finsternis, jetzt aber seid ihr Licht im Herrn: Wandelt als Kinder des Lichts!" Dieser Name muß also verkündet werden, damit er leuchtet, und darf nicht im Verborgenen bleiben.

BERNHARDIN VON SIENA

BERNHARDIN von Siena, Franziskaner, einflußreicher Volksprediger; warb auf dem Konzil von Florenz für Überwindung der Gegensätze zwischen Rom und Konstantinopel; förderte die Namen-Jesu-Verehrung (oft mit IHS-Zeichen abgebildet) († 1444). – GK/g.

ELFRIEDE (Etheldred), vermutlich Gemahlin König Ethelberts von Ostanglien (England); nach dessen Ermordung Einsiedlerin († um 795).

MAI
21

Herr Jesus Christus, wir danken dir, weil du um unseretwillen Mensch geworden bist. Schenke uns durch diese unsagbare Liebe eine wahre und vollkommene Liebe zu dir. Wie du deine Mutter in ihrem Inneren erfreut hast, so erfreue auch uns an Leib und Seele. HERMANN JOSEF

HERMANN JOSEF, aus Köln, Prämonstratenser in Steinfeld/Eifel, Prediger und Seelenführer, Marienverehrer († 1241 oder 1252). – RK/g.

KONSTANTIN der Große; unter ihm staatliche Anerkennung (Toleranzedikt) und Förderung des Christentums; zahlreiche Kirchenbauten; ließ sich auf dem Sterbebett taufen († 337). In der Ostkirche als „Apostelgleicher" verehrt.

CHARLES-JOSEPH-EUGÈNE DE MAZENOD, aus Aix-en-Provence; gründete dort 1816 die Kongregation der Oblaten der Unbefleckten Jungfrau Maria, die sich zu bedeutendem Missionsorden entwickelte; Bischof von Marseille († 1861; sel.g: 1975).

MAI
22

(Auf dem Weg zum Martyrium in Rom:) Nicht, als ob ich etwas wäre, gebe ich euch Anweisung. Denn mag ich auch für den Christennamen gefesselt sein, so bin ich für Jesus Christus noch nicht vollkommen. Jetzt fange ich an, sein Jünger zu werden. IGNATIUS VON ANTIOCHIEN

JULIA, Märtyrin in Karthago († um 250).

ÄMILIUS, verleugnete aus Furcht vor der Folter zunächst seinen Glauben, bekannte ihn dann doch und erlitt Martyrium († um 250).

RITA von Cascia/Umbrien; trat nach Ermordung des Ehemannes und Tod ihrer beiden Söhne 33jährig in Augustinerinnenkloster ein, lebte in strengster Buße und mystischem Gebet († 1434?). Verehrung auch in Südamerika und auf den Philippinen.

MAI
23

Weißt du, wie es der Mann macht, der Heu mäht? Er nimmt die Sense zur Hand und wetzt, wetzt, wetzt. Wehe, wehe, Siena; wenn der Schnitter wetzt, hüte dich, sage ich dir, denn wenn er eine Weile gemäht hat, so wetzt er aufs neue; und wenn schon gemäht ist, schaut er ringsum nach allen Seiten, wo er mähen könnte. Er sieht ringsum nach Aufgang, nach Untergang, nach Mittag und nach Mitternacht. Siehst du, daß er schon überall gemäht hat, außer hier? Darum sage ich dir: hüte dich, hüte dich wohl, Siena. BERNHARDIN VON SIENA

WIBERT (Guibert); gründete Kloster Gembloux bei Namur (Belgien), später Mönch im Kloster Gorze bei Metz († 962).

GIOVANNI BATTISTA DE ROSSI, Priester in Rom, Seelsorger, Volksmissionar, Helfer der Notleidenden († 1764).

Persönliche Anrede

Auf dem Hinterglasbild aus dem 19. Jahrhundert sind sie zusammen mit Gottvater aufgereiht, mit Drache und Hirsch, mit Rad und Kerze und den anderen Attributen. Gut, daß ihre Namen darunter geschrieben sind, denn wir haben sie zumeist vergessen, und die einst so große Bedeutung der Vierzehn Nothelfer ist uns längst entschwunden.

Den einzelnen Nöten, in denen sich das Volk an einen der frühen Märtyrer (und an den Abt Ägidius) wandte, begegnen wir auf andere Weise, mit Medizin und Psychologie, mit Blitzableiter und technischem Gerät, mit Sozialgesetzen und Versicherungsabschlüssen. Auch will uns wohl nicht recht einleuchten, warum wir auf dem Weg zu Gott so vieler Vermittlungsstationen bedürfen und wieso die himmlischen Zuständigkeiten so merkwürdig aufgeteilt sind. Aber lassen wir uns einfach von dem schlichten Bild zeigen, daß Gott kein einsamer Gott, daß seine Welt eine bunte Welt der Gemeinschaft sei. Gottvater neigt sich ganz den Sorgen der Welt zu und läßt seine vielfältige Gnade und wirksame Gegenwart aufleuchten in den Heiligen.

Beherrschend steht in der Mitte Christophorus und macht die Funktion aller Heiligen deutlich: Christus hineinzutragen in eine bestimmte Zeit, in eine bestimmte Umgebung. In Christus ist das Heil Gottes ganz gegenwärtig; seine Erlöserliebe trägt die Weltkugel und hält sie dem Vater entgegen. Wir aber freuen uns, daß die Fürsorge Gottes uns in so vielen Gestalten und Situationen begegnet, auf weiblichen und männlichen, auf jungen und alten Gesichtern. Die Gemeinschaft bei Gott ist keine anonyme Massengesellschaft, die Heiligen sind nicht von der Allheiligkeit Gottes verschlungen, sondern haben die Eigenart ihres Charakters, ihrer Geschichte und Umwelt mit hineingenommen in die Herrlichkeit. Mitgenommen haben sie ihre Sorge um die Mitmenschen, sie nehmen auch jetzt teil an der liebenden Zuwendung Gottes zu unseren Nöten, die nicht geringer, wenn auch anders geworden sind als früher. Wir dürfen sie anreden mit ihren persönlichen Namen in unserer individuellen Not.

Bild 25
Die heiligen Vierzehn Nothelfer
Hinterglasbild, Bayerischer Wald, 19. Jahrhundert

S: CATHARINA
S: BARBARA
S: MARGARETH
IHS
S: PANTALEON
ORGIUS
S: ACHACIUS
S: VITUS
S: CHRISTOFUS
S: DIONISI
S: ERASMUS
S: BLASIUS
S: CIRIACUS
S: ESTACHIUS
S: EGIDIUS

MAI 24

Das vergangene Jahr endete mit Leiden, und das neue beginnt mit dem Kreuz. Darin sehe ich das Unterpfand vieler, großer Gnaden. Nicht wahr, wenn man schreibt, so unterstreicht man die wichtigsten Wörter. Meine lieben Kinder, ich möchte dies unterstreichen: alles, alles für das Heilige Herz Jesu. Madeleine-Sophie Barat

Madeleine-Sophie Barat, aus Zentralfrankreich; gründete die „Gesellschaft der Ordensfrauen vom Heiligen Herzen Jesu" (Sacré Cœur) zur Mädchenerziehung († 1865). – Lau/g.

Vinzenz, Mönch im Kloster Lérins bei Nizza, Kirchenschriftsteller (5. Jh.).

Simeon Stylites der Jüngere, Mönch; lebte wie sein Vorbild, Simeon der Ältere, auf einer Säule, von der er predigte und Schüler unterwies; der bedeutendste Heilige des Patriarchats von Antiochien; als Wundertäter verehrt († 592).

Dagmar, erste Gemahlin König Waldemars II. von Dänemark († 1212).

MAI 25

Wahrhaft wunderbar bist du, o Wort Gottes, im Heiligen Geist; du läßt ihn so tief in deine Seele eindringen, daß sie sich mit Gott verbindet, ihn empfängt und an nichts Geschmack findet außer an Gott. Maria Magdalena von Pazzi

Beda der Ehrwürdige, aus England, Mönch in Jarrow, „Vater der englischen Geschichtsschreibung", Kirchenlehrer († 735). – GK/g.

Gregor VII., Papst (vorher Mönch Hildebrand); dehnte die cluniazensische Reformbewegung auf die ganze Kirche aus; kämpfte gegen Einsetzung von Bischöfen und Äbten durch Kaiser und weltliche Fürsten (Investiturstreit) für die Freiheit der Kirche; schwere Auseinandersetzungen mit Heinrich IV. (Canossa) und Gegenpäpsten († 1085). – GK/g.

Maria Magdalena von Pazzi, aus Florenz, Karmelitin, Mystikerin, von schweren Leiden heimgesucht († 1607). – GK/g.

Urban I., Papst († 230). Fest während Rebblüte, darum Winzerpatron.

MAI

Wer außer Christus etwas wünscht, weiß nicht, was er wünscht. Wer außer Christus etwas begehrt, weiß nicht, was er begehrt. Wer außer für Christus arbeitet, weiß nicht, was er tut. Philipp Neri

Philipp Neri, aus Florenz; führte in Rom Leben des Gebets, der Buße, der Pilgerbetreuung; aus seiner Priestergemeinschaft entstand das Oratorium Philipp Neris (Oratorianer) mit neuen Seelsorgsformen (u. a. Lieder, Kinderpredigt, Wallfahrt, Gebetsstunden); nicht zuletzt durch seinen Humor einer der großen Heiligen der Katholischen Reform († 1595). – GK/G.

Maria Anna de Paredes y Flores, aus Quito (Ekuador), mit sechs Jahren Vollwaise; lebte als Franziskanerterziarin im Haus ihrer älteren Schwester; Mystikerin, Leben der Buße und Sühne, starb 26jährig an Pest, „Lilie von Quito" genannt († 1645; hl.g: 1950).

MAI 27

Wer seine Hände nicht den Armen entgegenstreckt, um ihnen eine Gabe zu reichen, streckt sie umsonst zu Gott aus, um die Verzeihung seiner Sünden zu erlangen. BERNHARDIN VON SIENA

AUGUSTINUS, Mönch in Rom, von Gregor d. Gr. zur Missionierung der Angelsachsen nach England gesandt; erzielte große Erfolge, baute kirchliches Leben auf, erster Erzbischof von Canterbury († um 604). – GK/g.

BRUN, Bischof von Würzburg, hochgebildet und kaisertreu († 1045). – Wür/G.

MARGARET POLE, sel.; aus englischem Hochadel; geriet in die Wirren des anglikanischen Schismas um Heinrich VIII., als ihr jüngerer Sohn Reginald, der überragende Erzbischof von Canterbury, eine dem König nicht genehme Kirchenpolitik vertrat; ebenso wie ihr älterer Sohn Henry Montague hingerichtet († 1541).

MAI

Die Älteren ehren. Die Jüngeren lieben. In der Liebe zu Christus für seine Feinde beten. Bei einem Zwist vor Sonnenuntergang wieder Frieden schließen. Und nie an Gottes Barmherzigkeit verzweifeln. BENEDIKT-REGEL

GERMANUS, Mönch, Bischof von Paris in der Merowingerzeit († 576, begraben in der von ihm gegründeten Abtei St-Germain-des-Prés).

WILHELM von Aquitanien, Feldherr Karls d. Gr. im Kampf gegen Sarazenen, später Mönch in Gellone (Südfrankreich) († 812). Hauptgestalt des altfranzösischen „Chansons de geste" und des „Willehalm" Wolframs von Eschenbach.

LANFRANC, sel., Mönch, bedeutender Leiter der Schule von Bec bei Rouen (seine Schüler u. a. Anselm von Canterbury, Ivo von Chartres), Erzbischof von Canterbury († 1089).

MAI

Was also ist ein hartes Herz? Das ist ein Herz, welches sich weder von Reue zerreißen, noch durch Zuneigung erweichen, noch durch Bitten bewegen läßt. Es läßt sich von Drohungen nicht beeindrucken, es wird durch Schläge nur noch härter. Gegenüber Wohltaten ist es undankbar, Ratschläge nimmt es nicht an, über klare Entscheidungen wird es wütend, vor Schimpflichem scheut es sich nicht, Gefahren nimmt es nicht wahr; es hat kein Gespür für menschliches Verhalten, ist Gott gegenüber gleichgültig, verliert die Vergangenheit aus dem Bewußtsein, lebt unachtsam in der Gegenwart, schaut nicht voraus in die Zukunft. BERNHARD VON CLAIRVAUX

MAXIMIN, Bischof von Trier; bekämpfte arianische Irrlehre, befreundet mit Athanasius († 346). – Tri/g.

JOACHIM von Fiore, sel., Zisterzienserabt; gründete Kloster in Fiore/Kalabrien, entwickelte einflußreiche apokalyptische Geschichtstheologie († 1202).

Treue zum unwahrscheinlichen Auftrag

Das Mädchen auf dem großen Kriegspferd, in männlicher Rüstung, mit Fahne und Schwert – das sieht nach Perversion aller weiblichen Tugend, nicht nach Heiligkeit aus. Doch wie sie sich hier im Reiterstandbild von den Häusern der Stadt abhebt in die Weite des Himmels, wie sie zu fester Geradheit sich aufrichtet, mit der einen Hand die Zügel hält, mit der anderen die Fahne emporhebt, wie sie entschlossen der dunklen Zukunft entgegenblickt – in alldem steckt nichts von verwegenem Spiel oder von einer selbstgewählten, selbst ausgedachten Aufgabe, nichts auch von einer Rolle, wie sie Gewohnheit und Milieu zudiktieren. Heiligkeit ist nie der eigene Lebensentwurf, nie das Erwartete und Gewöhnliche, sie ist der Einbruch des Unwahrscheinlichen, des Anderen in unsere Welt, die Stimme Gottes in unserer lauten Geschichte und die Aufmerksamkeit eines Menschen, diese Stimme zu hören, die Treue, ihr gegen alle Bedenken und Widerstände zu folgen.

Das gesunde Bauernmädchen aus Domrémy hat als 13jährige im Garten des Elternhauses zum erstenmal eine solche Stimme vernommen und kann sich den immer wieder gehörten Weisungen nicht entziehen. An ihrer Wahrheit hält sie fest bis zu den Qualen vor Gericht: „Alles, was ich getan habe, habe ich auf Befehl der Stimmen getan." Die Aufforderung freilich, dem schwachen, noch ungekrönten König von Frankreich zu Hilfe zu eilen, das zerrissene, von den Engländern bedrängte, von Kriegswirren und Hungersnöten ermattete Vaterland zu retten, kann auch sie, das arme, des Lesens und Schreibens, des Reitens und Kriegführens unkundige Mädchen, nur erschrecken. Die Siebzehnjährige gehorcht. Nun erschrecken Soldaten und Heerführer vor dem Unwahrscheinlichen, daß die Jungfrau sie von Sieg zu Sieg führt, der König, daß sie ihn nach Reims zur Krönung führt. Um dieser Unwahrscheinlichkeit willen wird sie preisgegeben und zum Scheiterhaufen gebracht. Keine Rolle, keine Situation der Geschichte ist so ungewöhnlich, daß nicht gerade dort Gott in einem Heiligen wirksam wird.

Bild 26
30. Mai: Johanna von Orléans
Reiterstandbild

MAI

30

(Johanna von Orléans im Prozeß auf die Frage, ob sie im Stand der Gnade sei:) Wenn ich in ihm bin, möge mich Gott darin erhalten; wenn ich es nicht bin, möge mich Gott dahin bringen, denn ich möchte lieber sterben, als nicht mehr in der Liebe Gottes zu sein.

JOHANNA von Orléans (Jeanne la Pucelle; auch Jeanne d'Arc), aus Domrémy an der Maas; drängte den schwachen Dauphin Karl VII. zur Eroberung von Orléans, wurde später verraten, von den Engländern zum Feuertod verurteilt und in Rouen hingerichtet († 1431). Ein späterer Prozeß erklärte sie 1456 für unschuldig (Akten beider Prozesse erhalten). Nationalheilige Frankreichs.

REINHILD von Westerkappeln/Westfalen (13. Jh.).

FERDINAND, König von León und Kastilien; eroberte maurische Königreiche in Südspanien, erbaute Kathedrale von Burgos, gründete 1243 Universität von Salamanca († 1252). Grab in Sevilla.

MAI

31

Komm, Heiliger Geist! Es komme die Vereinigung mit dem Vater und das Wohlgefallen des Wortes. Du, Geist der Wahrheit, bist der Lohn der Heiligen, die Erquickung der Seelen, das Licht in der Finsternis, der Reichtum der Armen, der Schatz der Liebenden, die Sättigung der Hungernden, der Trost der Fremden. Schließlich bist du es, in dem alle Schätze enthalten sind.

MARIA MAGDALENA VON PAZZI

PETRONILLA, römische Märtyrin; Grab in Domitilla-Katakombe verehrt, später nach St. Peter übertragen.

HELMTRUD (Hiltrud), lebte als Einsiedlerin in Neuenheerse bei Paderborn († um 950).

MECHTHILD, sel., Augustinerchorfrau und Meisterin in Dießen am Ammersee, eine Zeitlang Äbtissin in Edelstetten bei Krumbach (Schwaben) († 1160).

JUNI

1

Wir könnten ja leugnen, wenn wir verhört werden, aber wir wollen nicht mit Lügen leben. – Wir geben zu: Wenn es um solche falschen Götter geht, sind wir Atheisten, aber nicht, wenn es um den wahren Gott geht. – Wer die Wahrheit liebt, wird, und drohte man ihm selbst mit dem Tod, das Rechte bekennen und tun. Das ist ihm lieber als das eigene Leben. JUSTIN

JUSTIN, aus Palästina, philosophisch hochgebildet, aber unbefriedigt, bis er der Wahrheit des Evangeliums begegnete; gründete in Rom christliche Philosophenschule, starb als Märtyrer († um 165). – GK/G.

SIMEON, aus Syrakus, Pilgerführer in Jerusalem, wurde Mönch; kam schließlich nach Trier, wo er als Einsiedler (Inkluse) im Nordturm der Porta Nigra lebte († 1035). Nach seinem Tod wurde die Porta Nigra als Doppelkirche mit Chorherrenstift St. Simeon eingerichtet. – Tri/g.

JUNI 2

Heiterer Sinn stärkt das Herz und macht beharrlich im Guten; darum soll, wer Gott dienen will, stets heiteren Geistes sein. – Skrupel und Melancholie, geht fort von meinem Haus.

Philipp Neri

Marcellinus und Petrus, römische Märtyrer († um 304). Grab an der Via Labicana, darüber später konstantinische Basilika; Einhard brachte Gebeine 827 nach Seligenstadt am Main. – GK/g.

Blandina, christliche Sklavin; erlitt wie Pothinus, Schüler Polykarps und erster Bischof von Lyon, und zahlreiche andere Christen das Martyrium († 177).

Erasmus, Bischof und Märtyrer in Syrien. Später reiche Legende, einer der Vierzehn Nothelfer.

Eugen I., Papst, Nachfolger des hl. Martin I., vergeblich um Ausgleich mit oströmischem Kaiser bemüht († 657).

JUNI 3

„Das gerade ist unsere Sehnsucht: für unseren Herrn Jesus Christus den Tod zu erleiden und so gerettet zu werden. Denn dieser Tod wird einmal unser Heil und unsere Zuversicht sein vor unseres gewaltigen Herrn und Erlösers Richterstuhl ...“ Das gleiche sagten auch die übrigen Blutzeugen: „Tu, was du willst. Wir sind Christen, und den Götzenbildern opfern wir nicht.“

Altchristliche Märtyrerakten

Karl Lwanga und Gefährten, Märtyrer von Uganda (Afrika). Karl Lwanga war Vorsteher der Pagen am Hof des Königs; bei Christenverfolgung wurden sie grausam umgebracht (z. T. lebendig verbrannt), insgesamt 22 katholische (mit ihnen zusammen auch anglikanische) Märtyrer († 1886; hl.g: 1964). – GK/G.

Morand, Mönch in Cluny, Prior in Altkirch/Elsaß, „Apostel des Sundgaus“ († um 1115). – Stra/g.

Es ist die Eigenart der Schwachen, daß sie zwar schnell bereit sind, Schmähungen zuzufügen und Streit zu beginnen, selbst aber nicht durch den leisesten Schatten eines Unrechts berührt werden wollen. Ohne sich dabei viel zu denken, beschimpfen sie andere aufs frechste, können sich selbst aber nicht im geringsten überwinden, ihrerseits ein kleines und winziges Übel zu ertragen.

Johannes Cassian

Chlothilde, Frankenkönigin, Gemahlin Chlodwigs I., an dessen Bekehrung und Taufe 498/499 sie mit Bischof Remigius von Reims großen Anteil hatte († 544). – Lau/g (in Genf: G).

Optatus, Bischof von Mileve/Nordafrika; verteidigte Glaube und Praxis der Kirche im Donatistenstreit († Ende 4. Jh.).

Werner von Ellerbach, Mönch in St. Blasien, erster Abt des Klosters Wiblingen bei Ulm († 1127).

Er wollte Werkzeug sein

Als schwierig empfanden es seine Biographen, wie etwa Joseph Bernhart, aus Bonifatius eine „packende Gestalt" zu machen – „er war ein Werkzeug, und er wollte es sein". Viele kleine Bilder eines langen Lebens reihen sich aneinander: von der gelehrten Bildung im englischen Kloster bis zur Organisation der fränkischen, der deutschen Kirche. So ergänzen sich die beiden Darstellungen auf unserer Miniatur: die Taufe ist Krönung, frohe Verdichtung der vielfältigen Sorge um die Seelen. In würdiger Haltung und Kleidung steht Bonifatius da, liest den überlieferten Text aus dem Buch, segnet mit einer bedächtigen wie entschiedenen Geste. Aus ihr spricht die Sorgfalt für das christliche Leben Germaniens, aber auch die freudige Zuversicht: Auf dem Boden der jungen Völker erblüht neues Leben, ein fester Taufbrunnen ist auf ihm errichtet (und Kirchen, Bischofssitze, Schulen und Klöster). Aus ihm wird neues, von Gott geschenktes Leben erstehen, dem Bonifatius und seine Mitarbeiter dienen wollen.

Ganz anders das untere Bild. Die Erde scheint zu schwanken, der Himmel sich zu verdunkeln. Bonifatius ist alt geworden und gebückt, mit ungebrochenem Mut hatte sich der 80jährige noch einmal nach Friesland aufgemacht, den Ort seines missionarischen Anfangs. Den Geist Gottes wollte er in der Firmung weitergeben an diesem 5. Juni 754. Nun sind die Feinde herangestürmt und bedrängen ihn von allen Seiten. Seine Freunde hat er gemahnt, sich nicht zu wehren: „Laßt ab vom Streit und vergeltet Böses mit Gutem." Er trägt das Buch der heiligen Überlieferung und klammert sich zugleich daran als seinem einzigen Schutz und Halt. So ist er bereit für den Schwertschlag, „für die Stunde meiner Befreiung". Das Rankenwerk macht aus diesen beiden Bildern, die Führung Gottes aus den vielen Bildern des langen Lebens eine Einheit. Das Martyrium ist letzte Besiegelung seines Wirkens und Taufens, und es wird weiterwirken durch die Jahrhunderte.

Bild 27
5. Juni: Bonifatius
Der Heilige spendet die Taufe; er erleidet das Martyrium
Miniatur, Fuldaer Sakramentar, nach 933

S BONIFATIUS
S BO NIF

JUNI 5

Die Kirche fährt über das Meer dieser Welt wie ein großes Schiff und wird von den Wogen – das sind die Anfechtungen des Lebens – hin und her geworfen. Wir dürfen das Schiff nicht verlassen, wir müssen es lenken. Als Vorbilder haben wir die frühen Väter ... Sie haben unter heidnischen Kaisern das Schiff Christi gesteuert. Sie haben die Kirche geleitet, sie gelehrt und verteidigt, für sie gearbeitet und gelitten bis zum Vergießen des Blutes.

BONIFATIUS

BONIFATIUS (Winfrid), aus angelsächsischem Adel, Mönch; vom Papst mit Germanenmission beauftragt; wirkte in Hessen und Thüringen, gründete Klöster; als Päpstlicher Legat Organisator der Kirche in Deutschland durch Bistumsgründungen bzw. -erneuerungen, Bischof von Mainz; bei Friesenmission als 81jähriger ermordet († 754). Grab in Fulda. – RK/G (Ful/H; Ber, Eich, Gör, Mai, Mei, Mün, Osn/F).

MEINWERK, bedeutender Bischof von Paderborn († 1036).

JUNI 6

Wir wollen nicht stumme Hunde sein und schweigend zuschauen, nicht Mietlinge, die vor dem Wolf fliehen, sondern eifrige Hirten: Über die Herde Christi wollen wir wachen und allen Menschen jeden Ratschluß Gottes verkünden, den Großen und den Kleinen, den Reichen und den Armen, jedem Stand und jedem Alter, soweit Gott uns die Kraft dazu gibt, gelegen und ungelegen, wie es uns der heilige Gregor in seiner Pastoralregel vorgeschrieben hat.

BONIFATIUS

NORBERT von Xanten; führte zunächst verweltlichtes Leben als Kanoniker, wirkte nach Bekehrung als Wanderprediger; gründete in Prémontré (Bistum Laon) Reformorden der Augustiner-Chorherren, die Prämonstratenser; bald darauf Erzbischof von Magdeburg († 1134). – RK/g.

KEVIN, aus königlichem Geschlecht; gründete Abtei Glendalough bei Dublin, die ein religiöser Mittelpunkt in Irland wurde (Anfang 7. Jh.).

BOGUMIL, Erzbischof von Gnesen, lebte zuletzt als Einsiedler († 1092).

JUNI 7

Das Lesen lehre dich, um was du im Beten bitten sollst. Wenn du aber gebetet hast, wirst du beim Lesen wiederum finden, was du erbitten kannst.

LEANDER VON SEVILLA

EOBAN, ADALAR und Gefährten, mit Bonifatius bei Dokkum/Friesland ermordet († 754). Eoban war Bischof von Utrecht, Adalar wird später als erster Bischof von Erfurt genannt. – Ful/g.

HERKUMBERT, von Karl d. Gr. zur Sachsenmission gesandt, erster Bischof von Minden († nach 805).

ROBERT, aus England, Zisterzienser, gründete Newminster und drei Tochterklöster († 1159).

ANNA vom hl. Bartholomäus, sel., spanische Karmelitin in Ávila, Sekretärin der hl. Teresa, setzte deren Reform fort; gründete Karmel in Antwerpen († 1626).

In der Andacht zum Heiligsten Herzen verehren wir die unendliche Liebe. Er selbst hat zu der Seligen (Margareta Maria Alacoque) gesagt, daß sein Herz nichts unversucht ließ, um seine Liebe zu den Menschen zu beweisen.

MARIA DROSTE ZU VISCHERING

JUNI

MEDARD, aus gallofränkischem Adel; durch Remigius von Reims zum Bischof von Noyon geweiht († um 560). – Tri/g.

ILGA, sel., Einsiedlerin in Schwarzenberg/Bregenzer Wald († um 1115).

WILHELM, Erzbischof von York; konnte wegen Umtriebe seiner Gegner Amt nicht ausüben, starb (wahrscheinlich vergiftet) als Opfer des Parteienhasses († 1154).

MARIA vom Göttlichen Herzen (Maria Droste zu Vischering), aus Münster i. W., trat ins Kloster vom Guten Hirten (Jugenderziehung) ein, wurde Oberin in Porto; mystisch begnadet, förderte Herz-Jesu-Verehrung; starb 35jährig († 1899; sel. g: 1975).

Glaube darf nicht herausgerissen werden aus unserer Seele. Sonst wären wir die heimlich Toten, von denen das Leben gesagt hat: Laßt die Toten ihre Toten begraben.

EPHRÄM DER SYRER

JUNI

EPHRÄM der Syrer, Diakon, Lehrer an der Schule von Nisibis, später von Edessa; zahlreiche Werke, Hymnendichter (erhielt Beinamen „Harfe des Heiligen Geistes"), Kirchenlehrer († 373). – GK/g.

PRIMUS und FELICIANUS, römische Märtyrer († um 304). An ihrer Gedenkstätte bereits im 4. Jh. Basilika.

JOSÉ DE ANCHIETA, aus Teneriffa, Jesuit in Brasilien, Provinzial, bahnbrechender Missionar, auch Dichter und Sprachgelehrter; gilt als Nationalheiliger Brasiliens († 1591; sel.g: 1980).

ANNA MARIA TAIGI, sel., aus Siena, Ehefrau und Mutter von sieben Kindern, Mystikerin († 1837).

Herr, bereite in unserem Herzen einen Platz für den Tag, der kein Ende kennt. Gib, daß wir an uns selbst das Leben erkennen können, das uns die Auferstehung gebracht hat, und daß nichts unseren Geist von der Freude an dir abwende. Herr, drücke uns das Siegel jenes Tages auf, der nicht vom Sonnenlauf bestimmt ist. Gib, daß wir ständig auf dich gerichtet sind.

EPHRÄM DER SYRER

JUNI

BARDO, Mönch in Fulda, Leiter der Klosterschule, Abt von Werden und Hersfeld, Erzbischof von Mainz; unter ihm Neubau des Doms vollendet († 1051). – Ful, Mai/g.

HEINRICH von Bozen, sel., frommer Taglöhner († 1315), nach seinem Tod zahlreiche Wunder. – Boz/g.

DIANA von Andalò, sel., Dominikanerin in Bologna; baute und leitete das Agneskloster; bedeutender Briefwechsel mit dem Ordensgeneral Jordan von Sachsen († 1236).

Das weiße Gewand der Engel

Die Engel neben dem Altar im oberen Teil des Bildes ähneln in Gewand und Gestalt, Gesicht und Gestus den Mönchen im Vordergrund, die in der Einsamkeit von Prémontré ein Leben des inneren Friedens führen. Vom Himmel hat Norbert von Xanten das weiße Gewand empfangen, das seine Mönche kennzeichnet, die Prämonstratenser.

Es weist wohl in doppelter Weise auf die Engel hin. Norbert hatte sich von einem sehr weltlichen Leben zu einem leidenschaftlichen Verkünder des Wortes Gottes bekehrt und sich nach einer schweren Erkrankung mit einigen Gefährten in der Wildnis flandrischer Wälder dem alten Ideal des Mönchtums zugewandt. Schon bei den Mönchen der frühen Wüste hatte man vom engelgleichen Leben gesprochen: Ihr Leben wollte sich allein auf Gott und sein Wort konzentrieren, wollte ihm antworten mit immerwährendem Lobpreis und sich so dem himmlischen Gesang der Engel zugesellen – ein Wunsch, den auch wir noch in fast jeder Präfation ausdrücken. Das Wort vom engelgleichen Leben sollte nicht als Leibfeindschaft und Erdverachtung mißdeutet werden, sondern kann uns auf die Gemeinschaft von Himmel und Erde hinweisen und am Engel besonders deutlich machen, was letztes Ziel aller Geschöpfe ist: die Anbetung Gottes. Trotz aller Entbehrung und ernsten Buße erschien den Mönchen ihr dem Lob Gottes und dem geistlichen Gespräch geweihtes Leben als Vorahnung der Seligkeit.

Norbert und seine Gefährten wollten freilich nicht nur die Heiligung des eigenen Lebens, sondern die der Welt und durchzogen als Wanderprediger Europa, kündeten als Seelsorger von ihren Klöstern aus die Botschaft der Erlösung. Hier wird die andere Bedeutung der Engel und ihres weißen Gewandes Leitbild: Sie sind die Boten Gottes, sie deuten die Heilsgeheimnisse, wie der junge Mann im weißen Kleid am Grab verkündet: „Er ist auferstanden." Christus als Auferstandenen wie die Engel verkünden und Gott mit den Engeln preisen ist heiliger Dienst.

Bild 28
6. Juni: Norbert von Xanten
Der Heilige und das Leben seiner Mönche
Michael Haider (zugeschrieben), 16. Jahrhundert

JUNI

11

(Über die wahre Freundschaft, deren Spiegel David und Jonatan sind:) Das ist die wahre, vollkommene, beständige und ewige Freundschaft. Kein Neid kann sie vergiften, kein Argwohn mindern, kein Ehrgeiz zerstören. In der Versuchung gab sie nicht nach. In Verleumdungen wurde sie nicht wankend. In Stürmen zerbrach sie nicht. „Geh und handle ebenso!"

AELRED VON RIEVAULX

BARNABAS, Diasporajude aus Zypern, führendes Mitglied in der Jerusalemer Urgemeinde, Apostel genannt; predigte und missionierte zusammen mit Paulus, verteidigte auf dem sog. Apostelkonzil in Jerusalem die Freiheit der Heidenchristen von jüdischen Gesetzesvorschriften. – GK/G.

RIMBERT, Schüler, Begleiter und Nachfolger des hl. Ansgar (dessen Lebensbeschreibung er verfaßte), Erzbischof von Bremen-Hamburg, missionierte bei Dänen und Schweden (wegen Normanneneinfälle weitgehend erfolglos) († 888).

JUNI

12

Sie sollen ihre leiblichen und sittlichen Schwächen mit größter Geduld aneinander ertragen. Sie sollen sich in gegenseitigem Gehorsam überbieten. Keiner suche, was er für sich, vielmehr, was er für die anderen als nützlich erachtet. Die brüderliche Liebe sollen sie einander in selbstloser Gesinnung erweisen.

BENEDIKT-REGEL

LEO III., Papst, vor seinen Gegnern, die ihn in Rom überfallen und mißhandelt hatten, floh er nach Paderborn; dort traf er 799 mit Karl d. Gr. zusammen, den er Weihnachten 800 in Rom zum Kaiser krönte († 816). – Pad/g.

ONUPHRIUS, sechzig Jahre Einsiedler in der oberägyptischen Wüste (5./6. Jh.); gehört zu den großen Asketengestalten der Ostkirche; sein Kult verbreitete sich in der Kreuzfahrerzeit auch im Westen.

JUNI

13

Die vom Heiligen Geist erfüllt sind, reden in vielen Sprachen, die im mannigfaltigen Zeugnis für Christus bestehen: in Demut, Armut, Geduld oder Gehorsam. Wir reden in ihnen, wenn wir sie anderen durch unser Tun beweisen. Lebendig ist das Wort, das vom Tun getragen ist. Darum beschwöre ich euch: Laßt die Worte verstummen und an ihrer Stelle die Taten reden. Worte haben wir mehr als genug, dafür aber an Werken großen Mangel.

ANTONIUS VON PADUA

ANTONIUS von Padua, aus Lissabon; wurde unter dem Eindruck der franziskanischen Erstlingsmärtyrer (Otho und Gefährten) Franziskaner, wirkte in Oberitalien und Südfrankreich als Prediger; von Franziskus zum ersten Lehrer der Theologie für die Minderbrüder bestimmt; starb 36jährig bei Padua († 1231). Bereits ein Jahr später heiliggesprochen; Kirchenlehrer und einer der volkstümlichsten Heiligen. – GK/G.

GERHARD, sel., Bruder Bernhards, mit dem er Clairvaux gründete († 1138).

JUNI

14

Deine Kreuzigung, du unser Erlöser, war das Ende des leiblichen Lebens. Gib uns die Gnade, daß wir unseren eigenen Willen kreuzigen, damit das geistliche Leben in uns geboren wird. Deine Auferstehung, o Jesus, lasse den geistlichen Menschen in uns wachsen. Was wir in der Feier deiner heiligen Geheimnisse feiern, sei uns ein Spiegel, in dem wir ihn, den geistlichen Menschen, erkennen.

EPHRÄM DER SYRER

METHODIUS, Patriarch von Konstantinopel, der Große; unter ihm Wiedereinführung der Bilderverehrung († 847).

GOTTSCHALK, Fürst der Obotriten (Wendenstamm); schuf ein vereinigtes Wendenreich, betrieb Christianisierung, gründete mit Erzbischof Adalbert I. von Bremen-Hamburg die Bistümer Mecklenburg und Ratzeburg; bei Aufstand ermordet († 1066).

JUNI

15

Ich meine, man sollte das Lobenswerte, das man an anderen Menschen findet, anerkennen – natürlich in den Grenzen der Wahrheit –, um sie darin zu bestärken. In diesem Punkt sind die Menschen wie Kinder, die durch Lob angespornt werden. Besser wäre es freilich, gut zu handeln und nicht nach Anerkennung auszuschauen.

THOMAS MORUS

VITUS, jugendlicher Märtyrer in Sizilien († um 304). Reliquien kamen 756 nach St-Denis bei Paris, 836 nach Corvey an der Weser, das ein Mittelpunkt der Vitus-Verehrung wurde, von dort nach Prag (Veitsdom). In Spätmittelalter und Barock außerordentlich beliebter Heiliger, zahlreiche Kirchenpatrozinien; einer der Vierzehn Nothelfer, u. a. gegen Epilepsie („Veitstanz"). – RK/g.

BERNHARD von Aosta; gründete Pilgerhospiz auf dem Großen St. Bernhard († 1081). – Sit/G.

JUNI

16

Wenn Sie so weitermachen, werden Sie dem lieben Gott nichts als die entkräfteten Reste eines Herzens darbringen, das sich für Interessen verbraucht hat, die nicht die seinen sind.

JOHANNES VON VIANNEY

BENNO, aus sächsischem Grafengeschlecht, Bischof von Meißen, von Heinrich IV. zeitweilig gefangengehalten und abgesetzt († 1106). Später „Apostel der Wenden" genannt. Reliquien kamen an den Herzog von Bayern, seit 1580 in der Münchner Frauenkirche. – RK/g (Mei/H; Ber, Gör, Mün/G).

QUIRINUS, römischer Märtyrer (3./4. Jh.). Reliquien kamen im 8. Jh. nach Tegernsee/Oberbayern; von dort verbreitete sich seine Verehrung. – Mün/g (im Bereich des alten Klosters Tegernsee).

LUITGARD, aus Tongern bei Lüttich, zuerst Benediktinerin, später Zisterzienserin in Aywières bei Brüssel, Mystikerin († 1246). – Lüt/g.

Geselligkeit und Einsamkeit

Haus und Familie des Thomas Morus, wie sie Hans Holbein d. J. festgehalten hat, spiegeln Wohlstand und Würde, Beweglichkeit und Beständigkeit, Kultur und Gesittung. Die Bücher weisen darauf hin, daß der gelehrte Humanist, Freund von Erasmus und von vielen führenden Geistern Europas, seine Bildung hineinzutragen versucht in die Familie. Im Gegensatz zu den meisten Humanisten, deren Heimat die Welt ist und mit denen er gewiß regen Austausch pflegt, hat er einen festen Wohnsitz und einen gediegenen Haushalt, ist er als Anwalt und Richter und schließlich Lordkanzler eingebunden in die konkrete Politik seines Landes. Thomas Morus ist ein Mann der Geselligkeit und Verbindlichkeit, verehrt vom Volk wegen seiner Gerechtigkeit, bewundert von vielen wegen seiner Klugheit und seines Witzes, geschätzt vom König wegen seiner staatsmännischen Geschicklichkeit. So sitzt er vor uns, sich seiner Stellung in der Gesellschaft bewußt, zufrieden in der Gemeinschaft seiner Familie.

Und doch spürt man, daß seine Persönlichkeit in alldem sich nicht erschöpft, daß das Nachdenklichkeit ist und die Last einer Verantwortung, die weiter blickt und tiefer gründet. Die Fähigkeit, weiterzudenken, zu unterscheiden, Vordergründiges zu durchschauen, distanziert von der Umgebung; die Eigenständigkeit des Gewissens schafft Einsamkeit. Er trägt insgeheim das härene Büßerhemd unter der vornehmen Robe. So kann er auf dem Schafott das stolze Wort sagen: des Königs treuer Diener, aber zuerst Gottes. An der Freiheit seiner Meinung, am Spruch seines Gewissens hält er unbeirrbar fest; das entfremdet ihn immer mehr den Menschen: dem König, den er nie bekämpft, dem er aber nicht zustimmen kann, der Mehrheit der Bischöfe und Großen, die er nicht verurteilt, aber nicht zur Richtschnur nimmt, der eigenen Familie, der er im Gefängnis liebe Briefe schreibt, aber ihren Bitten um Kompromisse nicht nachgibt. Einsam um einer größeren und bleibenden Gemeinschaft willen.

Bild 29
22. Juni: Thomas Morus
Der Heilige im Kreis seiner Familie
Aquarellskizze nach Gemälde von Hans Holbein d. J., 1527

JUNI

17

Wie einer, der nicht Griechisch kann, einen Griechisch Sprechenden nicht versteht, und wie einer, der kein Lateiner ist, einen Lateinisch Sprechenden nicht versteht, so bleibt auch die Sprache der Liebe für den, der nicht liebt, eine unverständliche Fremdsprache. BERNHARD VON CLAIRVAUX

BOTULF, wahrscheinlich Gründer des Klosters Ikanhoe (7. Jh.) an der englischen Ostküste (heute Boston, Name verstümmelt aus Botulf-Stone oder Botulf-Town); wurde zusammen mit seinem Bruder Adolf, Bischof von Utrecht (?), verehrt.

RAMWOLD, Mönch in St. Maximin in Trier, vom hl. Wolfgang nach Regensburg gerufen, Abt des Klosters St. Emmeram, dessen Blütezeit unter ihm begann († 1000).

EUPHEMIA, Tochter des Grafen Berthold II. von Andechs und Schwester der sel. Mechthild von Dießen; Äbtissin des von Altdorf/Schwaben nach Altomünster/Bayern verlegten Klosters († um 1180).

JUNI

18

Ich möchte dir dienen, und ich finde den Weg nicht. Ich möchte das Gute tun, und ich finde den Weg nicht. Ich möchte dich lieben, und ich finde den Weg nicht. Ich kenne dich noch nicht, mein Jesus, weil ich dich nicht suche. Ich suche dich, und ich finde dich nicht; komm zu mir, mein Jesus. Ich werde dich niemals lieben, wenn du mir nicht hilfst, mein Jesus. Zerschneide meine Fesseln, wenn du mich haben willst, mein Jesus. Jesus, sei mir Jesus. PHILIPP NERI

GREGORIO BARBARIGO, aus Venedig, Jurist, Priester, Bischof von Bergamo, später von Padua, Kardinal; Reformen im Sinn des Trienter Konzils; um Wiedervereinigung mit Ostkirche bemüht († 1697; hl.g: 1960).

JUNI

19

Gott hat den Menschen nicht zum Elend und zur Qual geschaffen, sondern zur Freude, aber zu einer Freude, die aus christlicher Gesinnung und Tugend quillt. ROMUALD

ROMUALD, aus Ravenna, bußstrenger Mönch und Abt; reformierte Klöster im Sinn des eremitischen Ordensideals, gründete Camaldoli (Mittelitalien), Ursprung des Kamaldulenserordens († 1027). – GK/g.

ELISABETH von Schönau/Hessen; Benediktinerin, deren visionäre Schriften im Mittelalter weit verbreitet waren († 1164). – Lim/g.

GERVASIUS und PROTASIUS, historisch nicht bezeugt; Gebeine von Ambrosius in Mailand aufgefunden, im 12. Jh. nach Breisach im Breisgau.

MODESTE ANDLAUER, aus Rosheim/Elsaß, Jesuit in China; beim Boxeraufstand ermordet († 1900; sel.g: 1955 zusammen mit 56, meist chinesischen Märtyrern).

JUNI 20

Wenn ich bei der Betrachtung in die Tiefe der göttlichen Güte, dieses Meer ohne Ufer und Boden, wie in einen Strudel hineinstürze und ihre Weite nicht mehr erfasse, dann scheint es mir, als habe sie sich geirrt und komme mir nicht zu. Denn sie holt mich für die kurze Zeit und die geringe Mühe zu einer ewigen Ruhe und ruft mich vom Himmel her zum höchsten Glück, das ich so lässig gesucht habe. ALOISIUS GONZAGA

DEODAT, vermutlich irischer Missionsbischof; gründete Kloster Ebersmünster im Unterelsaß und Juncturae jenseits der Vogesen (später nach ihm St-Dié genannt) († um 680). – Stra/g.

ADALBERT, aus Lothringen, erster Erzbischof von Magdeburg († 981).

MARGARETE EBNER, aus Donauwörth, Dominikanerin in Maria-Medingen bei Dillingen, Mystikerin († 1351).

JUNI 21

(Letzter Brief an die Mutter:) Ich gestehe Ihnen, daß ich verwirrt und ganz verloren bin bei dem Gedanken an die Güte Gottes – ein uferloses und unergründliches Meer –, die mich nach einem so kurzen, mühelosen Leben zur Ruhe ruft. ALOISIUS GONZAGA

ALOISIUS GONZAGA, aus oberitalienischem Adel, Page an den Höfen von Florenz, Mantua und Madrid; verzichtete auf Erbe und Karriere, wurde Jesuit; beeinflußt u. a. durch Karl Borromäus, Franz Borgia, Robert Bellarmin; erkrankte während Studienzeit in Rom bei Pflege von Pestkranken und starb 23jährig († 1591). – GK/G.

ALBAN, Priester und Märtyrer in Mainz (bei Hunneneinfall erschlagen, um 406). – Mai/g.

EBERHARD I., Erzbischof von Salzburg, vorher Mönch in Regensburg und Abt des Klosters Biburg; reformgesinnt und im Streit zwischen Papst und Kaiser (Friedrich Barbarossa) papsttreu († 1164).

JUNI

Gott ist eine dankbare Fröhlichkeit angenehmer als eine unaufhörliche, gleichsam anklagende Traurigkeit. PAULINUS VON NOLA

(Aus den Abschiedsworten an die Familie:) Ich bitte unseren Herrn, er möge euch alle fröhlich machen in der Hoffnung auf den Himmel. THOMAS MORUS

PAULINUS aus Südfrankreich; gründete in Nola/Kampanien Mönchsgemeinschaft; Bischof von Nola; hochgebildet († 431). – GK/g.

JOHN FISHER, Studium in Cambridge, Kanzler der Universität, Bischof von Rochester, Kardinal; wegen Verweigerung des Suprematseides ließ ihn Heinrich VIII. enthaupten († 1535). – GK/g.

THOMAS MORUS, aus London, Familienvater, humanistisch gebildeter Jurist, Lordkanzler; legte sein Amt wegen kirchenfeindlicher Politik Heinrichs VIII. nieder; als Hochverräter hingerichtet († 1535). – GK/g.

ACHATIUS, Soldatenmärtyrer (3. Jh.). Einer der Vierzehn Nothelfer.

Der Mann am Ufer

Machtvoll steht der Täufer da, der Mann der Wüste mit wildem Haar, der Mann entschlossenen Suchens und Wartens auf Geist und Feuer. Dieser Zukunft scheint er entgegenzuschreiten, ungeachtet des Abgrunds des Flusses, der sich vor ihm auftut. Aber da er auf diesen Gott der Zukunft blickt, spürt er die Kraft des Geistes herabsteigen auf einen der Vielen, die sich von ihm in die Tiefe des Wassers beugen lassen, um die Abkehr von der Welt der Sünde und des Verderbens zu bekunden. So wird dieser Eine, der sich den Fluten des Verderbens unterwirft, der Mittelpunkt des Bildes. Erfüllt vom Geist des lebendigen Gottes, wird er aus den Fluten auferstehen als der geliebte Sohn des Vaters. Darum ist er, sosehr ihn Johannes in die Tiefe drückt und klein macht, der wahrhaft Größere, der Stärkere, auf den der Täufer von nun an hinzeigt und dem die Schuhriemen zu lösen er sich nicht für würdig hält.

Da wird das andere Ufer nahe, die Welt Gottes, die Welt der Engel, die den demütigen Dienst des Gottesknechtes begleiten. Dieses andere Ufer ist nicht mehr so fern, denn es liegt im Strahlbereich der einen Sonne Gottes, es ist nahe, weil der Abgrund überbrückt ist durch den, der sich in den Abgrund gestellt hat, den einen Mittler. Auf diese Welt geht Johannes zu, offen für die Offenbarung Gottes, ergriffen, voller Staunen vor dem, dessen Haupt er ergriffen hat. Diese Hand, die den Weg hinab bezeichnete, wird nun die Hand sein, die auf den Mittler des Lebens zeigt und die das eigene Absteigen bezeichnet. Ich muß abnehmen, er muß wachsen.

Bild 30
24. Juni: Johannes der Täufer
Teil eines Triptychons, Mittelitalien, 13. Jahrhundert

JUNI 23

Ansehen, Ehre, Ruhm, was ist das anderes als ein Luftzug aus dem Mund eines anderen Menschen, so schnell vorüber wie gesprochen? Wer also darin sein Entzücken findet, der füttert sich mit Wind. Und doch gibt es Toren, die so verrückt sind auf Ruhm, daß sie sich ständig an der Vorstellung laben, überall würden sie ohne Unterlaß gepriesen. Als ob alle Menschen Tag und Nacht nichts anderes täten als dasitzen, ihnen lobsingen und sie beweihräuchern.
THOMAS MORUS

ETHELDRED, aus England, mit König Egfrid verheiratet; gründete später Kloster Ely in Essex und wurde dessen erste Äbtissin († 679).

GIUSEPPE CAFASSO, Priester, Spiritual, Professor, Gefängnisseelsorger in Turin; besonders befreundet mit seinem Schüler Don Bosco und dem hl. Cottolengo († 1860; hl.g: 1947).

JUNI

Johannes war kein Schilfrohr, das im Wind schwankt; kein Wechsel der Verhältnisse beugte seine Standhaftigkeit. Lernen wir daher, kein im Wind schwankendes Schilfrohr zu sein. Festigen wir den Geist, der den Angriffen der Zunge ausgesetzt ist. Unbeugsam fest sei der Standpunkt unseres Geistes. Keine Schmähung soll uns zum Zorn reizen, keine Gunst uns zu schlaffer, nutzloser Gefälligkeit beugen. Wohlergehen soll uns nicht eitel machen, Unglück uns nicht verwirren.
GREGOR DER GROSSE

GEBURT DES HL. JOHANNES DES TÄUFERS. Seine Kindheitsgeschichte zusammen mit der Jesu in Lk 1 erzählt; trat 28/29 n. Chr. als prophetischer Bußprediger und -täufer auf; Begegnung mit Jesus, der sich von ihm taufen läßt; von Herodes Antipas wegen messianisch-revolutionärer Befürchtungen gefangengenommen und hingerichtet. – GK/H.

REINGARD, Mutter des hl. Petrus Venerabilis, Abtes von Cluny; lebte zuletzt in burgundischem Kloster Marigny († 1135).

JUNI

Der Mensch, der von der Liebe entzündet wird, kann nicht müßig sein, sondern ist fruchtbar und vollbringt große Arbeit.
DOROTHEA VON MONTAU

PROSPER von Aquitanien; verteidigte Gnadenlehre Augustinus'; zuletzt in Rom, vermutlich Sekretär Leos I. († nach 455).

WILHELM von Vercelli/Oberitalien; gründete Marienheiligtum auf dem Monte Vergine bei Neapel sowie Klöster († 1142).

ELEONORE, tatkräftige Gemahlin König Heinrichs III. von England, führte zeitweilig Regierung für ihren Sohn Eduard I. († 1291).

DOROTHEA von Montau, in Danzig verheiratet (neun Kinder, die fast alle früh an Pest starben), Pilgerreisen u. a. nach Aachen, Einsiedeln, Rom; lebte nach Tod des Mannes als Reklusin am Dom von Marienwerder, bedeutende Mystikerin († 1394).

JUNI 26

Es steht also fest, daß der Immanuel aus zwei Wirklichkeiten besteht: aus Gottheit und Menschheit. Dennoch ist der Herr Jesus e i n e r, *der eine, wahre und natürliche Sohn: Gott und Mensch zugleich, nicht ein vergöttlichter Mensch wie die, welche die Gnade besitzen, sondern wahrer Gott, der um unsertwillen in Menschengestalt erschienen ist.*

CYRILL VON ALEXANDRIEN

VIGILIUS, Bischof von Trient zur Zeit der hll. Ambrosius und Johannes Chrysostomus (Briefe erhalten); starb bei Missionierung als Märtyrer († um 405). Mit Kassian Diözesanpatron von Bozen-Brixen. – (Boz/H am Samstag nach 2. Ostersonntag).

ANTHELM, Kartäuser, erster Generaloberer, Bischof von Belley († 1178). – Lau/g (Genf).

JOHANNES und PAULUS, Märtyrer in Rom (Kirche auf dem Caelius).

JUNI

Gruß dir, Maria, Gottesmutter! Durch dich ist der einzig geborene Sohn Gottes als Licht aufgestrahlt denen, die in Finsternis und Todesschatten sitzen.

CYRILL VON ALEXANDRIEN

CYRILL, Patriarch von Alexandrien; Verteidiger des kirchlichen Glaubens gegen Nestorius; setzte sich auf dem Konzil von Ephesus 431 für Bezeichnung Marias als „Gottesgebärerin" ein († 444). – GK/g.

HEMMA von Gurk; verwendete nach Tod des Mannes und Ermordung des Sohnes ihren gräflichen Besitz für die Armen und für Stiftungen in Kärnten und Steiermark (u. a. Kloster in Gurk und Admont) († 1045). – RK/g (Gur/H, Diözesanpatronin).

CRESCENS, AUREUS, MAXIMUS, THEONEST, Bischöfe von Mainz, Märtyrer (5. Jh.). – Mai/g.

HEIMERAD, aus Meßkirch/Baden, Pilger und Einsiedler, zuletzt auf dem Hasunger Berg (bei Kassel) († 1019). – Frei, Ful/g.

JUNI

Der unfaßbare, unbegreifliche und unsichtbare Gott macht sich sichtbar, begreifbar und faßbar für die Menschen, um ihnen Leben zu schenken, wenn sie ihn durch den Glauben aufnehmen und sehen. Die Menschen werden Gott sehen, damit sie leben, durch die Schau unsterblich werden und zu Gott gelangen. – Herrlichkeit Gottes ist der lebende Mensch, Leben des Menschen ist die Schau Gottes.

IRENÄUS VON LYON

IRENÄUS, Schüler Polykarps in Kleinasien, Bischof von Lyon, Kirchenlehrer; bedeutende Schriften, vor allem gegen gnostische Irrlehren, starb nach der Überlieferung als Märtyrer († um 202). – GK/G.

GERO, Kaplan Kaiser Ottos I., Erzbischof von Köln, kirchlich wie politisch bedeutendes Wirken († 976). Grab im Kölner Dom (dort auch das monumentale Gerokreuz, das er anfertigen ließ).

Zusammengebunden durch den einen Ruf

Jesus steht fast nachdenklich am unteren Rande des Bildes. Der Herr der Geschichte steht am Anfang des Flusses der Zeit, drückt alles aus mit seiner Hand, die über das Wasser ragt, die herbeiruft, die Weisung gibt, die segnet und so die Geschichte lenkt. Da ist der See Gennesaret mit dem Fischerboot. Aus dem Boot wird Petrus herausgerufen, um Menschen zu fischen. Später wird er auf diesem See den Auferstandenen am Ufer erkennen und von ihm, trotz aller Verleugnung und Schwäche, zum Hirten bestellt werden. Jesus weiß um die Schwäche derer, denen er seine Sache anvertraut. Er weiß um die Bedrohtheit der Kirche auf der Fahrt durch die Zeit. Er weiß, daß es darum immer wieder anderer bedarf, die seine Botschaft den Menschen ausrichten.

So sehen wir auf dem Bild, wie aus der geheimnisvollen Wolke der andere vor Damaskus gerufen wird: Saulus, Saulus, warum verfolgst du mich? Der römische Bürger aus Tarsus ist ganz anders als Petrus: in rabbinischer Gelehrsamkeit aufgewachsen, ohne den Stallgeruch der galiläischen Jünger, ohne persönliche Erfahrung des irdischen Jesus und doch voller Leidenschaft für die Größe des Heils, das in Jesus für alle Menschen und Zeiten angebrochen ist. Um dieser Größe und Weite willen wird er dem Petrus „ins Angesicht widerstehen". Und doch bleiben Petrus und Paulus zusammengebunden im Dienst der einen Frohbotschaft für Juden und Heiden, zusammengebunden im Blutzeugnis im fernen Rom, zusammengebunden in der festlichen Erinnerung der Christenheit.

So geht der Blick weiter in die Landschaft, an die Ufer anderer Zeiten, zu anderen Städten und Menschen. Immer wieder wird es die Situation vom See Gennesaret und von Damaskus geben. Immer wieder werden Menschen gerufen, ganz verschiedene und sehr begrenzte, die einander ergänzen müssen, die sich von Christus zusammenbinden lassen wie Petrus und Paulus zum gemeinsamen Zeugnis für ihn. Es ist der eine Herr, der ruft, und wir buchstabieren die Antwort zusammen mit einem immer neuen „und": Petrus und Paulus, dieser und jener und auch ich und du.

Bild 31
29. Juni: Petrus und Paulus
Jesus beruft Petrus; im Hintergrund Berufung des Paulus. Miniatur

Saule saule qd me psequeris

JUNI

29

Wir feiern das Fest der Apostel, es ist uns heilig durch ihr Blut. Laßt uns ihren Glauben lieben, ihr Leben, ihre Mühen, ihre Leiden, ihr Bekenntnis, ihre Verkündigung. AUGUSTINUS

PETRUS und PAULUS. – Simon aus Betsaida, Fischer in Kafarnaum, mit seinem Bruder Andreas berufen; erhielt von Jesus den Beinamen „Fels" (Petrus) und Vorrangstellung im Apostelkreis (Mt 16, 18 ff); Erstzeuge der Auferstehung Jesu (1 Kor 15, 5); erlitt in Rom unter Nero das Martyrium († 64/67). – Paulus, Diasporajude aus Tarsus/Kleinasien, Gesetzeslehrer, der die junge Kirche verfolgte; durch Christusvision bei Damaskus bekehrt, wurde er zum „Völkerapostel"; in Rom (wie Petrus in der neronischen Verfolgung) hingerichtet. – GK/H.

NOTKER LABEO, sel., Mönch in St. Gallen, Leiter der Klosterschule, überragender Gelehrter und Sprachmeister († 1022).

JUNI

30

Zu ihnen (Petrus und Paulus) mit ihren erhabenen Lehren gesellte sich die große Schar der Auserwählten, die als Opfer der Eifersucht viel Schimpf und Mißhandlung erdulden mußten und so unter uns zu leuchtenden Vorbildern wurden. KLEMENS VON ROM

DIE ERSTEN MÄRTYRER DER STADT ROM. Nach dem Großbrand in Rom 64 lenkte Nero die Schuld auf die Christen, deren grausame Verfolgung von Tacitus bezeugt ist. – GK/g.

OTTO, aus schwäbischem Adel, im Dienst Heinrichs IV., Bischof von Bamberg; errichtete zahlreiche Klöster und Stifte; missionierte in Pommern († 1139). – RK/g (Ber/F; Gör/G; in Bam/F am 30. 9.).

ERENTRUDIS, Nichte des hl. Rupert, Äbtissin auf dem Nonnberg in Salzburg († um 718). – Sal/G; Gra/g.

ERNST von Pardubitz, sel., Erzbischof von Prag, Freund und Ratgeber Kaiser Karls IV., Mitgründer der Universität Prag († 1364).

JULI

1

Fühlen wir uns zu kühn, dann wollen wir an unsere eigene Schwäche denken. Fühlen wir uns zu schwach, dann erinnern wir uns an Christi Kraft. THOMAS MORUS

Seien Sie bloß nicht der Ansicht, wegen der kleinen Revolten, die Sie in sich verspüren, sei alles verloren. Es hat eben sehr stark geregnet, und es donnert entsetzlich; ist das Wetter deshalb weniger schön? Auch wenn die Tränen der Traurigkeit Ihr Herz überschwemmen und die Dämonen donnern und grollen, soviel sie wollen, können Sie gewiß sein, meine liebe Tochter, daß Sie deshalb unserem Herrn nicht weniger teuer sind. So leben Sie denn zufrieden in seiner Liebe. VINZENZ VON PAUL

Gießt man in eine Essigsauce viel Öl, bleibt Essig wohl immer Essig, aber das Öl lindert seine Bitterkeit, man spürt sie fast nicht mehr: So ist das, wenn man sein Leiden von Gott annimmt. JOHANNES VIANNEY

JULI 2

Möge es Unserer Lieben Frau gefallen, zwischen uns Sündern und ihrem Sohn und Herrn zu vermitteln, und möge sie uns die Gnade erwirken, daß trotz unserer eigenen Mühe und Not unser schwacher und trauriger Geist in uns sich wandle in einen Geist, der stark ist und fröhlich zu seinem Lobpreis.
IGNATIUS VON LOYOLA

MARIÄ HEIMSUCHUNG. Das Fest, das den Besuch Marias bei ihrer Verwandten Elisabet feiert, stammt aus der Ostkirche; im Westen zunächst von den Franziskanern verbreitet, 1570 von Pius V. für die ganze Kirche eingeführt; im GK auf den 31. 5. gelegt, im RK am 2. 7. belassen.

PETRUS von Luxemburg, sel.; verzichtete auf ihm zugesprochene kirchliche Würden (Bistum Metz) und gab in Avignon Beispiel größter Bußstrenge und Armut († 1387).

JULI

Die Liebe ist ein sturmgepeitschtes Meer ohne Ufer und Hafen. Der Freund geht unter in diesem Meer und mit ihm seine Qualen. Doch seine Erfüllung steigt aus der Tiefe.
RAMON LLULL

THOMAS, Apostel; sprichwörtlich das Bekenntnis des „ungläubigen" Thomas zum Auferstandenen (Joh 20,28); missionierte nach alter Überlieferung in Indien (Thomaschristen in Malabar/Südwestindien). Grab im 3. Jh. in Edessa (Übertragung der Gebeine am 3. 7. gefeiert). – GK/F.

RAMON LLULL (Raimundus Lullus), sel., aus Palma de Mallorca, Franziskanertertiar; setzte sich für Mission bei Juden und vor allem Moslems ein; umfassende Studien und ausgedehnte Reisen; umfangreiches literarisches Werk als Philosoph, Theologe und Mystiker; auf Missionsreise in Tunis von Sarazenen 83jährig gesteinigt († 1316).

Lieber will ich selbst vor Hunger sterben, als den Armen, die sonst verzweifeln müßten, meine Hilfe zu versagen. Gott wird mir in Zukunft schon helfen; jetzt aber will ich die noch vorhandenen Lebensmittel unter die Armen austeilen.
ELISABETH VON PORTUGAL

ELISABETH, Königin von Portugal (Großnichte der hl. Elisabeth von Thüringen); stiftete aus ihrem Besitz Hospitäler für Arme und Kinder, unterstützte Kirchen und Klöster, lebte als Witwe nach der franziskanischen Drittordensregel († 1336). – GK/g.

ULRICH, Bischof von Augsburg; voller Treue zum König, unermüdlicher Seelsorger; verteidigte Augsburg gegen Ungarneinfall († 973). Erster Heiliger, der durch Papst kanonisiert wurde (993). – RK/g (Aug/H; Reg, Ein, Gal/G).

Geisterfüllt und eins geworden

Zwei Frauen scheinen zusammenzuwachsen, da sie aufeinander zugehen, einander begrüßen, einander umarmen, Gesicht an Gesicht drücken. Zu solchem Einswerden, Miteinanderfühlen, Einanderverstehen sind vielleicht nur Frauen fähig, Schwangere, die ein anderes Leben ganz in sich spüren, es nähren und hüten, die durch Leid und Mißachtung hindurchgegangen sind. Elisabet, die Alte, geringgeschätzt, weil sie ohne Nachwuchs war, ohne Verbindung mit der Zukunft des Volkes, ist nun mit Fruchtbarkeit beschenkt; Maria, die Junge, deren Schwangerschaft sie herausreißt aus ihren, aus Josefs Zukunftsplänen, aus dem allgemeinen Glück der Menschen ihrer Umgebung, ist Verdächtigung und Mißtrauen ausgesetzt. Sie ist zu Elisabet geeilt, um an der Unfruchtbaren zu sehen, daß bei Gott kein Ding unmöglich ist.

Nun können die beiden Frauen einander leibhaftig spüren, einander mitteilen, was sie durchlitten haben, aber vor allem was an Hoffnung in ihnen ist. Die Augen rücken zusammen und sehen gemeinsam; gemeinsam wird Atem und Pulsschlag, gemeinsam das Sichregen des Lebens in ihrem Schoß. Wie Maria sich ehrfürchtig zur Älteren neigt, wie Elisabet sich an die Größere schmiegt, so streben auch die Kinder in ihrem Leib zueinander. Johannes hüpft auf, bei der Begrüßung der Frauen Jesus jauchzend begrüßend.

Da aber wird der Ursprung ihrer Gemeinsamkeit offenbar: der eine Geist Gottes. Elisabet wird erfüllt vom Heiligen Geist, dem Geist, der Maria überschattet und das neue Leben in sie gesenkt hat. In diesem Geist spürt sie das Wirken des Geistes in Maria, spürt sie, wie Maria sich diesem Geist Gottes in vertrauensvoller Hingabe überlassen hat. Um dieses Vertrauens willen preist sie Maria selig. In diesem Geist jubelt Maria über Gott, unseren Retter, da sie das Magnificat anstimmt.

Nach Einswerden verlangen die vielen Vereinsamten, Getrennten, Mißverstandenen, nach Einswerden sehnt sich die zerstrittene und entzweite Welt. Ganz eins werden die, die sich dem einen Geist Gottes überlassen.

Bild 32
Mariä Heimsuchung
Fresko, Llucá/Katalonien, 13. Jahrhundert

JULI

5

Auf, auf, Brüder! Wenn es bei uns bis jetzt noch eine gewisse Unentschlossenheit gab, werfen wir sie zusammen mit aller Nachlässigkeit von uns, und laufen wir wie Verrückte nicht nur auf Gott zu, sondern auch zum Mitmenschen. ANTONIUS MARIA ZACCARIA

Wir danken dir, mein Gott und Herr, denn wie ein Körper keine Länge haben kann, ohne daß er auch Breite und Tiefe besitzt, so gibt es auch keine Liebe im Gebet des Menschen, wenn er nicht zugleich dich, sich selbst und seinen Nächsten liebt. RAMON LLULL

ANTONIUS MARIA ZACCARIA, aus Cremona/Oberitalien; zuerst Mediziner, dann Priester; Vorläufer der Katholischen Reform im 16. Jh., gründete Orden der Regularkleriker vom hl. Paulus (meist Barnabiten genannt); führte Vierzigstündiges Gebet ein († 1539). – GK/g.

WILHELM, sel.; Abt von Hirsau; unter ihm große Klosterreformbewegung, Stütze der gregorianischen Partei in Deutschland († 1091).

JULI

Nicht das Vielwissen sättigt und befriedigt die Seele, sondern das Verspüren und Verkosten der Dinge von innen her. IGNATIUS VON LOYOLA

MARIA GORETTI, aus einer armen Bauernfamilie bei Nettuno (südlich von Rom); sorgte nach dem Tod des Vaters im Haushalt für jüngere Geschwister; wurde als 12jährige von einem Halbwüchsigen, der sie vergewaltigen wollte, ermordet; verzieh sterbend ihrem Mörder († 1902; hl.g: 1950). – GK/g.

GOAR, Einsiedler am Rhein († um 500). Aus seiner Zelle entstand später Stift und Stadt St. Goar. – Lim, Tri/g.

MARIA THERESIA GRÄFIN VON LEDÓCHOWSKA, in Niederösterreich geboren; gründete Vereine gegen Sklaverei und „Petrus-Claver-Sodalität für die afrikanischen Missionen", förderte Missionsidee in Wort und Schrift († 1922; sel.g: 1975). – Pöl, Sal/g.

JULI

In Ehrfurcht neigt sich, Herr, dein Diener, dem du so viel Gnade erwiesest, daß sein Herz in Freude schwimmt wie ein Fisch im Meer! In Glück und Freude, Herr, wenn er das Sein deines Seins im Sein betrachtet. Denn du, Herr, hast mir so viel Gnade geschenkt, daß wo ich auch gehe, ich fröhlich gehe, und froh und freudig wende ich mein Angesicht nach allen Seiten. RAMON LLULL

Laßt uns also vollbringen, was Christus gebot, damit wir erlangen, was Christus verheißen hat. Seine Wahrheit ist bei uns, ihm fehle nicht unser Glaube. Allen ist er das Leben, allen der Weg, allen die Tür. PAULINUS VON NOLA

WILLIBALD, aus Südengland, Mönch in Montecassino, zur Unterstützung des hl. Bonifatius in deutsche Mission gesandt; erster Bischof von Eichstätt; gründete Kloster Heidenheim (seine Schwester Walburga erste Äbtissin) († 787). – RK/g (Eich/H, Diözesanpatron).

JULI 8

Sei Gott gehorsam, und du bist frei. — Ramon Llull

Wer Geduld hat, besitzt sich selbst. Wer sich selbst nicht besitzt, ist arm. — Ramon Llull

Kilian, aus Irland; wirkte als Wanderbischof (mit seinen Gefährten Kolonat und Totnan) in Würzburg; ermordet († um 689). – RK/g (Wür/H, Diözesanpatron).

Disibod, Einsiedler an der Nahe (7. Jh.). Hildegard von Bingen verfaßte eine Lebensbeschreibung des Heiligen. – Spe, Tri/g.

Edgar, König der Angelsachsen; unter ihm Blüte- und Friedenszeit („der Friedfertige"); erneuerte mit den hll. Bischöfen Dunstan, Oswald, Ethelwold das kirchliche Leben († 975).

Andreas Bauer, aus Gebweiler/Elsaß, Franziskaner; bei Boxeraufstand in China grausam ermordet († 1900; sel. g: 1946 mit 29 Franziskanermärtyrern).

So hat der Herr mir gegeben, das Leben in Buße zu beginnen: denn, da ich in Sünden war, erschien es mir unerträglich bitter, Aussätzige anzublicken. Und der Herr selbst hat mich unter sie geführt, und ich habe ihnen Barmherzigkeit erwiesen. Und während ich fortging von ihnen, wurde mir gerade das, was mir bitter erschien, in Süßigkeit der Seele und des Leibes verwandelt. — Franz von Assisi

Agilolf, Bischof von Köln (auf Betreiben fränkischer Adliger statt des vorgesehenen Bonifatius, wirkte aber im Geist der bonifatianischen Reformbestrebungen) († 752). – Köl/g.

Veronika Giuliani, Kapuzinerin in Città di Castello (nördlich von Perugia), Äbtissin, von großer Bußstrenge, Mystikerin (stigmatisiert) († 1727).

JULI 10

Ach, daß ich mich sammle aus der Zerstreuung, ich, der ich mich Stück für Stück zersplittert habe, da ich, abgekehrt von dir, dem Einen, in ein Vielerlei mich verlor. — Augustinus

Knud, König von Dänemark; in Odense ermordet († 1086). – RK/g.

Olaf II. Haraldsson, König von Norwegen; einte das Reich und vollendete dessen Christianisierung; von heidnischer Gegenpartei vertrieben, fiel er im Kampf um Rückkehr († 1030). – RK/g.

Erich IX. Jedvardsson, König von Schweden; förderte Missionierung der Finnen; bei einer Verschwörung ermordet († 1160). – RK/g.

Engelbert Kolland, aus dem Zillertal/Tirol, Franziskaner, Seelsorger in Damaskus; von Arabern „Abuna Malak" (Vater Engel) genannt; von schiitischen Drusen ermordet († 1860; sel. g: 1926 mit 11 Märtyrern von Damaskus). – Sal/G; Gra, Inn/g.

Den Tod vor Augen

Den Tod haben wir weitgehend aus unserem Bewußtsein verdrängt, vor dem Sterben schrecken wir zurück. Das Bild Benedikts zeigt, wie schön Sterben sein kann: Er steht aufrecht, die Hände zum Himmel erhoben, gestützt von der Gemeinschaft der Brüder. So kann sich die Schwäche des Niedersinkens in eine fast tänzerische Leichtigkeit des Empor verwandeln.

Benedikt ging dem Tod bewußt entgegen. Schon Tage vorher sprach er darüber mit Vertrauten. Als das Fieber seine Kräfte verzehrte, ließ er sich in die Kirche tragen, empfing Leib und Blut des Herrn und gab sein Leben dem Schöpfer zurück. Eingeübt, bereitet für solche Vollendung war er schon lange.

Gregor der Große beginnt die Lebensbeschreibung dieses bewundernswerten Gesegneten (benedictus) mit dem merkwürdigen Satz, er habe von Jugend an das Herz eines Alten gehabt. Ein Altersherz erscheint uns wenig erstrebenswert – aber der junge Mann, der als Student Rom verließ, um Mönch zu werden, hatte durchaus ein Herz voll jugendlicher Kraft und Leidenschaft. Aber diese Leidenschaft richtete sich nicht mehr auf das, was er als brüchig und unheilvoll erkannte, sondern auf das wahre Leben. Er suchte Gott. Darum nennt er in seiner Regel als Weisung: ewiges Leben mit der ganzen geistlichen Leidenschaft ersehnen. Und er fügt hinzu: den Tod sich täglich vor Augen führen.

Nicht wer den Tod verdrängt, sondern wer ihn in sein Leben mit einbezieht, lebt intensiv. Da wird das Lebensalter relativiert: Reif ist, wer Bleibendes, Ewiges erstrebt, wer mit aller Kraft Gott sucht. Jung bleibt, wer noch Großes erwartet. Benedikt ordnete das Leben seiner Gemeinschaft in der rechten Einteilung von Dingen und Zeiten hin auf die Verherrlichung des Ewigen. Den Tod vor Augen haben bedeutet nicht Flucht vor dem Leben und seinen Aufgaben, sondern Fähigwerden, sie recht zu bestehen.

Bild 33
11. Juli: Benedikt von Nursia
Tod des Heiligen
Miniatur, Montecassino, 11. Jahrhundert

JULI

11

Sich dem Treiben der Welt fremd machen. Der Liebe zu Christus nichts vorziehen. BENEDIKT-REGEL

BENEDIKT, Vater des abendländischen Mönchtums, Schutzpatron Europas. Aus Nursia in Umbrien, Studium in Rom, Einsiedler bei Subiaco; sammelte Gefährten, mit denen er um 529 Montecassino, die Wiege des Benediktinerordens, gründete († 547). – GK/F.

SIGISBERT, wohl Franke aus Kloster Luxeuil; baute mit dem später ermordeten PLACIDUS Zelle (Anfang 8. Jh.). An ihrem Grab entstand Kloster Disentis/Graubünden. – Chu/g.

OLGA, Gemahlin des Großfürsten Igor von Kiew; in Konstantinopel getauft; bemühte sich um Christianisierung Rußlands († um 970).

OLIVER PLUNKET, Erzbischof von Armagh und Primas von Irland; wegen angeblicher Verschwörung gegen englischen König als „Hochverräter" hingerichet († 1681; hl. g: 1975).

JULI

12

Eine Seligkeit ist uns verheißen, die unsere Sehnsucht übersteigt, ein Geschenk, das unsere Hoffnung übersteigt, eine Gnade, die unsere Natur übersteigt. GREGOR VON NYSSA

HERMAGORAS und FORTUNAT, Märtyrer in Singidunum (Belgrad) († um 305). Reliquien im 5. Jh. nach Aquileja (Patrone), später Grado und Udine; sehr verehrt. – Gur/g.

NABOR und FELIX, Soldaten aus Afrika, wegen Dienstverweigerung als Christen in Lodi hingerichtet (Anfang 4. Jh.). Gebeine nach Mailand überführt, ihnen zu Ehren schon früh Basilika.

JOHANNES GUALBERTUS, reformgesinnter Mönch aus der Nähe von Florenz; erbaute in Vallombrosa Einsiedelei, aus der später Kloster und Orden der Vallombrosaner entstanden († 1073).

JULI

13

(Aus dem Bestätigungsbrief der Gründung des Bistums Bamberg:) Die Uns von Gott freigebig verliehenen Schätze möchten Wir im Himmel hinterlegen, wo keine Diebe einbrechen und sie stehlen, wo weder Motte noch Wurm sie zerstören. Während Wir der Schätze gedenken, die Wir im Himmel gesammelt haben, möchte Unser Herz mehr und mehr dort in Sehnsucht und Liebe verweilen. HEINRICH II.

HEINRICH II., Kaiser, und Gemahlin KUNIGUNDE; Heinrich stellte Ordnung und Frieden im Reich wieder her, baute System der Reichskirche aus, gründete Bistum Bamberg; Kunigunde stiftete Kloster Kaufungen, in das sie nach Heinrichs Tod (1024) eintrat († 1033). Beide im Bamberger Dom begraben. – RK/g (Bam/H, Diözesanpatron).

MILDRED, Äbtissin des Klosters auf der Insel Thanet/England († um 734).

JULI

14

(Aus einer zeitgenössischen Lebensbeschreibung des hl. Kamillus:) „Ich war krank, und ihr habt mich besucht." Als wären diese Worte in sein Herz eingegraben, so oft wiederholte er sie.

KAMILLUS von Lellis, Soldat und Landstreicher aus den Abruzzen; erlebte bei Kapuzinern seine Bekehrung; wurde in Rom Krankenwärter und Priester; gründete Krankenpflegeorden (Kamillianer) († 1614). – GK/g.

WANDREGISIL, fränkischer Hausmeier, Mönch, Einsiedler im Jura, gründete Kloster Fontenelle (Diözese Rouen) († 668). – Lau/g.

ULRICH von Zell, aus Regensburg, Mönch in Cluny; gründete Priorat Zell (südlich von Freiburg i. Br., nach ihm St. Ulrich genannt), verbreitete cluniazensische Reformidee († 1093). – Frei, Lau/g.

JACOBUS A VORAGINE, sel., Dominikaner, Erzbischof von Genua; durch seine „Legenda aurea" von größtem Einfluß auf die Heiligenverehrung des Mittelalters († 1298).

JULI

15

Deine einzige Sorge sei, die heilige Armut zu beobachten. BONAVENTURA

BONAVENTURA, aus Bagnoreggio bei Viterbo; Studium in Paris, dort Franziskaner, Ordensgeneral, Kardinal; führender Theologe, der spekulatives Denken mit mystischer Frömmigkeit verband; Kirchenlehrer († 1274). – GK/G.

CESLAUS, aus polnischem Grafengeschlecht; zusammen mit dem hl. Hyazinth in Rom Dominikaner; gründete Kloster in Breslau; Seelenführer der hl. Hedwig († 1242). – Gör/G.

BERNHARD, Markgraf von Baden, sel.; Friedensstifter; starb auf Gesandtschaftsreise in Moncalieri bei Turin († 1458). – Frei, Spe/g.

WLADIMIR, Großfürst von Kiew; ließ sich um 988 taufen, machte Christentum zur Staatsreligion († 1015). In Rußland seit 13. Jh. (wie Konstantin d. Gr.) als „Apostelgleicher" verehrt.

JULI

16

Man muß fasten, als hätte man Aussicht, hundert Jahre zu leben. Und man muß seine Emotionen zügeln – Beleidigungen vergessen, lähmenden Trübsinn verscheuchen, Schmerzen ertragen und Verluste hinnehmen –, als würde man heute sterben. JOHANNES CASSIAN

GEDENKTAG UNSERER LIEBEN FRAU AUF DEM BERG KARMEL. Nach dem Vorbild des Propheten Elija lebten seit altchristlicher Zeit Mönche auf dem Karmel, aus denen der Karmeliterorden hervorging. Ursprünglich Patrozinium des Ordens, wurde das Fest 1726 auf die ganze Kirche ausgedehnt. – GK/g.

IRMENGARD, sel., Äbtissin von Buchau und Frauenchiemsee († um 866). – Mün/G; Rot, Sal/g.

ELVIRA; Äbtissin des Klosters Oeren in Trier (11./12. Jh.).

MARIE-MADELEINE POSTEL, aus Barfleur/Normandie, Lehrerin, Franziskanerterziarin; gründete „Christliche Schulschwestern" († 1846).

Theologie des Kreuzes

Die Heilung des Kindes hatten seine Eltern der Fürbitte des hl. Franz zugeschrieben; nach dem Studium der Theologie in Paris nahm er 1243 das Gewand seiner Minderbrüder, wurde selber Lehrer der Theologie, siebter Ordensgeneral und leitete noch als Kardinalbischof im Auftrag des Papstes das Zweite Konzil von Lyon bis zu seinem Tod am 15. Juli 1274. Bonaventura gilt mit dem ihm befreundeten Thomas von Aquin als größter Theologe der Scholastik. Lassen sich das einfache franziskanische Leben mit gelehrter Wissenschaft und kirchlicher Würde vereinbaren?

Das Bild von Taddeo Gaddi, das eines der wichtigsten Werke Bonaventuras, den „Lebensbaum", zum Thema hat, gibt uns die Antwort: ja, als Lobpreis des Kreuzes. Bonaventura sitzt vorn und schreibt auf die Buchrolle den Anfang seines Werks: o crux – o Kreuz, heilbringender Baum. Er schaut ergriffen auf Franz, der unter dem Kreuz kniet und mit beiden Händen seinen Balken umfaßt. Seine Theologie ist eine Meditation der einzigartigen Liebe des hl. Franz zum Gekreuzigten. Aus innerer Erfahrung, aus dem Mitleben und Mitsterben mit Christus, aus dem Ergreifen des Kreuzes erwächst die geistige Zusammenschau: das Kreuz als Mitte der Geschichte, als Baum des Lebens.

An Stelle von Ästen hat der Baum zwölf Spruchbänder mit Versen von Ursprung und Leben Jesu, von seinem Leiden und von seiner Verherrlichung. Jedes Spruchband endet (auf unserem Bildausschnitt nicht mehr zu sehen) im Brustbild eines Propheten; zu Füßen Jesu und oberhalb des Kreuzes weisen die vier Evangelisten auf den, von dessen Erlösungstod sie berichten und der die Erfüllung aller Verheißungen des Alten Bundes ist. Aus dem Kreuz sehen wir noch das Nest des Pelikans herauswachsen, das Symbol der sich selbst preisgebenden Liebe. Der Blick auf das Kreuz, in dem sich Bonaventura eins weiß mit den Heiligen seiner Zeit (in seinem Rücken) und mit Johannes und den Frauen beim Tod Jesu, eröffnet den Zugang zum Geheimnis, das der Schöpfung und der Heilsgeschichte zugrunde liegt, zur sich verschenkenden Liebe Gottes.

Bild 34
15. Juli: Bonaventura
Franziskanerheilige unter dem Kreuz als Lebensbaum
Fresko, Taddeo Gaddi, um 1340

JULI

17

Das Kreuz ist das weiseste Buch, das man lesen kann. Die dieses Buch nicht kennen, sind Unwissende, wenn sie auch alle Bücher kennen. Wahrhaft weise sind nur die, die es lieben, es befragen, es zu erforschen suchen.

JOHANNES VIANNEY

SCILITANISCHE MÄRTYRER, aus Scillium in Numidien, Erstmärtyrer Afrikas, Prozeßakten erhalten († 180).

ALEXIUS; verließ nach der Legende vor der Hochzeit Eltern und Braut in Rom, führte Einsiedlerleben in Edessa, kehrte nach Rom zurück, wo er unerkannt bis zu seinem Tod als Bettler unter der Treppe seines Vaterhauses lebte.

KLEMENS von Ochrid, Schüler der Slawenapostel Cyrill und Methodius, Bischof, bulgarischer Nationalheiliger († 916).

KARMELITINNEN VON COMPIÈGNE, sel.; sechzehn Ordensfrauen, in der Französischen Revolution in Paris hingerichtet († 1794).

JULI

18

Wie lange, Herr, wie lange? Was tue ich nur, du mein Alles? Soll ich vielleicht ersehnen, mich nicht nach dir zu sehnen? O mein Gott und Schöpfer! Du verletzt und verweigerst die Medizin: Du schlägst heimliche Wunden; du vermehrst tötend das Leben; kurz, mein Herr, du tust, was dir in deiner Allmacht beliebt. Und läßt, mein Gott, mich armen Wurm all diese Widersprüche ertragen. So sei es, Herr, denn du willst es, und ich will nichts, als dich lieben.

THERESIA VON ÁVILA

ANSWER, Abt des Georgiklosters in Ratzeburg; bei Wendenmission gesteinigt († 1066). – Osn/g.

ARNULF, aus fränkischem Adel, Bischof von Metz; zuletzt Einsiedler in Remiremont/Vogesen, wo er Aussätzige pflegte († 640).

ARNOLD von Arnoldsweiler, nach der Überlieferung Lautenspieler am Hof Karls d. Gr.; lebte als Freund der Armen in der Gegend von Düren.

JULI

19

Wegen dieser drei Dinge hat Gott die vernünftige Seele geschaffen: daß sie ihn lobe, daß sie ihm diene, daß sie an ihm sich erfreue und in ihm ruhe; und das geschieht durch die Liebe, denn wer in der Liebe bleibt, der bleibt in Gott, und Gott bleibt in ihm.

BONAVENTURA

Wenn du nun fragst (wie Erlösung geschehen soll), frage die Gnade, nicht die Lehre; das Verlangen, nicht den Verstand; das Seufzen des Betens, nicht das Forschen in den Büchern; den Bräutigam, nicht den Lehrer; Gott, nicht den Menschen; die Wärme, nicht die Helle; nicht das Licht; sondern das alles entzündende Feuer, das zu Gott hin verwandelt.

BONAVENTURA

POPPO, Bischof in Schleswig; missionierte unter den Dänen († um 1000). Grab in Bremen.

BERNULF, Bischof von Utrecht († 1054). Grab in der von ihm erbauten Peterskirche in Utrecht.

JULI **20**

Die Seele der Geschäfte Gottes ist das Schweigen. VINZENZ VON PAUL

Erkenne als Armer die Liebe Gottes, die dich beschenken will.
BERNHARD VON CLAIRVAUX

MARGARETA, Märtyrin zu Antiochien in Pisidien; reich ausgestaltete Legende, im Osten (unter dem Namen Marina) wie im Westen hochverehrt; zählt zu den Vierzehn Nothelfern. – RK/g.

ELIJA. Der Prophet des Alten Bundes (erste Hälfte des 9. Jh. v. Chr., vgl. 1 Kön 17–19; 21; 2 Kön 1–2) zählt im Judentum zu den volkstümlichsten Gestalten des AT; in der Ostkirche hochverehrt (zahlreiche Kirchenpatrozinien und Ikonen); im Westen setzte sich sein Kult nicht durch außer im Karmelitenorden (als „Führer und Vater" angerufen).

JULI **21**

Die Waffen, mit denen der Glaube verteidigt sein will, sind: das heilige Leben derer, die den Glauben predigen und lehren, und die Geduld in Leiden und Verfolgung. LAURENTIUS VON BRINDISI

LAURENTIUS von Brindisi, Kirchenlehrer; aus Süditalien, Kapuziner, glänzender Prediger, Provinzial, mehrere Jahre Generaloberer; unter ihm kamen die ersten Kapuziner nach Österreich, Böhmen, Tirol, Bayern; in wichtigen diplomatischen Missionen tätig; starb in Lissabon († 1619). – GK/g.

ARBOGAST, Bischof von Straßburg (6. Jh.). – Frei/g; Stra/H (Diözesanpatron).

STILLA, sel., aus Geschlecht der Grafen von Abenberg (südlich von Nürnberg); führte mit drei Gefährtinnen klosterartiges Leben (12. Jh.). – Eich/g.

JULI **22**

Jesus sagte zu ihr: „Maria!" Er nennt sie bei ihrem Namen, als sagte er deutlich: ‚Erkenne den, von dem du erkannt bist. Ich kenne dich nicht nur im allgemeinen, wie die anderen dich kennen; ich kenne dich in deiner Einmaligkeit.' Da Maria bei ihrem Namen gerufen wird, erkennt sie ihren Schöpfer und nennt ihn sofort: ‚Rabbuni', das heißt: Meister; denn er war es, den sie draußen suchte und der sie in ihrem Inneren das Suchen lehrte.
GREGOR DER GROSSE

MARIA MAGDALENA, eine der Frauen, die von Jesus geheilt wurden, ihn begleiteten und unterstützten; stand unter dem Kreuz, begegnete dem Auferstandenen. In der späteren westlichen Überlieferung mit Maria von Betanien und mit der Sünderin von Lk 7, 36 ff gleichgesetzt (hiervon Darstellungen in der Kunst beeinflußt). Reliquien seit 11. Jh. in Vézelay/Burgund verehrt. – GK/G.

Mystik und Politik

Auf dem Bild ist Birgitta die Schauende, die doch wirksam ist in der großen Welt. Kaiser und Papst knien vor ihrem Schreibpult, empfangen von ihr Weisung. Sie kennt sich aus in der Welt. Ihrem Gatten schenkt sie acht Kinder; ihr Vetter, König Magnus, beruft sie zur Hofmeisterin. Vor allem nach dem frühen Tod ihres Mannes hört sie den göttlichen Anruf: „Ich habe dich erwählt, um dir meine Geheimnisse zu zeigen ... zum Heile aller Christen."

Gottes Welt wirkt durch sie in unsere Welt. Auf dem reich verzierten Hintergrund schwebt über dem Leben Birgittas, über der Geschichte als ruhende Gegenwart die Dreifaltigkeit, Gottvater, der Heilige Geist und der Sohn (als Kind auf den Armen Marias und so betont den Menschen nahe). Gottes Wirksamkeit auf Erden aber ist dargestellt in dem Engel, der sich ganz hinneigt an Birgittas Ohr, mit ihr in die Ferne schaut. Seine Hand berührt ihre Schulter und weist die Richtung, die Birgittas Linke aufnimmt und weitergibt an die rechte Hand, damit sie aufschreibt, was Gott ihr mitteilt.

Sie schaut viel kommendes Ungemach. Sie soll wieder an den Hof von König Magnus gehen und dort gegen Unrecht und Raubrittertum, gegen Verschwendung und Grausamkeit mahnen. Als sie den geplanten Krieg gegen Rußland ablehnt, als ihre Voraussagen der Niederlage und der großen Pest eintreffen, wendet sich der Haß von König und Hof gegen sie. Der Blick Birgittas bleibt freilich trotz des geschauten Unheils gelassen, wird aufgefangen von dem vor ihr aufgerichteten Pilgerstab mit Mütze und Tasche. Er ist ein Hinweis auf ihre vielen Pilgerfahrten bis nach Jerusalem, auf die Reisen und auf ihr langes Wirken in Rom, bemüht um die Anerkennung ihrer Ordensgründung, um die Rückkehr des Papstes aus Avignon, um die Erneuerung von Kirche und Gesellschaft. Er ist ein Zeichen davon, wie sich bei Birgitta die große Schau des Ewigen umsetzt in viele mühsame, tatkräftige, ungemein tapfere Schritte in der Zeit.

Bild 35
23. Juli: Birgitta von Schweden
Die Heilige schreibt ihre Visionen
Gemälde, Topler-Marstaller-Epitaph, um 1500

JULI 23

Was könnte schwer, was hart sein, wenn einer Christi Joch mit ganzer Seele auf sich genommen hat und unverwandt das Leiden Christi vor Augen hat?
Johannes Cassian

Birgitta von Schweden, verheiratet (acht Kinder); gründete nach Tod des Mannes Kloster in Vadstena, aus dem der spätere Birgittenorden hervorging; große Mystikerin (zahlreiche Visionen); seit 1349 in Rom, wo sie sich für Rückkehr der Päpste aus Avignon einsetzte († 1373). – GK/g.

Apollinaris, erster Bischof von Ravenna, Märtyrer († um 200).

Liborius, Bischof von Le Mans, Freund des hl. Martin von Tours († um 397). Reliquien kamen 836 nach Paderborn, seitdem Gebetsverbrüderung der beiden Bistümer. – Pad/H (Diözesanpatron); Ess/g.

Johannes Cassian, Mönch zur Zeit des hl. Augustinus, gründete Klöster in Marseille; Lehrmeister des geistlichen Lebens († um 430).

JULI 24

Wer das Geld liebt, wird nicht satt; wer den Aufwand liebt, wird nicht satt; wer den Ruhm liebt, wird nicht satt; und wer schließlich die Welt liebt, wird niemals satt.
Bernhard von Clairvaux

Christophorus („Christusträger"). Ein Märtyrer dieses Namens erstmals im 5. Jh. erwähnt; es bildete sich eine reich entwickelte Legende; Verehrung im Osten wie im Westen verbreitet, besonders an den Pilgerstraßen. – RK/g.

Ursizin, Einsiedler im Berner Jura (6. Jh.); späteres Kloster nach ihm St-Ursanne genannt. – Bas/g.

Christina, Märtyrin in Bolsena/Latium († um 305).

Siglinde, Äbtissin von Troclar (Diözese Albi) (wohl 7. Jh.).

Kinga, sel.; mit Herzog Boleslaw V. von Polen vermählt; stiftete Klarissenkloster in Alt-Sandecz, in das sie nach Tod des Gatten eintrat († 1292). Patronin Polens und Litauens.

JULI 25

Erst halte dich selbst in Frieden, dann wirst du auch anderen Frieden stiften. Ein friedvoller Mensch wendet alles zum Guten.
Thomas von Kempen

Jakobus der Ältere; aus Betsaida, der ältere der beiden Zebedäussöhne, mit Petrus Zeuge der Verklärung (Mk 9,2) und der Todesangst Jesu (Mk 14,33), erlitt als erster Apostel das Martyrium (um Ostern 44, vgl. Apg 12,2). Sein Grab in Santiago de Compostela nach Jerusalem und Rom bedeutendster mittelalterlicher Wallfahrtsort. – GK/F.

Simeon Stylites der Ältere, syrischer Mönch strengster Askese; lebte auf einer Säule, von der er predigte und Pilger beriet; als Wundertäter hochverehrt († 459).

Thomas Hemerken von Kempen, sel., Augustinerchorherr in Windesheim, Deventer, St. Agnetenberg (bei Zwolle); einflußreich durch seine geistlichen Schriften, besonders „Nachfolge Christi" († 1471).

JULI 26

Joachim und Anna, du glückliches Paar! An der Frucht eures Leibes erkennen wir euch, wie der Herr sagt: „An ihren Früchten werdet ihr sie erkennen." Ihr habt ein Leben geführt, das Gott gefiel und des Kindes würdig war, das aus euch hervorging. Keusch und heilig habt ihr gelebt. Das Kleinod der Jungfräulichkeit habt ihr hervorgebracht, sie, die Jungfrau war vor der Geburt, bei der Geburt und nach der Geburt; sie, die einzige allzeit Jungfräuliche an Geist, Seele und Leib. JOHANNES VON DAMASKUS

JOACHIM und ANNA, Eltern Marias (erstmals im apokryphen Jakobusevangelium um 150 erwähnt); starke Verehrung mit wachsender Marienfrömmigkeit im Spätmittelalter („heilige Sippe", „Annaselbdritt"), besonders durch Karmeliten und Kapuziner gefördert; zahlreiche Anna-Wallfahrtsorte und -kirchen. – GK/G.

JULI 27

Der Evangelist sagt: „Selig, die Frieden stiften, denn sie werden Söhne Gottes genannt werden." Der Weg zu dem Wort „Söhne Gottes" geht nur über den Namen „Friedensstifter". PETRUS CHRYSOLOGUS

MAGNERICH, Bischof von Trier († 587). – Tri/g.

BERTOLD, Mönch in St. Blasien/Schwarzwald, erster Abt von Garsten bei Steyr/Oberösterreich († 1142). – Lin/G; Sal, Pöl/g.

PANTALEON, Märtyrer in Kleinasien († um 305). Im Osten verehrt als Megalomartyr „Großmärtyrer", Thaumatourgos „Wundertäter", Anargyros „unentgeltlich (helfender Arzt)"; Kult auch im Westen verbreitet.

SIEBENSCHLÄFER, syrische Legende, nach der sieben Jungen in Verfolgungszeit in Höhle geflohen, eingemauert und nach zweihundert Jahren wieder erwacht seien. Wohl seit der Barockzeit Charakter eines Lostages für das Wetter der nächsten sieben Wochen (Datum schwankend, auch am 27. 6.; im Osten 22. 10.).

JULI

Jedesmal, wenn Christus in unserem Lebensschiff schläft und die träge Ruhe in uns ihn einschlafen macht, bricht der Sturm mit der ganzen Kraft der Winde los ... Wir wollen ihn aufrütteln nicht durch Gebärden der Verzweiflung, sondern durch Werke der Barmherzigkeit; nicht mit frevelndem Murren, sondern mit beharrlichem Flehen. Wache, Mensch, wache! Wenn er uns erhört, werden sich legen die Wellen und geebnet sein die hochgehenden Wogenberge; schwinden werden die Stürme, die Winde werden sich legen, und das drohende Unwetter, auch dieses große, wird sich in größte Ruhe verwandeln. PETRUS CHRYSOLOGUS

BEATUS und BANTUS, nach der Überlieferung Brüder, Priester und Einsiedler in Trier (7. Jh.). – Tri/g.

BENNO, sel., Bischof von Osnabrück; stammte aus Schwaben, auf der Schule der Reichenau; vermittelte im Investiturstreit († 1088).

Ruf zur Entscheidung

Ein prüfender Blick. Es gibt Heilige, die gütig und ermunternd zulächeln, es gibt solche, die beunruhigend fordern, Ignatius gehört zu letzteren, die auffordern zur Entscheidung. Die innere Leidenschaft, mit der er sich vom weltlichen Kriegsdienst zum Dienst für den König Christus wendet, ist beherrscht von der klaren Ausrichtung auf das Ziel des Menschen: „Nur eines müssen wir wünschen und wählen: was uns mehr zum letzten Ziele fördert, für das wir geschaffen sind" (Fundament der Exerzitien).

Zu solcher Überlegung, zur rechten Wahl, will Ignatius auch andere Menschen führen. So schaut auch mich sein Blick an, der mich in Frage stellt, weil er mir wohl will und mich ernst nimmt, mich und das Ziel, zu dem ich gerufen bin. Er achtet meine Freiheit, schreibt mir nichts vor, sondern will helfen, daß ich zu eigener Entscheidung komme. Die Hand des Ignatius hält das Buch, aus dem seine Überlegung schöpft – aus der Heiligen Schrift und der geistlichen Tradition. Ihre Auslegung konzentriert er auf die Geschichte des Heils, eine Geschichte, in der auch mein Dienst erfordert ist. Es gilt, Gott „in allen Dingen finden zu lernen, ihn in allem zu lieben und alles in ihm". Die Liebe zu Gott drängt zur überlegenden Frage nach dem „magis", dem Mehr – wie ich Gott mehr dienen kann. Ich komme zu einer neuen Freiheit des Geistes, die von menschlicher Rücksicht unbeeinflußt ist, die offen wird gerade auch für das Gegenteil dessen, was ich gerade tue. In solcher Bereitschaft wird erst erfahren, wie unendlich groß die Liebe Gottes zum Menschen ist.

AMDG – ad maiorem Dei gloriam – zur größeren Ehre Gottes, so schreibt Ignatius über die Regel der Gesellschaft Jesu. Es gilt, die Geschichte des Heils unter den Menschen weiterzuschreiben, sich einzuordnen in die Schar derer, die entschieden dem Herrn Dienste leisten.

Bild 36
31. Juli: Ignatius von Loyola
Der Heilige schreibt die Ordensregel
Gemälde, Jusepe de Ribera (?), Rom, 1609

A·M·D·G·
Societas Iesu

JULI

29

Wenn du, Marta, in die Heimat (des ewigen Lebens) kommst, wirst du dort noch einen Pilger finden, den du als Gast aufnehmen könntest? Wirst du einen Hungrigen finden, ihm das Brot zu brechen; einen Durstigen, ihm den Becher zu reichen ...? All das gibt es dort nicht mehr. Aber was gibt es dort? Was Maria erwählte, als sie von dem reichen Tisch des Herrn Brosamen sammelte. Wollt ihr wissen, was es dort gibt? Der Herr selbst sagt es seinen Knechten: „Amen, ich sage euch: Er wird sie am Tisch Platz nehmen lassen und sie bedienen."

AUGUSTINUS

MARTA von Betanien, Schwester der Maria und des Lazarus, Freunde Jesu (Joh 11,1ff; Lk 10,38–42). – GK/G.

LADISLAUS (László) I., König von Ungarn; festigte sein vielfach bedrohtes Reich, förderte das Christentum; gründete Bistum Agram (Zagreb), betrieb die Heiligsprechung von Stephan I., Emmerich und Gerhard Sagredo († 1095).

JULI

30

O, wenn unsere Augen sehen könnten, was sich während der Messe auf dem Altar vollzieht! Unsere arme Natur könnte die Größe eines solchen Geheimnisses nicht ertragen.

LEOPOLD VON CASTELNOVO

PETRUS CHRYSOLOGUS, Bischof von Ravenna (damals kaiserliche Residenzstadt), bedeutender Prediger (Beiname „Goldredner", ähnlich wie Chrysostomus „Goldmund"), Kirchenlehrer († 450). – GK/g.

SIMPLICIUS, FAUSTINUS und BEATRIX, römische Märtyrer († um 305). – Ful/g.

INGEBORG, dänische Prinzessin, Gattin des französischen Königs Philipp August, aber nach Eheschließung von diesem verstoßen, zeitweise eingekerkert († 1237).

LEOPOLD von Castelnovo (Bogdan Mandić), Kapuziner (aus dem heutigen Jugoslawien), Beichtvater in Padua (Gabe der Herzensschau, stigmatisiert); wirkte für Einheit der Kirche († 1942; sel. g: 1976).

JULI

31

Wir sollen die Gegenwart unseres Herrn in allen Dingen suchen, im Sprechen, im Gehen, Sehen, Schmecken, Hören, Denken, überhaupt in allem, was wir tun.

IGNATIUS VON LOYOLA

IGNATIUS von Loyola, aus Nordspanien, Offizier; Bekehrung nach Verwundung, Einsamkeit auf dem Montserrat und in Manresa, aus dieser Erfahrung die „Geistlichen Übungen" (Exerzitien); Studium in Paris, die ersten Gefährten und Gründung der „Gesellschaft Jesu" (Jesuiten), an deren innerem und äußerem Aufbau er von Rom aus fast zwanzig Jahre arbeitete (Ordenssatzungen, umfangreicher Briefwechsel) († 1556). – GK/G.

GERMANUS, Bischof von Auxerre, Lehrer des hl. Patrick; bekämpfte Irrlehre des Pelagius; über seinem Grab bedeutende Abtei und Kirche († 448).

AUGUST 1

Der Haß muß durch die Liebe, die Nachstellung durch herzliche Freundlichkeit überwunden werden. So haben die Heiligen gehandelt und haben das Herz ihrer erbittertsten Gegner gewonnen. „Es gibt nichts", sagt Franz von Sales, „was die Nächsten so sehr im Heil fördert wie die liebevolle Freundlichkeit im Umgang." ALFONS VON LIGUORI

ALFONS MARIA VON LIGUORI, aus Neapel, zuerst Rechtsanwalt, dann Priester und Seelsorger; gründete Volksmissionsorden der Redemptoristen; Bischof und einflußreicher Moraltheologe (zahlreiche weitverbreitete Schriften), Kirchenlehrer († 1787). – GK/G.

PETRUS FABER, sel., aus Savoyen; schloß sich Ignatius von Loyola in Paris als erster Gefährte an; später vor allem seelsorglich tätig; gewann Petrus Kanisius für den Orden und gründete erste deutsche Jesuitenniederlassung († 1546). – Mai, Spe/g.

AUGUST

So sollen wir von unserer Seite Gesundheit nicht mehr verlangen als Krankheit, Reichtum nicht mehr als Armut, Ehre nicht mehr als Schmach; langes Leben nicht mehr als kurzes, und folgerichtig so in allen übrigen Dingen. Einzig das sollen wir ersehnen und erwählen, was uns mehr zum Ziele heimführt, auf das hin wir geschaffen sind. IGNATIUS VON LOYOLA

EUSEBIUS, Bischof von Vercelli; aus Sardinien, mutiger Kämpfer gegen arianische Irrlehre, jahrelang verbannt; führte an seiner Bischofskirche erstmals gemeinsames Leben der Geistlichen ein († 371). – GK/g.

GUNDEKAR, sel., Bischof von Eichstätt als Nachfolger Gebhards, der Papst wurde (Viktor II.); verdient um Ausbau des kirchlichen Lebens (baute über hundert Kirchen) († 1075).

AUGUST

Es ist ein Irrtum, sich zu verlassen und zu hoffen auf irgendwelche Mittel und Anstrengungen in sich allein genommen. Und es ist umgekehrt kein sicherer Weg, sich einzig auf Gott unseren Herrn zu verlassen, ohne mir helfen zu lassen von dem, was er mir gegeben hat. IGNATIUS VON LOYOLA

LYDIA, Purpurhändlerin in Philippi (Nordgriechenland), von Paulus mit ihrem ganzen Haus getauft (Apg 16,14–15).

BENNO, sel., aus Schwaben, Domherr in Straßburg, Einsiedler in Meinradszell; König Heinrich I. berief ihn zum Bischof von Metz; von Feinden des Königs geblendet, kehrte er zurück und gründete mit dem sel. Eberhard das Kloster Einsiedeln († 940).

BURCHARD, sel., erster Propst des Prämonstratenserstifts Rot an der Rot, das unter ihm zu großer Blüte gelangte; gründete später auch Stift Wilten bei Innsbruck († 1140).

Der Seelsorger

Die Gestalt eines Pfarrers, demütig geneigt und von einladender Güte. Er zieht die Menschen an, die Mühseligen und Beladenen. Sie spüren: in seinem milden Blick könnten wir heil werden. Noch in den letzten Lebensmonaten, im Jahr 1859, da seine Kräfte nachlassen und seine Stimme brüchig wird, strömen Hunderttausende zu ihm. Gewiß sieht der Pfarrer von Ars alle Nöte der Menschen: Er tauscht mit dem Bettler die Hosen, er ruft Vereine ins Leben, er gründet ein Waisenhaus und eine Schule für Mädchen. Doch sein Blick schaut vor allem die seelische Not, die Verstrickung des Geistes, die Wunden der Seele, die Leere des Herzens. Darum benennt er die Sünde, darum mahnt er zur Umkehr, darum hört er bis tief in die Nacht geduldig die Beichten der Vielen. Darum ist dieser Blick wohlwollender Liebe doch auch voll Traurigkeit, die weiß um Elend und Gottferne der Menschen, darum ist er von mahnendem Ernst: Du mußt anders werden.

Das Gesicht hat strenge Züge, nicht die des unerbittlichen Eiferers, sondern die des Mannes, der sich selbst einer ernsten Forderung unterwirft und der durch Kampf und Leid gegangen ist. Welche Kämpfe muß er bestehen, um der inneren Berufung zum Priester nachzukommen, die Qualen des 19jährigen Bauernknechts beim Lernen lateinischer Vokabeln, die Blamagen des „Dummkopfs" in Schule und Priesterseminar, die Abweisungen, die ihm, der durchhält, deutlich machen, daß keine eigene Fähigkeit und Klugheit, sondern allein Gottes Kraft und Weisheit den Priester ausmachen! Welche Kämpfe, da er für die verwahrloste und gleichgültige Gemeinde betet und fastet und Buße tut, die Nächte durchwacht oder auf Brettern schläft! Welche Kämpfe, da er die Bedrohungen der Hölle spürt, die Versuchungen und Angriffe der widergöttlichen Mächte, da er mit dem Satan um die Seelen ringen muß. Die Strenge dieses Gesichts verbannt alles Zwielicht, kommt aus einer inneren Tiefe und blickt voll Liebe und mit klarem Wissen in die Abgründe der Seele, sie will uns nicht belassen bei dem, was uns unglücklich und unzufrieden macht, sie will heilen und befreien zum strahlenden Leben mit Gott.

Bild 37
Johannes Maria Vianney
Statue, Ars, 19. Jahrhundert

AUGUST

Wir verschieben unsere Bekehrung wieder und wieder bis zum Sterben, aber wer sagt uns, daß wir dann noch Zeit und Kraft dazu haben?

JOHANNES VIANNEY

Sagt nicht, daß ihr zuviel Armseligkeit in euch tragt. Ebenso könntet ihr sagen, ihr wäret zu krank, um Arznei zu nehmen. JOHANNES VIANNEY

JOHANNES MARIA VIANNEY, aus einer Bauernfamilie bei Lyon; wegen mangelnder Schulbildung Schwierigkeiten mit dem Studium, dennoch zum Priester geweiht; kam als Pfarrer in das verwahrloste Dorf Ars, in dem er als Beter, Büßer, Seelsorger, Beichtvater trotz eigener Zweifel und dämonischer Versuchungen ein segensreiches, weit ausstrahlendes Wirken entfaltete († 1859). – GK/G.

AUGUST

Was würdet ihr von einem Menschen sagen, der das Feld seines Nachbarn bearbeitet und das eigene unbebaut liegen läßt? Genau das macht ihr! Ihr drängelt euch ständig in das Gewissen der anderen ein und laßt das eure beiseite. Wenn der Tod kommt, wird es euch leid tun, daß ihr euch soviel mit anderen beschäftigt habt und so wenig mit euch selbst! JOHANNES VIANNEY

WEIHE DER BASILIKA SANTA MARIA MAGGIORE IN ROM. Neubau der Basilika Liberiana von Sixtus III. (432–440) am 5. 8. geweiht (nach Konzil von Ephesus 431 und Verkündigung der Gottesmutterschaft Marias).

OSWALD, König von Northumbrien; eng mit dem von Kolumban gegründeten Kloster Iona verbunden, mit dessen Hilfe er die Christianisierung seines Landes betrieb; gründete Kloster Lindisfarne (auf Holy Island vor nordenglischer Ostküste) († 642). Sein Kult durch iroschottische Mönche verbreitet; einer der Vierzehn Nothelfer. – Bas, Gra/g.

AUGUST

Wir glauben, daß zwischen Christus unserem Herrn, dem Bräutigam, und der Braut, der Kirche, der gleiche Geist waltet, der uns zum Heil unserer Seelen leitet und lenkt. IGNATIUS VON LOYOLA

VERKLÄRUNG DES HERRN. Biblische Grundlage des Festes ist Mk 9,2–9 (Mt 17,1–8; Lk 9,28–36). Im Osten seit 4./5. Jh. gefeiert, seit 11. Jh. auch im Westen verbreitet, 1457 für die ganze Kirche eingeführt (auch Erinnerung an die Befreiung Belgrads vor der Türkengefahr 1456). – GK/F.

FELICISSIMUS und AGAPITUS, römische Märtyrer, Diakone des Märtyrerpapstes Xystus II. († 258); in Prätextatuskatakombe begraben. Gebeine kamen 842 nach Isarhofen, später nach Niederaltaich.

HERMANN, sel.; Jude aus Köln, getauft, Prämonstratenser in Cappenberg, Propst im Kloster Scheda bei Fröndenberg († 1173).

AUGUST 7

Ich sehe Christus arm und mich reich, ihn verachtet und mich geehrt. Ich will ihm einen Schritt näherkommen und habe deshalb beschlossen, alles aufzugeben, was ich noch an zeitlichen Gütern besitze. KAJETAN

XYSTUS II., Papst; bei Gottesdienst in der Callistuskatakombe überfallen und enthauptet († 258). – GK/g.

KAJETAN von Tiene; wirkte als Priester für Klerus- und Kirchenreform; mit Bischof Caraffa aus Theate (Chieti) Gründer der Priesterkongregation der Theatiner († 1547). Patron des Kurfürstentums Bayern (Theatinerkirche in München). – GK/g.

AFRA, Märtyrin in Augsburg († um 304). – Aug/H (Diözesanpatronin); Mün/g.

JULIANA von Lüttich, Augustiner-Chorfrau; setzte sich für Fronleichnamsfest ein, das 1246 in Lüttich, 1264 in der ganzen Kirche eingeführt wurde († 1258). – Lüt/g.

AUGUST

(Aus einer Anweisung an die Ordensnovizen:) Wenn Sie etwas geschehen sehen, was Ihnen schlecht erscheint, mögen Sie sich fragen, ob es nicht doch gut oder zumindest in einer guten Absicht getan ist, denn des Menschen Urteilskraft unterliegt oft dem Irrtum. DOMINIKUS

DOMINIKUS, aus Caleruega in Kastilien; lernte in Südfrankreich häretische Bewegung der Albigenser und Waldenser kennen; gründete zur Unterweisung des Volkes und Bekehrung der Irrlehrer Orden von Predigerbrüdern mit apostolischer Armut und Wanderpredigt (neu in der Ordensregel die Verpflichtung zu gründlichem Studium), für dessen rasche Ausbreitung er in tiefer Frömmigkeit, Klugheit und Energie wirkte († 1221). – GK/G.

CYRIACUS, Diakon, römischer Märtyrer († um 305). Reliquien in Neuhausen (bei Worms), Altkirch/Elsaß, Bamberg; große Verehrung im rheinischen Raum, einer der Vierzehn Nothelfer.

AUGUST

Der am Ölberg in blutigem Angstschweiß rang, / mit dem Vater in heißem Flehen, / er ist es, dem der Sieg gelang, / da entschied sich das Weltgeschehen. / Dort fallet nieder / und betet an, / und fragt nicht mehr: / Wer? Wie? Wo? Wann? EDITH STEIN

ALTMANN, Bischof von Passau; im Investiturstreit auf päpstlicher Seite; unterstützte gregorianische Reform (gründete bzw. reformierte Stifte St. Nikola, Göttweig, St. Florian, Melk, St. Pölten) († 1091). – Lin, Pas, Pöl/G; Wie/g.

EDITH STEIN, aus einer jüdischen Familie in Breslau, hochbegabte Schülerin des Philosophen Husserl, nach Konversion als Lehrerin und Dozentin tätig, 1933 Eintritt in Kölner Karmel; wegen Judenverfolgung 1938 in Karmel Echt/Holland, dort 1942 von SS verhaftet und in Auschwitz vergast († 1942; sel. g: 1987).

Licht an einem finsteren Ort

Der zweite Petrusbrief spricht von einem „Licht, das an einem finsteren Ort scheint", im Hinblick auf das Wort des Propheten und die Verklärung Jesu auf dem Berg. Nachdem Jesus seine finstere Zukunft in Jerusalem und die Notwendigkeit der Kreuzesnachfolge seinen Jüngern eröffnet hatte, nahm er drei mit sich auf den hohen Berg. Auf der Ikone können wir mit diesen Jüngern dem aufwärtsweisenden Herrn auf dem steilen Weg folgen. Auf dem Berg erfahren sie, was Heiligkeit, Nähe Gottes ist: Verwandlung durch die Herrlichkeit Gottes. Jesus, ihr irdischer Gefährte, leuchtet im Kreis der dunklen Wolke der Gegenwart Gottes strahlend auf.

Heiligkeit ist aber nie Isolation, weil Gott ein Gott der Gemeinschaft ist: Die beiden großen Zeugen der Heiligkeit und Einzigkeit Gottes, Mose (und damit das „Gesetz", der Bundesschluß, die Weisungen Gottes) und Elija (und damit die „Propheten", die Erneuerung und Zukunft des Bundes), treten in den Umkreis Jesu. Sie stehen auf ihrem Berg, denn auch sie haben die umwandelnde Gegenwart Gottes auf dem Berg erfahren. Sie zeigen ehrfürchtig auf Jesus – nach dem Bericht der Evangelisten sind sie mit Jesus im Gespräch: Er selber empfängt aus ihrem Weg und aus ihrer Verheißung die letzte Klarheit für seinen dunklen Weg durch Leiden und Kreuz zur Herrlichkeit.

Vor allem aber fällt für die Jünger aus dem Wort der Propheten Licht auf das Schicksal Jesu. Und so vernehmen sie die überwältigende Stimme Gottes, daß dieser Jesus sein erwählter Sohn ist. Glanz der Erscheinung, Gewalt der Stimme lassen sie zu Boden stürzen, gänzlich umgedreht werden oder zumindest wie Petrus auf der linken Seite demütig mit Hand und Knie den Boden berühren. Dann freilich wird Jesus zu ihnen treten, sie aus ihrem Bann und ihrer Furcht lösen und sie hinab ins Tal der irdischen Wege geleiten. Die Erfahrung der Heiligkeit Gottes kann man nicht zurückholen oder laut bereden, aber im Herzen bewahren als Licht, das den finsteren Weg erhellt.

Bild 38
6. August: Verklärung des Herrn
Der Verklärte mit Mose und Elija
Ikone, Rußland, 15. Jahrhundert

AUGUST

10

Es hat mir immer sehr fern gelegen, zu denken, daß Gottes Barmherzigkeit sich an die Grenzen der sichtbaren Kirche binde. Gott ist die Wahrheit. Wer die Wahrheit sucht, der sucht Gott, ob es ihm klar ist oder nicht.

EDITH STEIN

LAURENTIUS, Diakon Papst Xystus' II., Märtyrer in Rom († 258); schon Anfang des 4. Jh. einer der berühmtesten römischen Märtyrer, über seinem Grab bereits unter Konstantin Basilika errichtet (S. Lorenzo fuori le mura, später eine der sieben Hauptkirchen Roms), im ganzen Abendland verehrt. – GK/F.

PLEKTRUDIS, Gemahlin Pippins d. M., nach dessen Tod sie sich gegenüber Karl Martell, dem unehelichen Sohn Pippins, nicht durchsetzen konnte; von ihr das Kölner Stift Maria im Kapitol gegründet, in dem sie vermutlich zuletzt lebte († um 725).

AUGUST

11

Ich mahne inständig im Herrn Jesus Christus alle meine Schwestern, die gegenwärtigen und die kommenden, sich immer zu bemühen, den Weg heiliger Einfalt, Demut und Armut nachzugehen ... So wurden wir seit dem Anfang unserer Bekehrung zu Christus von unserem seligen Vater Franziskus belehrt.

KLARA VON ASSISI, TESTAMENT

KLARA, aus reichem Adelsgeschlecht, von Franziskus für das Armutsideal gewonnen, erhielt mit achtzehn Jahren von ihm das Ordensgewand im Portiunkulakirchlein, ließ sich mit ihrer Schwester Agnes und weiteren Gefährtinnen in San Damiano bei Assisi nieder und wurde zur Begründerin des Klarissenordens († 1253). – GK/G.

SCHETZEL, Einsiedler bei Luxemburg († 1138/39). – Lux/g.

SUSANNA von Rom; ihr Kult mit Kirche bei Diokletiansthermen verknüpft (darum wohl Stifterin der Kirche; in späterer legendärer Überlieferung Märtyrin).

AUGUST

12

Später schrieb er (Franziskus) uns die Weise zu leben nieder und betonte am meisten, daß wir immer in der heiligen Armut verharren sollten. Und er war nicht damit zufrieden, uns zu seinen Lebzeiten durch viele Predigten und Beispiele der Liebe und Beobachtung der heiligsten Armut zu ermuntern; vielmehr übergab er uns auch mehrere Schreiben, damit wir nach seinem Tode in keiner Weise von ihr abwichen.

KLARA VON ASSISI, TESTAMENT

RADEGUNDIS, Tochter eines Thüringerkönigs; kam als Geisel ins Frankenreich, zur Ehe mit König Chlothar I. gezwungen; floh nach Ermordung ihres Bruders durch den König zu Bischof Medard von Noyon, wurde Nonne und gründete Kloster in Poitiers (als sie vom oströmischen Kaiser Justin II. eine Kreuzreliquie geschenkt erhielt, dichtete der Klostergeistliche Venantius Fortunatus seine berühmten Kreuzhymnen „Pange lingua" und „Vexilla regis"); starb in Poitiers († 587). – Ful/g.

Besser und nützlicher ist es, ein einfacher und ungelehrter Mensch zu sein, der durch die Liebe sich Gott nähert, als ein Vielwisser, der zum Lästerer an seinem Gott wird. IRENÄUS VON LYON

AUGUST

13

PONTIANUS und HIPPOLYT. Hippolyt war Schüler des Irenäus, Kirchenschriftsteller, in einflußreicher Stellung in Rom; wurde erster Gegenpapst, bis der römische Kaiser Papst Pontianus und Hippolyt zur Zwangsarbeit nach Sardinien verurteilte, wo beide sich versöhnten († 235). Als Märtyrer verehrt. – GK/g (Pöl/H, Hippolyt Diözesanpatron).

KASSIAN, Märtyrer in Imola († um 305). Nach der Legende erster Bischof von Säben, darum Diözesanpatron von Bozen-Brixen.

WIGBERT, Angelsachse, folgte dem Ruf des hl. Bonifatius, wurde Abt des Klosters Fritzlar († 737/738). – Ful/g.

GERTRUD, sel., jüngste Tochter der hl. Elisabeth, Prämonstratenserin in Altenberg bei Wetzlar († 1297). – Lim, Tri/g.

Wenn Gott es gut findet, daß es so ist wie am Ölberg, daß unsere Bitte nicht erhört wird und wir den Kelch bis zur Neige trinken müssen, dann wollen wir nicht vergessen, daß Jesus nicht nur gelitten hat, sondern danach auch in Herrlichkeit auferstanden ist. MAXIMILIAN KOLBE

AUGUST

14

MAXIMILIAN MARIA KOLBE, aus Polen; ging in Lwów (Lemberg) zu den Franziskanern, Studium in Rom; gründete eine marianische Gebetsgemeinschaft mit Presseapostolat, dessen Zentrum das Kloster Niepokalanów wurde; mehrjährige Mission in Japan; im Krieg verhaftet, kam ins KZ Auschwitz, wo er stellvertretend für ein Geiselopfer im Hungerbunker starb († 1941; hl.g: 1982). – RK/G.

WERENFRIED, Angelsachse, mit Willibrord Friesenmissionar († um 760).

EBERHARD, sel.; Gründerabt des Klosters Einsiedeln († 958).

MEINHARD, Augustiner-Chorherr in Segeberg/Holstein, Missionsbischof in Livland († 1196); Gebeine im Dom von Riga.

Herr, sähe ich dich unter Tausenden, ich erkennte dich wohl.
MECHTHILD VON MAGDEBURG

Du leuchtest in meiner Seele wie die Sonne auf dem Golde.
MECHTHILD VON MAGDEBURG

AUGUST

15

MARIÄ AUFNAHME IN DEN HIMMEL. Seit Mitte 5. Jh. im Osten Marienfest an diesem Tag („Heimgang" oder „Entschlafung"); im Westen seit 7. Jh. als leibliche Aufnahme in den Himmel (volkstümlich „Mariä Himmelfahrt") gefeiert. – GK/H.

TARSICIUS, wurde in Rom zum Märtyrer, als er Kranken die Eucharistie bringen wollte (3. Jh.).

RUPERT, sel., Abt von Ottobeuren; führte Hirsauer Reform ein († 1145).

MECHTHILD von Magdeburg, Begine nach der Dominikusregel, bedeutende Mystikerin; lebte zuletzt in Helfta (bei Eisleben), einem Zentrum der zisterziensischen Frauenmystik († 1282 oder 1294).

Gefährtin

Klar und leuchtend steht sie vor uns, wie ihr Name verheißt, gemäß dem Wort an die schwangere Mutter, ihr Kind werde mit seinem Glanz die arme Welt erleuchten. Ihr Licht ist die strenge Armut, ist der einfache Strick, der ihre Geradheit betont; der Glanz, auf den ihre Hand weist, ist das Kreuz. So frei und selbständig sie dasteht, in ihrer Liebe zur Armut, zum Gekreuzigten ist sie auch ganz Gefährtin, ergriffen von der hinreißenden Gestalt des zwölf Jahre älteren Franz, von ihm liebevoll geführt und brüderlich begleitet. Auch nach seinem Tod 1226 bleibt sie noch siebenundzwanzig Jahre seine Gefährtin, seinem Geist verpflichtet, in dieser Gebundenheit wahrhaft frei, in dieser Verbundenheit ganz sie selbst.

Von unten links nach oben und rechts nach unten wandernd, erhellt die Bildfolge ihre Lebensgestalt. Die Bilder der linken und rechten Seite scheinen einander zu entsprechen: Auf der untersten Ebene bekräftigt das Amt der Kirche Anfang und Ende ihres Weges; der Bischof von Assisi reicht ihr den Palmzweig; Papst Innozenz IV. bestätigt an ihrem Sterbebett 1253 ihre Regel. Auf der zweiten Stufe wird deutlich, wie ihr Leben geprägt ist von der Begegnung mit Heiligen: Am Palmsonntag 1212 flieht sie zu Franziskus, als Sterbenskranke wird sie von einer Erscheinung Marias gestärkt. Die nächste Stufe zeigt das klösterliche Leben in Armut: Franz schneidet ihr das schöne Haar ab und kleidet sie ein in das Gewand aus Sackleinwand; später in San Damiano, in dessen Gärtchen Franz den Sonnengesang dichtete, teilt sie mit ihren Gefährtinnen das Leben der Entsagung in Frieden und Freude. Auf der obersten Ebene wird deutlich, daß solches Leben nur in Kampf und Scheidung erreichbar ist: Klara klammert sich an den Altar, als ihre Verwandten sie aus dem Kloster, in dem Franz sie verborgen hatte, zurückholen wollen; als die Schwester Agnes ihrem Beispiel folgt, kann sie auch diese vor der Gewalt der Familie schützen. Stärker als alle natürlichen Bande ist die Gefährtenschaft in der Liebe Christi.

Bild 39
11. August: Klara von Assisi
Die Heilige und Szenen aus ihrem Leben
Tafelbild, Cimabue (zugeschrieben), um 1283

AUGUST

16

(Aus einem Mahnschreiben an seinen Sohn:) Sei stark, damit das Glück dich nicht übermütig und das Unglück dich nicht niedergeschlagen macht. Sei gütig, damit du niemals der Gerechtigkeit widerstreitest. Sei edel und kränke keinen unbedacht. STEPHAN VON UNGARN

STEPHAN I., König von Ungarn; schuf geeintes Reich, gab ihm kirchliche Organisation im Anschluß an westliche Kirche († 1038). – GK/g.

THEODOR (Theodul), erster bekannter Bischof im Wallis, Sitz in Octodurus (Martigny) († um 380); Gebeine wohl im 6. Jh. nach Sitten. – Sit/H (Diözesanpatron); Bas, Chu, Gal/g.

ALTFRID, Bischof von Hildesheim; gründete Stift Essen († 874). – Ess/F. G; Hil/g.

ROCHUS, lebte nach Legende im 14. Jh., pilgerte nach Rom, pflegte Pestkranke; fand, selbst erkrankt, wunderbare Heilung; Gebeine 1485 nach Venedig; der bekannteste Pestpatron. – Ful, Gör, Mai/g.

AUGUST

17

Möge unser Herz ganz weit und aufnahmefähig werden, damit es nicht, von Engherzigkeit und Kleinmut zusammengepreßt, von der stürmischen Brandung des Zorns überflutet werde – so daß wir nicht mehr mit dem Propheten sprechen könnten: „Ich lief den Weg deiner Gebote, da du mir weit machtest mein Herz.“ Denn Weitherzigkeit ist Weisheit, so lehrt uns die Schrift: „Ein weitherziger Mann ist stark in der Weisheit, ein engherziger aber ist töricht.“

JOHANNES CASSIAN

HYAZINTH von Polen; lernte auf Romreise Dominikus kennen, trat mit Ceslaus in den Dominikanerorden ein, gründete Niederlassungen in Friesach (Kärnten), Krakau, Kiew, Danzig und schuf die polnische Ordensprovinz († 1257). Grab in Krakau. – Gör/G; Ber, Gur/g.

AUGUST

18

Ein und derselbe ist für uns zum Gotteslamm, ein und derselbe zum Priester geworden. Sein Leib ist Opferspeise, sein Blut ist Opfertrank. Gebenedeit sei das neue Opfer! Vom Himmel hernieder stieg er als Licht und aus Maria als Sproß. Vom Kreuz fiel er herab als Frucht. Zum Himmel stieg er empor als Erstling, gebenedeit sei sein Wille! EPHRÄM DER SYRER

HELENA, Gastwirtstochter, Geliebte des späteren Kaisers Konstantius Chlorus, Mutter Konstantins; wurde nach dessen Herrschaftsübernahme Christin und zur Augusta (Kaiserin) erhoben; sehr mildtätig; wirkte am Bau vieler Kirchen mit; Wallfahrt ins Heilige Land; nach alter Überlieferung durch sie Auffindung des Heiligen Kreuzes in Jerusalem sowie Überführung des Heiligen Rocks nach Trier († 330). – Lim, Tri/g.

AUGUST 19

Sei eins mit Jesus wie die Glieder mit dem Haupt. Darum mußt du einen Geist mit ihm haben, eine Seele, ein Leben, einen Willen, eine Absicht, ein Herz.

JOHANNES EUDES

JOHANNES EUDES, aus der Normandie, Oratorianer in Paris, erfolgreicher Prediger und Volksmissionar; gründete „Kongregation von Jesus und Maria" (Eudisten) für Volksmission und Leitung von Priesterseminaren; großer Herz-Jesu-Verehrer und Erneuerer des religiösen Lebens in Frankreich im 17. Jh. († 1680). – GK/g.

SEBALD, Einsiedler bei Nürnberg; Lebensumstände unklar (8. Jh.?). Seit dem 11. Jh. verehrt, Patron Nürnbergs. – Bam/G; Eich/g.

EZEQUIEL MORENO Y DIAS, aus Nordspanien, Augustiner-Eremit, zuerst Missionar auf den Philippinen, dann nach Kolumbien, Bischof von Pasto; trug zur Beendigung des Bürgerkriegs bei († 1906; sel.g: 1975).

AUGUST 20

Das ist meine höchste, meine wesentlichste Philosophie: Jesus kennen, und zwar als Gekreuzigten.

BERNHARD VON CLAIRVAUX

BERNHARD von Clairvaux, aus burgundischem Adel, Abt von Clairvaux; gründete zahlreiche Zisterzienserklöster; überragende Persönlichkeit, „ungekrönter Papst und Kaiser seines Jahrhunderts"; zahlreiche Schriften, von monastischer Theologie und tiefer Christusmystik geprägt; Kirchenlehrer († 1153). – GK/G.

PHILIBERT, Abt von Jumièges (bei Rouen) und Noirmoutier (bei Nantes), bedeutende Rolle im Frankenreich († 685). Gebeine vor den Normannen mehrfach übertragen, zuletzt nach Tournus (Burgund), dadurch Kult weit verbreitet.

BURCHARD, Bischof von Worms; baute kirchliches Leben wieder auf, Sammlung kirchenrechtlicher Vorschriften († 1025).

AUGUST

Je mehr der Mensch über Christus nachdenkt und liest, je mehr er zu ihm betet und ihm gehorcht, desto vertrauter wird er mit ihm, und ganz allmählich leuchtet ihm Gott spürbar auf. Die Folge ist, daß er immer mehr Geschmack an Gott findet.

BERNHARD VON CLAIRVAUX

Wenn ihr den Herrn, den ihr tragt, vor Augen habt, werdet ihr bestimmt beim Anblick seiner Ängste eure eigenen Ängste leichter tragen.

BERNHARD VON CLAIRVAUX

PIUS X., aus Bauernfamilie in Riese (Treviso), Priester, Bischof von Mantua, Patriarch von Venedig, 1903 Papst; großes seelsorgliches Reformwirken, nicht unumstritten sein Einschreiten gegen Modernismus († 1914; hl.g: 1954). – GK/G.

Lobpreis im Inferno

Heiligkeit in unserem Jahrhundert, in „einer Zeit des Hasses und brutaler Rücksichtslosigkeit" (Karol Wojtyła), im Inferno der Vernichtungslager, angesichts wortlosen, nicht mehr vorstellbaren Entsetzens – wie sollte man sie noch darstellen können?

Schlichte Volkskunst einer polnischen Holzplastik stellt sie vor uns hin: das Konzentrationslager, das den Menschen entwürdigt, zum bloßen Objekt einengt hinter Stacheldraht als dem zeitgemäßen Rahmen um den Heiligen, der Hungerbunker, der zum unausweichlichen Sterben in grauenvollem Dunkel festlegt und doch den Heiligen wie ein Gehäuse umgibt, aus dem seine aufrechte Haltung uns Vorbild wird. Aus dem Todesdraht windet sich der Nimbus, der sein Haupt umgibt; übergroß spiegelt er die Größe des Leidens und Schreckens wider und zugleich die Größe der Nähe Gottes. Der Eingekettete hält sich mit seinen Händen an die freigewählte, die sein Leben lang geliebte Kette, die des Rosenkranzes, und so ist ihm im Mitfühlen mit Maria das Innerste der Heilsgeschichte gegenwärtig: das Eintreten Gottes in diese unsere Welt, sein Leiden und sein Zerbrechen an ihr, die Überwindung ihres Todes und ihre Verwandlung in Herrlichkeit.

Außerhalb aber steht die widergöttliche, menschenfeindliche Macht: der Wachhund, die in Dienst genommene und darum mit dem pervertierten, dem eisernen Kreuz dekorierte Bestie, und der Scherge in der adretten und sauberen SS-Uniform. Er steht nur unverrückbar da, ohne besondere Bösartigkeit, Exponent des Apparates, der den Tod verwaltet und den unerschrockenen Künder des Lebens beseitigen muß. Er steht freilich auch da als Zeuge, als kalter, aber doch wohl staunender Zeuge: daß da, wo sonst nur Angst, stumpfe Gleichgültigkeit und triebhafte Selbstbehauptung ist, einer vortritt, um sein Leben anzubieten für einen anderen; daß im Hungerbunker, aus dem man sonst nur haßerfüllte Verwünschungen, wütendes Dagegentrommeln, klagendes Weinen und Schreie der Verzweiflung hört, nun tagelang Beten und Singen aufklingt, die Melodie des Heiligen, die auch die Gefährten im Inferno verwandelt.

Bild 40
14. August: Maximilian Kolbe
Der Heilige im Konzentrationslager
Holzplastik, Polnische Volkskunst

Ojciec Maksymilian Maria
Kolbe
UMARŁ ŚMIERCIĄ GŁODOWĄ
Z RÓŻAŃCEM Z CHLEBA
DN 14 VIII 1941 r.

AUGUST

Der Grund, weshalb wir Gott lieben sollen, ist ganz einfach Gott. Seine Liebe bereitet unsere Liebe vor und belohnt sie. Er als der Gütigere kommt uns zuvor, als der Gerechtere belohnt er uns; als der Köstlichere läßt er uns auf sich warten. Er ist reich für alle, die zu ihm rufen, und doch hat er nichts Besseres als sich selbst. BERNHARD VON CLAIRVAUX

MARIA KÖNIGIN. Obwohl Titel „Königin (der Engel und Heiligen)" in unzähligen Mariengebeten seit Jahrhunderten verwendet, kam Festfeier erst im 19. Jh. auf; von Pius XII. (zum Abschluß des Marianischen Jahres 1954) auf die ganze Kirche ausgedehnt (31. Mai; durch nachkonziliare Kalenderreform auf Oktavtag vom 15. 8. gelegt). – GK/G.

SIEGFRIED, Abt von Wearmouth bei Newcastle (Nordengland) († 689/690).

PHILIPPUS BENITIUS, aus Florenz, Generalsuperior und „zweiter Gründer" des Servitenordens († 1285).

AUGUST

Der Herr und Heiland sprach: ‚Alle sollen wissen, daß auf die Anfechtung die Gnade folgt; sie sollen einsehen, daß die Größe der Gnadengaben in dem gleichen Maß wächst, wie die Mühsale zunehmen; sie sollen erkennen, daß wir ohne die Last der Bedrängnis nicht zum Gipfel der Gnade gelangen können. Das ist die einzige Leiter zum Paradies, ohne Kreuz findet niemand den Aufstieg zum Himmel.' Als ich diese Worte hörte, kam ein heftiges Verlangen über mich, allen zuzurufen: Wenn doch die Sterblichen erkennen wollten, wie erhaben die Gnade Gottes ist! Keiner würde sich über Kreuz und Mühe beklagen, wenn er die Waage erkennen würde, auf der sie den Menschen zugewogen werden kann. ROSA VON LIMA

ROSA von Lima, Dominikanerterziarin; von jugendlicher Heiterkeit, viele Leiden, außerordentliche mystische Begnadung; starb 31jährig in Lima/Peru. – GK/g.

AUGUST

Altvater Moses fragte den Altvater Silvanos: „Kann der Mensch täglich einen neuen Anfang machen?" Der Greis antwortete: „Wenn er ein Arbeiter ist, kann er sogar jede Stunde einen Anfang machen!"

WORTE DER MÖNCHSVÄTER

BARTHOLOMÄUS, nur in Apostellisten genannt, wahrscheinlich Beiname des Natanael; erlitt nach der Überlieferung Martyrium durch Schindung (Abziehen der Haut, persische Todesstrafe). Verbreitete Verehrung, zahlreiche Patronate (besonders Handwerksberufe). – GK/F.

SANDRAD, Mönch in Trier; ein führender Vertreter der trierisch-lothringischen Klosterreform; Abt in (Mönchen-)Gladbach, Weißenburg/Elsaß, vielleicht auch Ellwangen († um 986).

JEANNE-ANTIDE THOURET, gründete in Besançon Orden zur Mädchenerziehung („Töchter der Liebe", Graue Nonnen), der sich über Frankreich hinaus ausbreitete († 1826). – (In Lau/G.g am 4. 9.).

AUGUST 25

Junge Menschen kann der Erzieher leicht dahin führen, wohin er ihren Geist führen möchte; wenn wir sie erst verhärten lassen, wird die Möglichkeit, sie zu biegen, stark verringert oder manchmal ganz aufgehoben. Wenn wir den Kindern, besonders den armen, eine passende Erziehung geben, wird ihre menschliche Würde vermehrt. JOSEPH VON CALAZANZ

LUDWIG IX., König von Frankreich; galt als Idealgestalt eines christlichen Herrschers; unternahm den siebten Kreuzzug 1248–1254; baute für die Dornenkrone Jesu und andere Reliquien St-Chapelle in Paris; starb bei späterem Kreuzzug an einer Seuche vor Tunis († 1270). – GK/g.

JOSEPH von Calasanz, aus Nordspanien; widmete sich in Rom dem Unterricht armer Kinder, gründete 1597 die erste öffentliche unentgeltliche Volksschule sowie den Schulorden der Piaristen; erlitt viele Anfeindungen und Verleumdungen († 1648). – GK/g.

AUGUST 26

Auf den Weg des Glaubens gelangt, wollen wir beharrlich auf ihm bleiben, er wird uns ins Königsgemach führen, in dem alle Schätze der Weisheit und Wissenschaft verborgen sind. Wir müssen uns bewegen, unterwegs sein, wachsen, damit unser Herz dessen fähig wird, was wir jetzt nicht fassen können. Wenn uns dann der letzte Tag auf dem Weg findet, werden wir dort erfahren, was uns hier versagt war. AUGUSTINUS

GREGOR von Pfalzel (bei Trier), Schüler des hl. Bonifatius, Abt in Utrecht; führte die Domschule zu großer Blüte († um 777). – Tri/g.

THERESIA von Jesus (Teresa Jornet y Ibars), aus Katalonien, Klarissin; gründete „Institut der Kleinen Schwestern für die verlassenen Greise" († 1897; hl. g: 1974).

AUGUST

Da sagte meine Mutter: Mein Sohn, was mich angeht, so lockt mich jetzt nichts mehr am irdischen Leben. Ein einziges war es, weshalb ich noch eine Zeit in dieser Welt zu leben wünschte: daß ich dich als katholischen Christen sähe, bevor ich stürbe. Das hat mein Gott mir überreich gewährt. Was also tu ich noch hier? AUGUSTINUS

MONIKA, aus Tagaste in Numidien/Nordafrika, Mutter des hl. Augustinus, an dessen Lebensweg und Bekehrung sie großen Anteil hatte († 387). – GK/G.

GEBHARD, aus dem Geschlecht der Grafen von Bregenz, Bischof von Konstanz; stiftete Abtei Petershausen († 995). – Fel/H (Diözesanpatron), Frei/g (in RK mit Konrad von Konstanz am 26. 11.).

CÄSARIUS, Erzbischof von Arles; großer Seelsorger und Prediger (einflußreiche Homilien); berief mehrere Reformsynoden (darunter Konzil von Orange gegen Semipelagianismus) († 542).

Aufleuchten der Wahrheit

Groß stand Augustinus vor den Menschen vor allem des frühen Mittelalters wie auf dem Fresko des 12. Jahrhunderts, maßgebende Autorität in allen Fragen der Theologie und der Spiritualität. Geheimnisvoll steht er auch vor uns. Denn sein Leben, sein Denken, sein Predigen kreisen um das ewige unauslotbare Geheimnis, nach dessen Ruhe sein unruhiges Herz stets auf der Suche ist. Maßstab und Leitbild ist er gerade für Menschen unruhiger Zeiten wie der unsrigen in seinem Suchen.

Sein leidenschaftliches Suchen ist existentielle Erfahrung, persönliches Angerufensein und Hinordnung auf das Bleibende, Objektive. So kann er in seinen ,Confessiones' seine Verfehlungen und seine Irrwege in Manichäismus und Skepsis bekennen und uns mitnehmen in die Bewegung der Umkehr, der Hinwendung zu einer bleibenden Wahrheit, wie sie in den Ideen Platons aufleuchtet, und zur personalen Wahrheit, die begegnet in Jesus Christus. So kann er in dieser großen Autobiographie die gnadenvolle Führung in seinem Leben lobpreisen (die andere Bedeutung von ,confessio') und in ihren letzten drei Büchern die Tiefe seines Selbst aussagen, den Ursprung von allem, indem er den Schöpfungsbericht auslegt, den Anfang, das ,in principio' des Werdens, das sich in der Ruhe des siebten Tags, des ewigen Sabbats, vollendet.

Seit seiner Weihe zum Bischof von Hippo 396 ist seine Suche nach Gott immer auch Gespräch mit den Menschen, Auseinandersetzung mit Auffassungen und Irrtümern der Zeit, ist zugleich sein Predigen und Lehren, das in der sorgsam zeigenden Hand zum Ausdruck kommt, nichts anderes als Anteilgeben an seiner eigenen Suche nach Wahrheit. So nehmen wir teil an seinem Herantasten an die Dreifaltigkeit, die sich in unserer Seele widerspiegelt, an seinem Ringen um den Sinn der Geschichte (Gottesstaat) und, etwa in den Psalmenauslegungen, an seinem Beten, an seinem Staunen darüber, daß „die Stimme der Wahrheit nicht schweigt".

Bild 41
28. August: Augustinus
Fresko, St-Sernin in Toulouse, 12. Jahrhundert

AUGUST

Gott, laß mich mich erkennen, daß ich dich erkenne. AUGUSTINUS

Du hast unser Herz mit deiner Liebe getroffen, und wie Pfeile, die im Herzen haften, tragen wir deine Worte in uns. AUGUSTINUS

AUGUSTINUS, aus Nordafrika, Lehrer und Rhetorikprofessor in seiner Heimat Tagaste, dann Karthago, Rom, Mailand; nach jahrelangem unbefriedigtem Suchen Bekehrung (u.a. durch seine Mutter Monika und Ambrosius beeinflußt); wurde Priester und Bischof von Hippo (im heutigen Algerien). Überragende geistig-religiöse Führergestalt, deren umfangreiches Schrifttum die Philosophie, Theologie und Mystik der Jahrhunderte immer wieder neu befruchtete; Kirchenlehrer im tiefsten Sinne des Wortes; starb während der Belagerung Hippos durch die Vandalen († 430). – GK/G.

ELMAR, Bischof und Glaubensbote in der Gegend von Lüttich (7./8. Jh.).

AUGUST

Der Verfolger verlangte von Johannes nicht, Christus zu verleugnen, sondern die Wahrheit zu verschweigen. Dennoch ist er für Christus gestorben, hat Christus doch gesagt: „Ich bin die Wahrheit", und so vergoß Johannes sein Blut für Christus, weil er es für die Wahrheit vergoß. Er wird in das Dunkel des Kerkers eingeschlossen, er, der gekommen ist, um Zeugnis abzulegen vom Licht, und den Christus – das Licht selbst – eine brennende und leuchtende Lampe genannt hat. In seinem eigenen Blut wird der getauft, der den Erlöser der Welt taufen durfte. BEDA VENERABILIS

ENTHAUPTUNG JOHANNES' DES TÄUFERS. Der zweite Gedenktag (nach Geburtsfest am 24.6.) ursprünglich ein Kirchweihfest (der Johanneskirche in Samaria). – GK/G.

AUGUST

Von Maria strömt ein Meer göttlicher Gaben. Wer ist jemals, krank oder traurig, von ihr gegangen, ohne der himmlischen Geheimnisse innezuwerden? Wer kam nicht nach Hause, froh und glücklich, von der Mutter des Herrn erlangt zu haben, was er erbat? AMADEUS VON LAUSANNE

HERIBERT, Erzbischof von Köln; Freund und Berater Kaiser Ottos III.; legte unter dessen Nachfolger Heinrich II. sein Kanzleramt nieder; gründete Abtei Deutz († 1021). – Köl/G.

GUARINUS, Bischof von Sitten, vorher Benediktiner und Abt, der mit dem ganzen Konvent zum strengeren Zisterzienserorden übertrat († 1150). – Sit/G.

AMADEUS, Zisterzienser in Clairvaux, Abt von Hautecombe, Bischof von Lausanne († 1159). – Lau/G.

Was bist du mir? Ich selbst, was bin ich dir, daß du von mir geliebt zu werden wünschest? Sag mir um deiner Erbarmung willen, Herr, mein Gott, was du mir bist? Sprich zu meiner Seele: Ich bin dein Heil! AUGUSTINUS

AUGUST

31

PAULINUS, Bischof von Trier; mutiger Verteidiger Athanasius' gegen die Arianer, deswegen vom Kaiser nach Phrygien/Kleinasien verbannt; dort nach vielen Entbehrungen gestorben († 358). – RK/g.

WALA, Vetter Karls d. Gr., Mönch in Corbie; gründete mit seinem Bruder Adalhard Korvey an der Weser, dort Abt, später in Bobbio († 836).

RAIMUNDUS NONNATUS, Katalane; trat in Barcelona dem 1218 von Petrus Nolaskus gegründeten Mercedarierorden bei; wirkte für den Loskauf christlicher Gefangener in Afrika und nahm selbst qualvolle Geiselhaft auf sich († 1240).

Was sind wir doch für Menschen: Wenn Gott schenkt, wollen wir empfangen; wenn er aber bittet, wollen wir nicht geben! CÄSARIUS VON ARLES

SEPTEMBER

1

PELAGIUS, Märtyrer in Istrien (3. Jh.); Reliquien kamen nach Konstanz (Mitpatron des Münsters und Bistums). – Frei/g.

VERENA von Zurzach; soll aus Ägypten über Mailand und Solothurn in den Aargau gekommen sein; verbreitete das Christentum unter den Alemannen (4. Jh.). In der Schweiz sehr verehrt. – Frei, Bas/g.

ÄGIDIUS, Einsiedler in der Provence; gründete das nach ihm benannte Kloster St-Gilles († 721); auch im deutschen Sprachraum verehrt (zahlreiche Ortsnamen mit Gill-, Ilg-), einer der Vierzehn Nothelfer. – Gra/g (Patron von Graz und der Steiermark).

BRONISLAWA, sel., Prämonstratenserin in Zwierzyniec bei Krakau († 1259). – Gör/g.

(Christus spricht:) Das Fundament der Kirche ist der Glaube, daß ich ein gerechter und barmherziger Richter bin. Jetzt ist aber das Fundament untergraben, weil alle an meine Barmherzigkeit glauben und sie verkündigen, niemand aber verkündigt oder glaubt, daß ich der gerecht Urteilende bin.

BIRGITTA VON SCHWEDEN

SEPTEMBER

NONNOSUS, Mönch und Abt des Klosters auf dem Soracte (bei Rom) († um 560). Reliquien im 11. Jh. nach Freising. – Mün/g.

APOLLINARIS MOREL, sel., Kapuziner aus der Schweiz, in Paris während der Französischen Revolution hingerichtet († 1792; sel.g: 1926 zusammen mit 191 Pariser Märtyrern). – Lau/G (Kanton Fribourg); Bas, Chu, Lau, Gal/g.

INGRID ELOVSDOTTER, Dominikanerin in Skenninge (Südschweden) († 1282); bis ins 16. Jh. als Heilige verehrt.

Gesprächspartner

Die Heiligen sind die großen Gesprächspartner, begnadet im Gespräch mit Gott, begnadet im Gespräch mit den Menschen. Das Gespräch mit Gott suchte der vornehme Römer, der 572/73 Stadtpräfekt gewesen war, nach dem Tod seines Vaters im Kloster, in das er den elterlichen Palast umgewandelt hatte. Der Stille des Horchens auf Gott und der Antwort im Gebet trauert Gregor sein Leben lang nach, da er schon nach vier Jahren dem Kloster durch Papst Gelasius II. entrissen wird, um den Papst am Kaiserhof in Konstantinopel zu vertreten. Am 3. September 590 wurde er als sein Nachfolger zum Bischof von Rom geweiht, mit der vielfältigen Sorge für die Kirche der Stadt, Italiens, des Erdkreises beladen.

Auf der Miniatur sehen wir ihn beim Schreiben, das sein nachdenkliches Gespräch niederlegt – sein Gespräch mit Gott, zu dem er sich aus den Geschäften immer wieder zurückzieht. Er hört in sich hinein, er hört auf die Stimme des Engels, den er hinter sich weiß. Darum ist ihm die Ordnung der menschlichen Antwort, der Liturgie, ein so großes Anliegen, so daß dann der kirchliche Gesang seinen Namen trägt. Aber ebenso sind ihm die Menschen Herzensanliegen, ihre konkreten Nöte, ihr ewiges Heil. 854 Briefe sind von ihm erhalten, er legt Anweisungen nieder über die rechte Sorge um die Seelen. Aber auch sonst schreibt er gerne in Dialogform, handelt über Gottes Gnade und Gesetz und über das Leben der Heiligen im Gespräch wie hier mit seinem Diakon Petrus. So vergewissert er sich, ob das Wort von Gott den Menschen wirklich erreicht; so hört er auf die Fragen der Menschen und läßt sich durch sie zu tieferer Erkenntnis Gottes anregen. Sosehr Gregor unter der Spannung leidet zwischen seiner Sehnsucht nach Gott und der Verpflichtung gegenüber den ihm anvertrauten Menschen, so erlangt doch sein Wort dadurch Tiefe und Fruchtbarkeit, daß es aus horchendem Gespräch mit Gott und mit Menschen kommt.

Bild 42
3. September: Gregor der Große
Der Heilige am Schreibpult
Miniatur, 11. Jahrhundert

S GREG.
S PET.

SEPTEMBER

Betrachten wir unabhängig, was wir sind! Bedenken wir unseren hohen Beruf (als Hirten in der Kirche) und die schwere Last, die wir auf uns genommen. Machen wir täglich mit uns die Rechnung, die wir einmal vor unserem Richter begleichen müssen. Wachen wir so über uns selbst, daß wir dabei die Sorge für den Nächsten nicht vernachlässigen.

GREGOR DER GROSSE

GREGOR I. DER GROSSE. Aus Rom, zeitweilig Stadtpräfekt, Neigung zu mönchischem Leben (stiftete mehrere Klöster), im Dienst des Papstes (Gesandter in Byzanz); 590 Papst von überragender Bedeutung als Kirchenpolitiker (führte Angelsachsen, arianische Westgoten, Langobarden zur Kirche), als Sozialreformer, als Seelsorger (Gestalt der Liturgie, Aufgabe und Lebensform der Priester), als einflußreicher theologischer Schriftsteller († 604). – GK/G.

HILDEBOLD, Erzbischof von Köln, vorher am Hof Karls d. Gr. († 818).

SEPTEMBER

Jetzt möchte ich dir nur noch viel Geduld wünschen für die Leidenszeit und den letzten Trost, auf den ich dich schon manchmal hinweisen mußte: daß der Weg des Leidens der erprobteste ist zur Vereinigung mit dem Herrn.

EDITH STEIN

REMACLUS, Mönch in Luxeuil, erster Abt von Solignac; gründete Doppelkloster Stablo und Malmédy († 670/676). – Lüt/g.

SWIDBERT, Angelsachse, zuerst mit Willibrord Missionar bei den Friesen, dann bei den Brukterern (zwischen Ruhr und Lippe); gründete Kloster auf Rheininsel bei Düsseldorf (später Kaiserswerth genannt) († 713). – Ess, Köl/g.

IDA von Herzfeld, Schwester von Adalhard und Wala (Äbte und Gründer von Korvey), Gemahlin des Sachsenherzogs Ekbert, nach dessen Tod sie in Herzfeld (Bistum Münster) ein Leben der Frömmigkeit und Nächstenliebe führte († 825?). – Mün, Pad/g.

SEPTEMBER

Oft meint der Vorsteher wegen seiner hohen Stellung, er sei über alle erhaben. Von außen widerfährt ihm ungemessenes Lob, in seinem Innern aber geht ihm die Wahrheit verloren. Er vergißt sich selbst und hört nur auf das, was andere sagen. Er glaubt im Ernst, er sei der Mann, den man ihm schildert; nicht der, den sein Gewissen ihm vorhält. Er hält sich für vorzüglicher als andere, weil er mächtiger ist als sie. Er hält sich auch für klüger als andere, weil er mächtiger ist als sie.

GREGOR DER GROSSE

MARIA VON DEN APOSTELN (Therese Wüllenweber); gründete mit P. Franz Jordan (auch Gründer der Salvatorianer) in Tivoli bei Rom die „Schwestern vom Göttlichen Heiland" (Salvatorianerinnen; für Erziehung, Krankenpflege, Seelsorge), die sich trotz großer Schwierigkeiten in Mitteleuropa, Nord- und Südamerika ausbreiteten († 1907; sel.g: 1968). – Aac/g.

SEPTEMBER

Gott ist ja in uns, die ganze Allerheiligste Dreifaltigkeit. Wenn wir es nur verstehen, uns im Innern eine wohlverschlossene Zelle zu bauen und uns so oft wie nur möglich dahin zurückzuziehen, dann kann uns an keinem Ort der Welt etwas fehlen. EDITH STEIN

MAGNUS, Mönch in St. Gallen; missionierte im Allgäu; baute Zelle in Füssen, daraus später Kloster († um 772). In Alpenländern sehr verehrt (Sankt Mang). – Aug/G; Fel, Inn, Mün, Rot, Gal/g.

GUNDOLF, Bischof von Metz († um 822).

ESKIL, sel., Erzbischof von Lund, Vorkämpfer der gregorianischen Reform; erreichte Unabhängigkeit der schwedischen Kirche von Kirchenprovinz Bremen-Hamburg; mit Bernhard von Clairvaux befreundet († 1181).

SEPTEMBER

Nichts kann einen so zum Nachfolger Christi machen wie die Sorge für den Nächsten. Auch wenn du gefastet, auf dem bloßen Boden geschlafen, wenn du dich sozusagen erwürgt hast, aber um den Nächsten dich nicht kümmerst, hast du nichts Großes getan. JOHANNES CHRYSOSTOMUS

OTTO von Freising (der Große), sel., Sohn des Markgrafen Leopold III. von Österreich und der Kaisertochter Agnes; Zisterzienser, Abt von Morimond, Bischof von Freising; wurde der Wiederbegründer des Bistums, erneuerte klösterliches Leben; bedeutender theologischer Schriftsteller, überragend als Geschichtsschreiber († 1158). – Mün, Wie/g.

MARKUS STEPHAN CRISINUS, MELCHIOR GRODECZ, STEPHAN PONGRACZ, Jesuiten in Kaschau/Slowakei; bei kalvinistischer Eroberung grausam zu Tode gefoltert († 1619). – Gra/g (mit John Ogilvie und Johannes Sarkander „Märtyrer des Grazer Jesuitenkollegs").

SEPTEMBER

Frauen, die gleich Maria sich selbst völlig vergaßen über der Versenkung in das Leben und Leiden Christi, erwählte der Herr mit Vorliebe zu seinen Werkzeugen, um Großes in der Kirche zu vollbringen. EDITH STEIN

MARIÄ GEBURT; gehört zu den ältesten Marienfesten (ursprünglich wohl Weihefest der Annakirche in Jerusalem); seit 6. Jh. in Konstantinopel, seit 7. Jh. in Rom bezeugt. – GK/F.

SERGIUS I., Papst; unbeugsam gegenüber Drohungen des oströmischen Kaisers; weihte Willibrord zum Bischof der Friesen († 701).

THOMAS von Villanova (Spanien), Augustiner-Eremit, Provinzial; von Karl V. sehr geschätzt; Erzbischof von Valencia; persönlich äußerst bedürfnislos; bedeutende geistliche Schriften († 1555).

PETRUS CLAVER, aus Spanien, Jesuit; ging nach Cartagena (Kolumbien), dem Zentrum des Sklavenhandels, und wirkte in heroischer Weise als „Apostel der Schwarzen" († 1654).

Wort, das den Menschen befreit

Johannes steht vor uns im liturgischen Gewand, feierlich die Hände erhoben, das Buch der Frohbotschaft mit der Linken emporhaltend. Er strahlt die Würde und Heiligkeit des Gottesdienstes der Ostkirche aus, in der er lebt. Sein Gesicht im hellen Nimbus spiegelt die Gesammeltheit seiner Seele, die der gebildete Antiochener eingeübt hat in den Jahren, da er sich nach dem Tod seiner Mutter zurückzog zum Mönchsleben in der Einsamkeit der Berge. Aber aus dieser Gesammeltheit ist er doch ganz den Menschen zugewandt, seitdem er seit 381 als Diakon und Priester wieder in Antiochien und dann seit 398 als Patriarch von Konstantinopel Gottesdienst und Gotteswort seiner Gemeinde erschließt.

Er wird nicht müde, das Geheimnis der Eucharistie als wunderbare Gemeinschaft von Gott und Menschen zu preisen und die Größe des priesterlichen Dienstes und des geistlichen Lebens darzulegen. Er versteht es, das Wort Gottes ganz hineinzusenken in den Alltag der Menschen, es auch den einfachen Menschen als ermutigende und befreiende Botschaft nahezubringen. Immer wieder braust bei seinen Predigten Beifall auf. Auch ihn, den zeitlebens Kränklichen, begeistert der Dienst der Verkündigung: „Das Predigen macht mich gesund; sobald ich den Mund aufmache, ist alle Müdigkeit überwunden."

Weil er aus der Hinwendung zu Gott predigt, schielt er freilich nicht auf den Beifall der Menschen. Voll Ernst weist er auf das hin, was im Leben der Priester und Christen der Heiligkeit ihrer Berufung widerspricht; in Konstantinopel tadelt er vor allem die Verschwendungssucht am Hof. Davon spricht der Ernst seines Antlitzes; zugleich auch von der stillen Demut, mit der er die Verbannung trägt, die ihm die erzürnte Kaiserin erwirkt hat. Denn er weiß: die Liebenden freuen sich mehr darüber, „für den Geliebten Schreckliches zu leiden", als wenn sie geehrt werden. So stirbt er mit den Worten: Gott sei gepriesen für alles.

Bild 43
13. September: Johannes Chrysostomus
Ikone, Rußland, 16. Jahrhundert

SEPTEMBER

Ich habe immer danach verlangt, eine Heilige zu werden. Aber wenn ich mich mit den Heiligen verglich, stellte ich immer fest, daß zwischen ihnen und mir derselbe Unterschied besteht wie zwischen einem Berg, dessen Spitze sich in den Himmel verliert, und dem unauffälligen Sandkorn, das unter den Füßen der Vorübergehenden zertreten wird. Anstatt mutlos zu werden, sagte ich mir: Gott kann keine unerfüllbaren Wünsche eingeben; also kann ich trotz meiner Kleinheit nach Heiligkeit streben. Mich größer machen ist unmöglich. Ich muß mich ertragen, wie ich bin, mit all meinen Unzulänglichkeiten. Doch will ich das Mittel suchen, um auf einem kleinen, ganz neuen Weg zum Himmel zu kommen. THERESIA VON LISIEUX

SEPTEMBER

Die Augen, Ohren und Herzen der Menschen sind nur gewöhnt, begrenzte und endliche Freuden zu genießen; wer aber Gott anschaut, schaut ein Licht, dem niemand nahen kann, und ein wahrhaft unendliches Gut, welches in sich alles Gute begreift, wie der Herr dem Mose verheißen hat, indem er sprach: „Ich will dir alles Gute zeigen", da dieser ihn zuvor gebeten hatte: „Zeig mir dein Angesicht!" ROBERT BELLARMIN

THEODARD, Bischof von Maastricht; als er gegen Übergriffe fränkischer Großer protestieren wollte, wurde er auf dem Weg zum König bei Speyer ermordet († 669/670); von seinem Nachfolger, dem hl. Lambert, nach Lüttich überführt. – Lüt, Spe/g.

NIKOLAUS von Tolentino, Augustiner-Eremit, Seelsorger in der Mark Ancona; bereits zu Lebzeiten zahlreiche Wunder bezeugt († 1305).

SEPTEMBER

Lehre mich dich suchen; denn ich kann dich weder suchen, wenn du es nicht lehrst, noch finden, wenn du dich nicht zeigst. Laß mich dich verlangend suchen, suchend verlangen. Laß mich liebend finden, findend lieben. ANSELM VON CANTERBURY

FELIX und REGULA, nach der Legende des 9. Jh. Geschwister und Märtyrer aus dem Umkreis der Thebaischen Legion; über dem Grab das spätere Großmünster von Zürich. – Chu, Ein/g.

MATERNUS, der erste historisch bezeugte Bischof von Köln; nach späterer Überlieferung auch Bischof von Tongern und Trier († Anfang des 4. Jh.). – Köl/F; Aac, Ess, Tri/g; Lim/g (mit Trierer Bischöfen Eucharius und Valerius).

MARBOD, Bischof von Rennes, vorher Lehrer an der Domschule von Angers, einer der fruchtbarsten Schriftsteller seiner Zeit († 1123).

SEPTEMBER

12

In Gefahren, in Ängsten, in Zweifeln – denk an Maria, ruf zu Maria! Ihr Name weiche nicht aus deinem Munde, weiche nicht aus deinem Herzen. Folge ihr, und du wirst nicht vom Wege weichen. Bitte sie, und du bist nie ohne Hoffnung. Denk an sie, und du irrst nicht. Hält sie dich fest, wirst du nicht fallen. Schützt sie dich, dann fürchte nichts. Führt sie dich, wirst du nicht müde. Ist sie dir zugewandt, dann kommst du ans Ziel.

BERNHARD VON CLAIRVAUX

MARIÄ NAMEN. Fest kam im 16. Jh. in Spanien auf; nach der Befreiung des von den Türken belagerten Wien (durch ein Entsatzheer unter dem Polenkönig Johann Sobieski am 12. 9. 1683) auf die ganze Kirche ausgedehnt. – RK/g; in österreichischen Diözesen F (nicht mehr in GK).

GERFRIED, Schüler und Nachfolger Liudgers als Bischof von Münster; wie dieser in Werden (bei Essen) begraben († 839).

SEPTEMBER

13

Gott wollte nicht alles wirken, damit es nicht scheine, als kröne er uns ohne Verdienst. Er wollte uns aber auch nicht alles vollbringen lassen, damit wir nicht dem Übermut verfallen. Denn wenn wir aufgeblasenen Geistes sind, obgleich wir nur den geringsten Anteil haben: Was würde geschehen, wenn wir Herren des Ganzen wären?

JOHANNES CHRYSOSTOMUS

JOHANNES CHRYSOSTOMUS, aus Antiochien in Syrien, Mönch, Priester und mitreißender Prediger; Patriarch von Konstantinopel, vorbildlicher Seelsorger; der Widerstand der von ihm kritisierten Hofkreise führte zu wiederholter Verbannung, an deren Strapazen er starb († 407); erhielt Ehrennamen Chrysostomus „Goldmund"; Kirchenlehrer. – GK/G.

NOTBURGA von Eben, Dienstmagd auf Schloß Rottenburg, voller Liebe zu den Armen (legendär ausgestaltete Überlieferung, danach † 1313); eine der meistverehrten Volksheiligen Tirols. – Inn, Sal/G; Boz, Fel, Gra, Lin, Mün, Pas/g.

SEPTEMBER

14

Christus hat uns den Willen Gottes in Tat und Wort gezeigt: niemandem Unrecht zufügen, erlittenes Unrecht willig ertragen, mit den Brüdern in Frieden leben, den Herrn aus ganzem Herzen lieben, ihn lieben als Vater, ihn fürchten als Gott, Christus durchaus nichts vorziehen, weil auch er uns nichts vorgezogen hat, uns von seiner Liebe nicht loslösen, stark und gläubig unter seinem Kreuz stehen.

CYPRIAN VON KARTHAGO

KREUZERHÖHUNG. Nach einem Bericht aus dem 7. Jh. wurde das Kreuz Christi am 14. 9. 320 in Jerusalem aufgefunden; Konstantin ließ dafür neben der Auferstehungskirche (Anastasis) eine Kirche (Martyrion) bauen, die am 13. 9. 335 geweiht und in der das Kreuz am folgenden Tag feierlich zur Verehrung ausgestellt (erhöht) wurde. Dieses Fest der Kreuzerhöhung dann auch in Konstantinopel, Rom und in der ganzen Kirche gefeiert. – GK/F.

Die Mitte der Schöpfung

Ärzte haben in unserem Jahrhundert ihre Heilmethoden entdeckt als wertvolle Ergänzung der Schulmedizin. Musikanten und Schauspieler führen heute wieder auf, was sie gedichtet und komponiert hat. In ihrem 12. Jahrhundert predigte sie Königen und Bischöfen, die große Äbtissin und Frau.

Klein sitzt sie auf unserem Bild ganz unten in ihrer Zelle, aber groß ist ihre Schau. Sie schaut den Kosmos – nicht als Welten des Zufalls, die auseinanderfallen, sondern als Schöpfung, die geordnete Einheit umspannt und die eine Mitte hat. Die Mitte ist Adam, der wohlgestaltete Mensch, der vor der Erdkugel steht mit ausgespannten Armen (wie der neue Adam am Kreuz). Der Mensch als Mikrokosmos ist ausgerichtet auf den Makrokosmos der in vielfältigen Kreisen ihn umgibt und auf ihn einwirkt. Da ist der Kreis der von hellen und von regendunklen Wolken durchzogenen Luft, dann der weiße Streifen der Klarluft, dann die Zone der wasserhaltigen Luft, durch Wellenlinien gekennzeichnet, schließlich der tiefblaue Kreis des Äthers. Dieser ist umgeben von roten Ringen, dem dunklen Feuer der Hölle, der bösen Mächte, und dem hellleuchtenden Feuer Gottes. Die Wolken gießen Regen zur Erde; aus den zwölf Tierköpfen wehen die Winde, die Fruchtbarkeit bringen und Verderben. Die segensreichen wie die zerstörerischen Kräfte, die den Kosmos durchwalten, bilden ein Netz sich kreuzender goldener und roter Linien. Der Kosmoskreis aber ist umfaßt von einer Frauengestalt, von der die Füße und der Saum des Gewandes, ihre den oberen Feuerkreis umspannenden Arme und das Haupt zu sehen sind. Es ist Caritas, die glühende Liebe, über der das Antlitz Gottes, des Vaters, steht, in dem Rahmen, der das ganze Bild umgibt.

Groß steht der Mensch vor Hildegard, groß der Kosmos mit positiven und negativen Kräften. Größer ist die Liebe, die alles zusammenhält. Wer auf diese Ganzheit blickt, erfährt Heil.

Bild 44
17. September: Hildegard von Bingen
Vision der Heiligen vom Kosmosmenschen
Miniatur, um 1230

SEPTEMBER

15

Als der heilige Franz von Assisi einmal augenkrank war und sich jemand anbot, ihm vorzulesen, antwortete er: „Mein Buch ist Jesus am Kreuz." Deshalb hörte er auch nicht auf, seine Brüder zu ermahnen, stets des Leidens Christi eingedenk zu sein. ALFONS VON LIGUORI

GEDÄCHTNIS DER SIEBEN SCHMERZEN MARIENS. Mit der Passionsfrömmigkeit des späten Mittelalters entwickelte sich auch Andacht zur Schmerzhaften Gottesmutter (Mater dolorosa); zahlreiche Darstellungen, wie Maria nach der Weissagung Simeons, Lk 2,35, von sieben Schwertern durchbohrt wird. Ein eigenes Fest in Köln seit dem 15. Jh., im Servitenorden seit 1668 am 15. 9., in der ganzen Kirche an diesem Tag seit 1814 (Dank für die Rückkehr Pius' VII. aus der Gefangenschaft Napoleons).

LUDMILLA, Herzogin von Böhmen; von großem Einfluß auf ihren Enkel Wenzeslaus; auf Betreiben ihrer Schwiegertochter erdrosselt († 921).

SEPTEMBER

16

Christus war beim Kampf der Märtyrer gegenwärtig, er stärkte und ermutigte sie. Einmal hat er den Tod besiegt für uns, immer wieder besiegt er ihn in uns. CYPRIAN VON KARTHAGO

KORNELIUS, Papst; vertrat gegenüber dem rigoristischen Novatian (Gegenpapst) mildere Bußpraxis; starb in der Verbannung († 253). Reliquien in Kornelimünster bei Aachen (nach ihm benannt). – GK/G.

CYPRIAN, Bischof von Karthago; leitete in der Verfolgung seine Kirche aus dem Untergrund; später selbst Märtyrer († 258). – GK/G.

EDITH, Tochter des hl. Edgar, Königs von England; lebte im Kloster Wilton bei Salisburg († 984).

JOHANNES MASSIAS, aus Spanien; wurde in Lima (Peru) Dominikanerbruder, viele Jahre Klosterpförtner, mystische Gebetserfahrungen († 1645; hl.g: 1975).

SEPTEMBER

17

Gott ist ewig, und Ewigkeit ist Feuer, und das ist Gott. Und Gott ist kein verborgenes, kein schweigendes Feuer, sondern ein wirkendes Feuer. HILDEGARD VON BINGEN

ROBERT BELLARMIN, aus Montepulciano (Mittelitalien), Jesuit, Professor in Löwen und Rom; Kardinal, einflußreiche theologische Werke, Kirchenlehrer; u.a. mit Philipp Neri, Franz von Sales befreundet, Seelenführer des hl. Aloisius von Gonzaga († 1621). – GK/g.

HILDEGARD von Bingen, aus dem Rheingau, im Kloster auf dem Disibodenberg; gründete Abteien bei Bingen (Rupertsberg) und Rüdesheim (Eibingen); Visionärin und Naturwissenschaftlerin, Dichterin und Ärztin, Mystikerin und Politikerin; Ratgeberin der Großen ihrer Zeit, ausgedehnte Predigtreisen, ein umfangreiches literarisches Werk († 1179). – RK/g (Ber, Lim/G).

SEPTEMBER 18

Schau auf die Vögel des Himmels; sie fliegen zur Erde, um Futter zu suchen, aber gleich kehren sie in die Lüfte zurück. Ähnlich ist es um die Knechte Gottes bestellt: sie befassen sich mit der Welt, soweit es die Notwendigkeit erfordert, aber gleich erheben sie sich wieder im Geist zum Himmel, um Gott zu loben. JOSEPH VON COPERTINO

LAMBERT, Bischof von Maastricht; vom Hausmeier Ebroin zeitweilig abgesetzt und ins Kloster Stablo verbannt; bei der Verteidigung der Kirchenrechte in Lüttich ermordet († 705/706). Weitverbreitete Verehrung (Reliquie in Freiburg i. Br., Stadtpatron). – RK/g.

RICHARDIS, elsässische Grafentochter, mit Karl III. (dem Dicken) verheiratet, Kaiserin; lebte zuletzt in dem von ihr gestifteten Kloster Andlau/Elsaß († 894/896). – Stra/g.

JOSEPH von Copertino, aus Süditalien; Franziskaner, Mystiker († 1663).

SEPTEMBER

Keine Eifersucht hegen. Den Neid niemand fühlen lassen. Die Überheblichkeit fliehen. BENEDIKT-REGEL

JANUARIUS, Bischof von Neapel, Märtyrer († 305). An den Hauptfesten des Heiligen wird Ampulle mit eingetrocknetem Blut des Heiligen vom Dom zur Klarakirche vor die Kopfreliquie gebracht, worauf das Blut während der Gebete des Volkes wieder flüssig wird; das Blutwunder ist nicht natürlich erklärt. – GK/g.

THEODOR, aus Kleinasien, Mönch in Rom, Erzbischof von Canterbury; ordnete das Kirchenwesen nach römischem Vorbild; führte die angelsächsische Kirche zur Blüte († 690).

IGOR, Großfürst von Kiew seit 1146; zur Abdankung gezwungen; Mönch, von Aufständischen ermordet († 1147).

SEPTEMBER

Der Heilige Geist ist lebenspendendes Leben, Beweger des Alls und Wurzel alles geschaffenen Seins. Er reinigt das All von Unlauterkeit, er tilgt die Schuld, und er salbt die Wunden. So ist er leuchtendes Leben, würdig des Lobes, auferweckend und wieder erweckend das All. HILDEGARD VON BINGEN

EUSTACHIUS. Nach Legende römischer Heerführer, dem bei der Jagd Hirsch mit Kreuz zwischen dem Geweih erschien, worauf er sich bekehrte und später mit seiner Familie Martyrium erlitt (das Legendenmotiv des Hirsches mit Kreuz findet sich auch bei Hubertus). Einer der Vierzehn Nothelfer.

WARIN, Sohn des sächsischen Grafen Egbert und der hl. Ida von Herzfeld, am Hof Karls d. Gr. erzogen, Mönch in Corvey, Abt; unter ihm erste Blüte des Klosters († 856).

Frieden aus der Einsamkeit

Zwei Bilder aus der Chronik eines Gemeinwesens; im unteren die Buntheit eines Versammlungssaals, der Stanser Tagsatzung von 1481, die Verschiedenartigkeit der Tagherren, an der die Einheit der Eidgenossenschaft zu zerbrechen drohte. Auf dem oberen sehen wir die Einsamkeit der Ranftschlucht mit der Einsiedelei des Bruder Klaus. In diese Stille kommt mit dem Pfarrer von Stans, Heimo vom Grund, dem geistlichen Begleiter des Niklaus, diese laute Welt der Streitenden.

Niklaus hatte diese Welt vor vierzehn Jahren verlassen. Er hatte vorher am Krieg gegen Zürich und am Thurgauer Feldzug teilgenommen, er war ein angesehener Richter und Ratsherr, ein guter Bauer auf seinem Hof auf dem Flüeli und Vater von zehn Kindern. Es war gänzlich unbegreiflich, daß er seiner Familie (das jüngste Kind war sechzehn Monate alt) und dem ehrenvollen Wirken für das Gemeinwesen verloren ging – bloß um zu beten und zu meditieren. Er weiß sich gerufen, fortan allein dem Geheimnis Gottes seine Aufmerksamkeit zu widmen, allein vom Brot der Eucharistie, die er in Sachseln mitfeierte, zu leben. Der Welt verloren, ein für sie unverständliches Ärgernis – und doch kommt sie wieder zu ihm, immer mehr Menschen, die Rat und innere Hilfe suchen.

So steht Bruder Klaus vor seiner Zelle, in der Schau des Ewigen ruhend, den Meditationskranz in der Hand. Und doch streckt er dem Besucher die Hand entgegen: Er gibt der Welt mit ihren Nöten und ihrem Unfrieden die Hand, läßt sie teilhaben an seinem Frieden. Heimo vom Grund berichtet ihm von der bedrohlichen Situation auf der Stanser Tagsatzung. Bruder Klaus gibt ihm eine Botschaft der Versöhnung an die Entzweiten mit. Der Friede, der aus der Schau der letzten Einheit kommt, setzt sich um in konkrete Mahnungen und Vorschläge für das politische Gemeinwesen der Schweiz. Die beiden Besucher nehmen das Wort des Friedens entgegen. Noch scheint unten die Versammlung auseinanderzustreben. Aber das Wort aus der Einsamkeit ruft zurück, ruft zur Besinnung auf das Gemeinsame, läßt die neue Übereinkunft zu Papier bringen. Die Welt braucht die Sicht dessen, der über ihr steht.

Bild 45
25. September: Niklaus von Flüe
Der Pfarrer von Stans beim Einsiedler;
die Botschaft des Heiligen stiftet Frieden
Illustrationen zur Luzerner Chronik, 1507/1513

SEPTEMBER

21

Werde deiner Stellung als Bischof gerecht. Sorge für die Einheit, denn sie geht über alles. Ertrage alle Menschen, wie der Herr dich erträgt. – Die nur dem Anschein nach glaubwürdig sind und Irrlehren vortragen, sollen dich nicht erschüttern. Steh fest wie ein Amboß unter den Schlägen.

IGNATIUS AN POLYKARP

MATTHÄUS, Apostel, erscheint in allen Apostellisten des NT; in Mt 10,3 „Zöllner" (Steuereinnehmer) genannt, vielleicht identisch mit dem Levi, der nach Mk 2,14 von der Zollstätte weg berufen wurde; sonst keine Nachrichten über ihn im NT. Seit ältester Überlieferung wird das erste Evangelium unter seine Autorität gestellt und trägt seinen Namen. – GK/F.

JOHANNES PRANDOTA, sel., wie der hl. Hyazinth aus dem polnischen Adelsgeschlecht der Odrowaz; Bischof von Krakau; verkörpert das Bischofsideal seiner Zeit († 1266).

SEPTEMBER

Die selige Synkletika pflegte zu sagen: So wie es unmöglich ist, ein Schiff zu bauen ohne Nägel, so kann auch ein Mensch ohne Demut nicht selig werden.

WORTE DER MÖNCHSVÄTER

MAURITIUS und Gefährten, Märtyrer in Agaunum (St-Maurice/Wallis) († um 302). In diokletianischer Verfolgung vermutlich Säuberung des Heeres; die Soldatenmartyrien an verschiedenen Orten (wie Mailand, Turin, Marseille, Lyon, Solothurn, Zürich, Trier, Bonn, Köln, Xanten) später zur „Thebaischen Legion" zusammmengefaßt. Mauritius (Moritz) im Mittelalter hochverehrt (Schutzpatron des Reiches). – RK/g; Ein, Sit/H; Chu/G.

LANDELIN, Einsiedler bei Ettenheimmünster (7. Jh.). – Frei/g.

EMMERAM, Bischof von Regensburg (wenig sichere Nachrichten; soll ermordet worden sein, Anfang 7. Jh.). Über seinem Grab spätere Abtei St. Emmeram. – Reg/F; Eich, Mün/g.

SEPTEMBER

Höchster, glorreicher Gott, erleuchte die Finsternis meines Herzens, und schenke mir rechten Glauben, feste Hoffnung und vollkommene Liebe. Gib mir, Herr, Gespür und Erkennen, daß ich erfüllen möge deinen heiligen und wahrhaften Auftrag.

FRANZ VON ASSISI

BASIN, Abt von St. Maximin und später Bischof von Trier († um 705); LIUTWIN, gründete Abtei Mettlach, Nachfolger seines Onkels Basin als Bischof von Trier († 717/723). – Tri/g.

THEKLA, wurde nach den romanhaften Thekla-Akten (Ende 2. Jh.) vom Apostel Paulus bekehrt und erlitt zahlreiche Martyrien; in der Ostkirche als „Erzmärtyrin" verehrt, ihr Kult auch im Westen verbreitet (als Sterbepatronin im Gebet „Libera" genannt).

SEPTEMBER 24

Was würde gründliche Bildung ohne Liebe tun? Sich aufblähen. Was Liebe ohne gründliche Bildung? Sich verirren. Die Braut des WORTES *darf nicht dumm sein; aber eine aufgeblasene Braut duldet der Vater auch nicht.*

BERNHARD VON CLAIRVAUX

RUPERT, aus rhein-fränkischem Grafengeschlecht in Worms; kam um 700 nach Bayern, gründete Abtei St. Peter an der Salzach und Frauenkloster auf dem Nonnberg (erste Äbtissin seine Nichte Erentrud); von Salzburg aus bedeutendes Missionswirken als Abtbischof († um 718). – RK/g; Gra, Sal/H (Diözesanpatron); Gur/G.

VIRGIL, irischer Mönch in der Germanenmission, Abtbischof von Salzburg; missionierte Kärnten († 784). – RK/g; Sal/H (Diözesanpatron) (in Gur/G am 24. 11.).

HERMANN der Lahme, sel., Mönch auf der Reichenau; Geschichtsschreiber, Mathematiker, Astronom, Dichter, Musiker († 1054).

SEPTEMBER 25

Ihr sollt das Leiden Gottes in euren Herzen tragen, denn es ist des Menschen größter Trost an seinem letzten Ende.

NIKLAUS VON FLÜE

NIKLAUS von Flüe. Bergbauer bei Sachseln/Kanton Obwalden, mit Dorothea Wyss verheiratet (zehn Kinder), angesehener Ratsherr und Richter; folgte mit fünfzig Jahren seiner mystischen Berufung, wurde Einsiedler im Ranft, lebte in Armut und völliger Nahrungslosigkeit; von vielen als Berater, Mahner und Friedensstifter aufgesucht († 1487; hl.g: 1947). – RK/g (in Schweizer Diözesen H, Landespatron der Schweiz).

SERGIUS von Radonesch, Mönch und Abt; gründete zahlreiche Klöster (u. a. das nach ihm benannte Sergiuskloster bei Moskau) und reformierte das Mönchtum († 1392).

SEPTEMBER

Friede ist allweg in Gott, denn Gott ist der Friede, und Friede mag nicht zerstört werden, Unfriede aber wird zerstört. Darum sollt ihr schauen, daß ihr auf Frieden stellt, Witwen und Waisen beschirmt, wie ihr es bisher getan habt.

NIKLAUS VON FLÜE

KOSMAS und DAMIAN, nach der Überlieferung Zwillingsbrüder und Ärzte, die Arme unentgeltlich behandelten (daher griechischer Beiname „Anárgyroi"), Märtyrer. Im Osten wie im Westen weitverbreitete Verehrung. – GK/g (Essen H, Stadtpatrone).

MARIE-VICTOIRE-THÉRÈSE COUDERC, aus Südfrankreich, Lehrerin; gründete „Schwestern vom Cönaculum (Abendmahlssaal)", die sich der eucharistischen Anbetung und Förderung der Exerzitien widmen; starb in Lyon († 1885; hl.g: 1970).

Gemeinschaft im Geist

Eine Gruppe von Menschen am Hof in Paris: Die Mächtigste, Königin Anna von Österreich, Gemahlin Ludwigs XIII., bleibt trotz des bestimmenden Blicks und der dekorativen Kleidung in einer gewissen Starre und verschlossenen Zurückhaltung im Hintergrund – alle äußere Macht bleibt nur Rahmen für das wahre Leben, das Leben des Geistes. Johanna von Chantal birgt solches Leben demütig in sich. Ihr geistlicher Freund, der gebildete, durch seine religiösen Schriften berühmte Bischof von Genf, Franz von Sales, weist mit seiner vorgestreckten Hand mit dem Birett zu ihr; sein Blick aber ist auf die andere Seite zu Vinzenz von Paul gerichtet. Dessen Gesicht strahlt den Betrachter an mit heiterer Güte; es glüht von tiefster Lebendigkeit, von der Liebe. Seitdem er im Haus des Galeerengenerals de Condi mit dem Elend versklavter Menschen konfrontiert worden war, hatte er sich ganz in den Dienst der Armen gestellt und die Confrérie de la Charité gegründet (1617) – sie wie auch alle späteren Werke der Armenfürsorge, Verkündigung und Krankenpflege allein der Liebe verpflichtend.

Charakter, Aufgaben, Ziele dieser beiden Männer sind sehr verschieden; sie wirken an weit entfernten Orten. Beide sind von der Begegnung im Jahr 1618 nachhaltig beeindruckt. Es ist immer wieder erstaunlich, wie die Großen des geistlichen Lebens zueinander finden und rasch ihre Zusammengehörigkeit erspüren. Hier gilt wohl, was 1200 Jahre vorher Paulinus von Nola an Bischof Alypius geschrieben hatte: „Es schien nicht so sehr ein Erkennen deiner Liebe zu sein als ein Wiedererkennen. Denn diese Liebe kommt von ihm, der uns von Anbeginn der Welt für sich bestimmt hat. Die Liebe verband uns, noch bevor wir uns kannten. Noch ehe wir uns mit den Augen des Leibes sahen, kannten wir uns durch die Offenbarung des Geistes." Glaubende, Heilige dürfen die Gemeinschaft des Heiligen Geistes erfahren.

Bild 46
27. September: Vinzenz von Paul
Der Heilige mit Franz von Sales und Johanna von Chantal
bei der Königin von Frankreich, Gemälde

SEPTEMBER 27

Die Liebe ist bis ins Unendliche erfinderisch. VINZENZ VON PAUL

Jeder Stand, den es auf der Welt gibt, hat seine Süße und seine Bitterkeit; man muß beides trinken. VINZENZ VON PAUL

VINZENZ von Paul, Priester, seit 1608 in Paris; unter dem Einfluß Pierre de Bérulles widmete er sein Leben den Armen, gründete Kongregation zur religiösen Erneuerung des Volkes (Lazaristen) sowie (mit Louise de Marillac) Vereinigung der „Dames de la Charité" (später Vinzentinerinnen oder Barmherzige Schwestern) zur Betreuung der Kranken, verlassenen Kinder, Alten und wurde der große Caritasapostel Frankreichs († 1660). – GK/G.

HILTRUD, lebte als Reklusin bei dem von ihren Eltern gegründeten Kloster Lissies (Nordfrankreich) († um 790).

SEPTEMBER

Man muß auch die Verzweiflung abtöten, die dahin führt, daß man nicht zu hoffen wagt, man könnte seine Schwäche irgendwie besiegen, und zwar gerade deshalb, weil man seine Schwäche aus Erfahrung kennt. VINZENZ VON PAUL

WENZEL, Herzog von Böhmen; bemühte sich um Christianisierung des Landes im Anschluß an die westliche Kirche; von seinem eigenen Bruder ermordet († 929). – GK/g (Landespatron von Böhmen).

LIOBA, aus vornehmer angelsächsischer Familie, mit Bonifatius verwandt, hochgebildet, erste Äbtissin des Klosters Tauberbischofsheim († 782). – RK/g (Ful/F).

SALONIUS, Bischof von Genf († nach 451). – Lau (Genf)/G.

CHUNIALD und GISLAR, Mitarbeiter des hl. Rupert (8. Jh.). – Sal/g.

THEKLA, kam wie ihre Verwandte Lioba nach Deutschland; Äbtissin von Kitzingen und Ochsenfurt († um 790). – Wür/g.

SEPTEMBER

Ein Bruder fragte Altvater Tithoe: „Wie kann ich mein Herz bewahren?" Der Greis antwortete ihm: „Wie können wir unser Herz bewahren, wenn Mund und Bauch offen stehen?" WORTE DER MÖNCHSVÄTER

MICHAEL, GABRIEL, RAFAEL, Erzengel. Michael im AT (Dan) „der große Engelfürst", das NT (Offb) spricht von seinem Kampf mit dem Drachen (Satan). Alten Vorstellungen gemäß gilt er als Schutzengel des Volkes Gottes, als Führer der Seelen der Verstorbenen zum Paradies, als Seelenwäger beim Jüngsten Gericht; seine Verehrung weit verbreitet und besonders in Deutschland sehr volkstümlich. – Gabriel ist in der Bibel Verkünder der Ratschlüsse Gottes, Rafael (nur in Tob) der heilkundige Begleiter auf der gefährlichen Lebensreise; die Verehrung beider erreichte bei weitem nicht die Bedeutung Michaels (liturgisches Fest erst im 20. Jh.). – GK/F.

SEPTEMBER

30

Christus ist Gottes Kraft und Gottes Weisheit, und wer die Heilige Schrift nicht kennt, der kennt weder Gottes Kraft noch seine Weisheit. Die Schrift nicht kennen heißt Christus nicht kennen. HIERONYMUS

HIERONYMUS, aus Dalmatien, Studium in Rom, Taufe; lernte in Trier Mönchsleben kennen; in Rom Sekretär des Papstes Damasus, Verbindung zu Kreisen asketischer Frauen; nach Tod des Papstes in den Osten, gründete Klöster in Betlehem; theologische, besonders bibelwissenschaftliche Arbeiten; ungewöhnliche Sprachenkenntnisse; Bibelübersetzung ins Lateinische (Vulgata); einer der gelehrtesten Kirchenväter, Kirchenlehrer († 420). – GK/G.

URS und VIKTOR, Soldatenmärtyrer in Solothurn; nach der Überlieferung zur Thebaischen Legion gezählt († um 302). – Bas/H (Diözesanpatrone); Chu, Gal, Sit/g.

OKTOBER

1

Die Liebe kann ein langes Leben ersetzen. Jesus schaut nicht auf die Zeit; denn im Himmel gibt es keine mehr. Er schaut nur auf die Liebe.

THERESIA VON LISIEUX

THERESIA vom Kinde Jesus (Thérèse Martin), schon als Kind besondere Gebets- und Gotteserfahrungen; erhielt die Sondererlaubnis, 15jährig in den Karmel von Lisieux einzutreten; im Auftrag der Oberin „Selbstbiographische Schriften" (Kern ihrer Spiritualität: der „kleine Weg der geistigen Kindheit"); starb nach schweren Leiden mit 24 Jahren reif und vollendet († 1897). – GK/G.

REMIGIUS, Bischof von Reims; taufte den Frankenkönig Chlodwig; christianisierte das nördliche Gallien († um 533). – Tri/g.

ROMANOS der Melode, jüdischer Abstammung, aus Syrien, Priester in Konstantinopel, berühmter Hymnendichter († um 560).

WERNER, sel., Prämonstratenser, Abt von Wilten bei Innsbruck († 1331).

OKTOBER

Wenn wir auch noch Kinder sind und noch ein weiter Weg vor uns liegt, weit und gefährlich, warum sollten wir uns fürchten, da wir doch so hohe Beschützer haben? Sie sind treu, klug und mächtig: Warum zittern wir? Wir brauchen ihnen nur zu folgen, und wir leben unter dem Schutz Gottes. BERNHARD VON CLAIRVAUX

HEILIGE SCHUTZENGEL. Die Bibel kennt Engel als Begleiter und Helfer der Menschen; Glaube an einen persönlichen Schutzengel seit der Kirchenväterzeit; liturgische Verehrung seit 15. Jh. in Spanien, seit 17. Jh. in der ganzen Kirche. – GK/G.

LEODEGAR, Bischof von Autun/Burgund; zuerst vom König nach Luxeuil verbannt, dann vom Hausmeier gefangengenommen, geblendet, der Zunge beraubt, schließlich abgesetzt und enthauptet († 679). – Bas/g (Patron des Kantons Luzern).

UTTO, sel., Mönch auf der Reichenau, Gründerabt von Metten († 829).

Vom Wort Gottes leben

In die weiten Hallen ist eine vornehme Gelehrtenstube eingebaut: Sieht der Maler am Beginn der Neuzeit bereits den Raum der Wissenschaft zum Heiligtum aufsteigen? Gewiß hat der leidenschaftliche Charakter des Hieronymus, der ihn immer wieder in harte Auseinandersetzungen und bittere Polemiken verstrickte, gewiß hat das harte Eremitenleben in der Felsenhöhle bei Chalcis, gewiß haben auch seine vierunddreißig letzten Lebensjahre in Betlehem nichts von der ruhigen Besinnlichkeit in der gepflegten Gelehrtenwelt unseres Bildes. Doch das Verlangen nach Wissen, nach Büchern, auch nach literarischer Unsterblichkeit, das den jungen Studenten in Rom erfaßt hatte, hat ihn trotz aller Bekehrung von der Eitelkeit der Welt nicht verlassen, freilich sich integriert in die eine Leidenschaft zum Wort Gottes.

Hieronymus ist auch ein Beispiel dafür, daß Heiligkeit nicht zuerst Fehlerlosigkeit und Untadeligkeit bedeutet, sondern einsatzfreudige Hingabe an Großes. Und seine Hingabe an das Studium der Heiligen Schrift, sein zielstrebiges Erlernen der griechischen und der hebräischen Sprache, seine im Auftrag von Papst Damasus begonnene und Jahrzehnte seines Lebens verschlingende Übersetzung des Alten und Neuen Testaments ins Lateinische aus den Urtexten, sie ist fürwahr der Ursprung einer Tradition, in der entsagungsvolle wissenschaftliche Arbeit und vor allem das kritische Mühen um den Text in der Exegese unseres Jahrhunderts stehen.

Das Wort des Hieronymus „Die Schrift nicht kennen heißt Christus nicht kennen" wurde von Papst Benedikt XV. und Papst Pius XII. in ihre Enzykliken über die Heilige Schrift und vom Zweiten Vatikanischen Konzil in die Konstitution über die Offenbarung übernommen. Sie betont, daß „der Zugang zur Heiligen Schrift" für alle Glaubenden „weit offenstehen" muß, aber auch, daß der Schrifterklärer sorgfältig erforschen muß, was der Schriftsteller wirklich zu sagen beabsichtigte aufgrund der geschichtlichen Situation und der umweltbedingten Sprach- und Erzählform. Nüchterne wissenschaftliche Arbeit aus der glühenden Liebe zum Wort Gottes.

Bild 47
30. September: Hieronymus
Der Heilige als Gelehrter und Bibelübersetzer
Gemälde, Antonello da Messina, um 1456

OKTOBER 3

Gib dich uns zurück, damit es uns wohl ergehe, ohne den es uns so schlecht geht. Habe Mitleid mit unseren Bemühungen und Versuchen zu dir hin, die wir nichts ohne dich vermögen. Du lädst uns ein, hilf uns. Ich flehe, Herr, laß mich nicht seufzend verzweifeln, sondern in der Hoffnung aufatmen.

ANSELM VON CANTERBURY

NIKETIUS, Bischof von Trier; erneuerte das Bistum durch Klerus- und Klosterreform, Bau bzw. Renovierung von Kirchen; Verteidiger des einfachen Volkes gegen Übergriffe des Adels; nach Kritik an Sittenlosigkeit des Königshofes verbannt († nach 561).

EWALDE, zwei angelsächsische Priester (nach der Haarfarbe der „schwarze" und der „weiße" Ewald genannt), bei Sachsenmission ermordet († um 695). – Ess, Köl, Mst, Pad/g.

OKTOBER

Dies ist die Regel und das Leben der Brüder: Im Gehorsam leben, ehelos und ohne Eigentum, der Lehre und den Spuren unseres Herrn Jesus Christus nachfolgen, der sagt: „Wenn du vollkommen sein willst, geh, verkauf deinen Besitz und gib das Geld den Armen; so wirst du einen bleibenden Schatz im Himmel haben; dann komm und folge mir nach."

FRANZ VON ASSISI

FRANZ von Assisi; aus reicher Tuchhändlerfamilie, entschied sich nach lebenslustiger Jugend, inneren und äußeren Krisen für den Weg der Nachfolge Jesu in vollkommener Armut. Seiner neuen Lebensform schlossen sich bald Gefährten an, deren Zahl sprunghaft anwuchs; neben dem Ersten Orden entstand der Zweite, die Klarissen, und der Dritte (für Laien in der Welt). Er löste eine ungeheure religiöse Erneuerungsbewegung aus, deren Kraft bis heute weiterlebt († 1226). – GK/G.

OKTOBER

Nichts anderes laßt uns ersehnen, nichts anderes wollen, nichts anderes soll uns gefallen und erfreuen als nur unser Schöpfer, Erlöser und Heiland, der allein wahre Gott, der da ist die Fülle des Guten, alles Gute, das allumfassend Gute, das wahre und höchste Gut.

FRANZ VON ASSISI

Stets wollen wir in uns Wohnung und Bleibe bereiten ihm, der da ist Gott der Herr, der Allmächtige, Vater, Sohn und Heiliger Geist.

FRANZ VON ASSISI

MEINOLF, aus westfälischem Adel, Archidiakon des Bistums Paderborn; gründete Kloster Böddeken (südlich von Paderborn) († 847?).

RAIMUND von Capua, sel., Dominikaner, Lektor in Rom und Bologna, Studienregens in Siena (Seelenführer der hl. Katharina), Ordensmeister; unermüdlich um Ordensreform und Wiederherstellung der Kircheneinheit im Großen Schisma bemüht († 1399).

OKTOBER

Die Einsamkeit ist der Weg, der zum Leben führt. Hier tauscht man Himmlisches für Irdisches ein und Ewiges für Vergängliches. BRUNO

Getrennt von allen, sind wir eins mit allen, damit wir stellvertretend für alle vor Gott stehen. KARTÄUSER-STATUTEN

BRUNO, aus Köln, viele Jahre Leiter der Domschule Reims; dort zum Erzbischof gewählt, aber vom König abgelehnt; Mönch und Eremit; gründete mit Gefährten die erste Kartause bei Grenoble, weitere in Rom und Süditalien; Stifter des Kartäuserordens († 1101). – RK/g.

ADALBERO, Bischof von Würzburg; im Investiturstreit papsttreu; ein Hauptvertreter der Reformbewegung von Gorze, in deren Geist er u. a. Münsterschwarzach reformierte († 1090). – Wür, Lin/G.

ISIDOOR DE LOOR, Bauernsohn aus Ostflandern, Passionist; Gärtner, Pförtner, Koch; „Bruder Gut" genannt; starb 35jährig in Kortrijk (1916; sel.g: 1984).

OKTOBER

(Maria spricht:) Ich bin die Königin des Himmels. Du bekümmerst dich darum, wie du mich preisen sollst. Du mußt wissen, daß jedes Lob meines Sohnes mein Lob ist. Wer ihn ehrt, ehrt mich. Denn ich habe ihn und er hat mich so innig geliebt, daß wir beide wie ein Herz sind.

BIRGITTA VON SCHWEDEN

UNSERE LIEBE FRAU VOM ROSENKRANZ. Die heutige Form des Rosenkranzgebets entwickelte sich aus unterschiedlichen Vorformen im Spätmittelalter und wurde besonders von den Dominikanern gefördert. Angesichts der Türkengefahr rief Pius V. (vorher Dominikaner) zu diesem Gebet auf und führte nach dem Seesieg bei Lepanto am 7. 10. 1571 das Fest ein. – GK/G.

JUSTINA, Märtyrin in Padua († um 304).

GEROLD, Pilger aus Köln; auf Wallfahrt ins Heilige Land von Räubern in den Alpen erschlagen († 1241).

OKTOBER

Liebe zeigt sich mehr in Werken als in Worten. IGNATIUS VON LOYOLA

Wenn einer aus sich selbst ausgegangen ist und eingegangen in seinen Schöpfer und Herrn, indem er immer das vor Augen hält, immer das verspürt und sich immer darüber freut, wie unser Ewiges Gut in allem Geschaffenen ist, ihm Dasein und Erhaltung gibt durch seine gegenwärtige Unendlichkeit, so liegt darin, wie ich meine, ein Glück über alles andere. Denn denen, die unseren Herrn lieben, sind alle Dinge als Hilfen dargeboten, um näher zu kommen und in wachsender Liebe immer inniger eins zu werden mit ihrem Schöpfer und Herrn. IGNATIUS VON LOYOLA

Die Armut als Braut

Die heilige Armut nimmt im Leben des Franz von Assisi eine beherrschende Stellung ein wie hier auf dem Fresko im Vierungsgewölbe der Unterkirche. Auf der Suche nach dem Sinn seines Lebens begegnet ihr Franz nicht nur als einem Mittel zum Zweck, anderen zu helfen oder die Vollkommenheit zu erlangen; sie selber wird ihm kostbar, wertvoll, liebenswert, so daß er sich ihr anverlobt. Die Möglichkeiten des reichen Kaufmannssohns, das Leben zu genießen, die Verlockungen, als Krieger Ruhm zu erlangen, ließen ihn unbefriedigt. In Rom ist er in die Lumpen eines Bettlers geschlüpft und entdeckt die Freude, arm unter Armen zu sein. Vor der Stadt Assisi küßt er den Aussätzigen und verspürt den Anruf, das gepflegte Dasein hinter sich zu lassen.

So steht die herbe Gestalt der Armut vor ihm in verschlissenem Gewand, von Dornengestrüpp umgeben, von den Menschen verachtet, wie es die jungen Männer bekunden, die von unten mit Steinen auf sie werfen, mit einem Stock gegen sie stechen. Die Armut blickt ernst und hoheitsvoll in ihrem sechseckigen Nimbus auf Franz, hält ihm die Hand entgegen; Christus der Herr selbst steht in der Mitte zwischen beiden, blickt ebenfalls prüfend und einladend auf den Heiligen und läßt ihn zart den Finger dieser Braut berühren, mit der er nun sein Leben lang verbunden sein soll.

Franziskus ist sichtbar ergriffen von dem, was ihm in dieser Begegnung geschenkt wird, daß Christus selber ihm diese Braut zuteilt und daß so Hoffnung und Liebe, die zur anderen Seite der Armut stehen, ihn immer begleiten werden. Entschlossen hat er alles Eigene verlassen; zwei Engel tragen Gewand und Haus zu Gott empor, denn „alles Gute wollen wir zurückgeben dem Herrn, dem erhabenen und höchsten Gott". Aus der Armut erblüht Leben, Freiheit, Freude. So verheißt Franz in der Regel: „Die Erhabenheit der höchsten Armut hat euch ... zu Erben und Königen des Himmlischen Reiches bestellt. Sie macht arm an Dingen. Sie erhöht durch Tugenden."

Bild 48
4. Oktober: Franz von Assisi
Die Verlobung des Heiligen mit der Armut
Fresko, Giottoschüler, Assisi, Unterkirche von S. Francesco, 13. Jahrhundert

SPES
KARITAS

OKTOBER

Dein Reich komme: damit du herrschest in uns durch die Gnade und uns läßt in dein Reich kommen, dort, wo sich findet die offenbare Anschauung von dir, die selige Gemeinschaft mit dir, das ewige Verkosten in dir.

FRANZ VON ASSISI

DIONYSIUS, nach Überlieferung vom Papst nach Gallien gesandt, Bischof von Paris; starb mit zwei Gefährten in der Nähe von Paris als Märtyrer (3. Jh.). Gebeine in St-Denis, das zum Zentrum der Verehrung des Patrons der französischen Könige wurde. – GK/g.

JOHANNES LEONARDI, aus der Nähe von Lucca/Toskana; gründete „Regularkleriker der Gottesmutter" (für Seelsorge, Jugenderziehung, Armenschulunterricht); starb in Rom († 1609). – GK/g.

GUNTHER, aus thüringischem Grafengeschlecht; Mönch in Hersfeld und Niederaltaich; Einsiedler im Bayerischen Wald; gründete das einflußreiche Kloster Rinchnach († 1045). – Pas/G; Ber, Ful/g.

OKTOBER

Der heilige Alfons von Liguori sagt: „Die Nächstenliebe besteht darin, die Unerträglichen zu ertragen."

THERESIA VON LISIEUX

GEREON, nach Legende Offizier der Thebaischen Legion; vermutlich historisch Soldatenmartyrium bei Köln im 3. Jh. Bereits Ende 4. Jh. Gedächtnisbau. – Köl/g.

KASSIUS und FLORENTIUS, Märtyrer in Bonn Ende 3. Jh. (später zur Thebaischen Legion gezählt), Stadtpatrone. – Köl/g.

VIKTOR, Märtyrer in Xanten (Kultstätte des 4. Jh. unter dem Dom ausgegraben), ebenfalls mit Thebaischer Legion verbunden. – Ess, Mst/g.

FRANZ VON BORGIA (Francisco de Borja), aus spanischem Hochadel, am Hof Karls V.; nach frühem Tod seiner Frau Hinwendung zum religiösen Leben, gleichzeitig Herzog von Gandía; dann Jesuit, hohe Aufgaben im Orden für Spanien und Portugal, zuletzt Ordensgeneral († 1572).

OKTOBER

Liebe es, dich nicht wichtig zu nehmen und von anderen nicht anerkannt und bemerkt zu werden; und achte niemals auf den Reichtum Fremder, aber auch nicht auf ihre Fehler.

JOHANNES VOM KREUZ

BRUNO, jüngster Sohn von Heinrich I. und Mathilde; Kanzler, Erzbischof von Köln und gleichzeitig Herzog von Lothringen, eine der wichtigsten Stützen seines Bruders Otto I.; um religiöse Erneuerung bemüht, gründete in Köln Klöster und Stifte wie St. Pantaleon, Groß-St.-Martin, St. Andreas († 965). – Köl/G.

JAKOB GRIESINGER, sel., aus Ulm, Glasmaler; Dominikanerbruder in Bologna († 1491). – Rot/g.

MARIA, MUTTER VOM GUTEN RAT. Titel eines verehrten Marienbildes in der Kirche von Genazzano, Fest seit 18. Jh. – Ess/H (Diözesanpatronin).

MARIA SOLEDAD, gründete in Madrid „Mägde Mariens, Dienerinnen der Kranken", weitverbreitete Kongregation († 1887; hl.g: 1970).

OKTOBER 12

Alle, die den Herrn lieben aus ganzem Herzen, aus ganzer Seele, aus ganzem Gemüte und ganzer Kraft, und ihren Nächsten wie sich selbst und ihren Leib lassen mit seinen Fehlern und Sünden; die den Leib und das Blut unseres Herrn empfangen und würdige Früchte der Buße bringen: O wie selig und gesegnet sind jene Männer und Frauen, die solches tun und darin ausharren.

FRANZ VON ASSISI

MAXIMILIAN, über seinem Grab in Bischofshofen/Pongau (südlich von Salzburg) Kapelle; Reliquien kamen 878 nach Altötting, vor 985 im Dom von Passau. Nach späten Legenden Märtyrer und Bischof. – Pas/F; Lin/G; Mün, Gra, Sal/g.

EDWIN, König von Northumbrien (Nordengland); ließ sich taufen und förderte Christianisierung seines Landes, bis er vom heidnischen König Penda besiegt und getötet wurde († 633).

OKTOBER 13

Bezüglich der schlechten Gedanken sagte ein Altvater folgendes: Ich beschwöre euch, Brüder: wie wir die schlechten Taten unterdrückt haben, so laßt uns auch die schlechten Gedanken unterdrücken!

WORTE DER MÖNCHSVÄTER

LUBENTIUS, Priester in Trier; wirkte in Kobern an der Mosel (3. Jh.). Gebeine nach Dietkirchen bei Limburg übertragen. – Lim, Tri/g.

SINTPERT, Abt von Murbach, Bischof von Augsburg († um 807). – Aug/G.

KOLOMAN, aus Irland; auf Wallfahrt als Spion in Stockerau bei Wien erhängt († 1012). Gebeine nach Melk überführt; im süddeutschen Raum als Volksheiliger verehrt. – Pöl, Wie/G; Eis/g.

REGINBALD, in St. Gallen erzogen, Mönch in Tegernsee, Abt in Augsburg, Ebersberg bei München, Lorsch/Hessen, schließlich Bischof von Speyer (unter ihm erste Bauphase des Kaiserdoms) († 1039).

OKTOBER 14

Das Herz soll nicht glühen in den gefährlichen Flammen der irdischen Begierden und Lockungen, sondern in jenem Feuer, das in uns anzuzünden der Herr gekommen ist und von dem er sagt: Ich bin gekommen, Feuer auf die Erde zu werfen, und was will ich anderes, als daß es brenne!

PAULINUS VON NOLA

KALLISTUS I., von niederer Herkunft (Sklave), römischer Diakon; verfolgte als Papst mildere Linie in Bußpraxis und beim Problem der Anerkennung von Ehen zwischen Sklaven und Freien, deswegen vom konservativen Gemeindeflügel Gegenpapst (Hippolyt) aufgestellt; vielleicht Märtyrer († 222). – GK/g.

BURKHARD, angelsächsischer Mönch, Gefährte des hl. Bonifatius, der ihn zum Bischof von Würzburg weihte; gründete Andreaskloster, baute Salvatordom († 754). – Wür/F; Bam/g.

Frau ohne Furcht

Teresa überreicht jungen Männern das Gewand des Karmel. Da wird deutlich, wie sie auch in die Kirche der Männer, wie sie in die Welt hineinwirkt. Was sie der Kirche bringt, ist freilich nicht äußere Änderung, sondern die Revolution von innen. Ihre Hände halten sorgfältig das Skapulier und drücken so die Wertschätzung aus, die sie dem Leben im Karmel, der „beständigen Betrachtung im Gesetz des Herrn" entgegenbringt. Es ist die „ruhende Glut" und der „flammende Eifer" des Propheten Elija, auf den der Berg Karmel zurückweist: Die Flamme muß immer wieder zur Glut zurückkehren, sie muß sich immer wieder an Gott entzünden. Teresa selber hat in ihrem Leben erfahren: Nur ein radikales Ordensleben ohne Halbheiten macht glücklich.

Das Heil bringt freilich nicht der noch so entschiedene Einsatz, die fromme Leistung, sondern allein die Gnade Gottes, der sie sich ganz überlassen hat. „Wer sich an Gott hält, dem fehlt nichts, nur Gott genügt." Die Hingabe an seinen Dienst leuchtet in beidem gleichermaßen auf, wie sie das Gewand reicht und wie es der junge Mann empfängt. Aus ihrem Gesicht strahlt der Friede, die Sammlung, die aus der Freundschaft mit Gott kommt – aber es kündet auch von dem, was sie durchlitten hat, von Verleumdung und Verfolgung, von Enttäuschung und Verrat. Sosehr sie Menschen zu begeistern versteht, so viel Ablehnung hat die „Landstreicherin" auch erfahren. Sie weiß freilich zu kämpfen, erträgt Hitze und Frost und ihre Kopfschmerzen und ist rastlos unterwegs. Denn „die Liebe zu Gott besteht nicht in Tränen und süßen Gefühlen, sondern darin, daß man Gott diene in Gerechtigkeit, in männlicher Entschlossenheit und in Demut". Aber das innerliche Gebet schenkt „so große Tröstungen, daß alle Lasten leicht werden". Es ist der „freundschaftliche Verkehr, bei dem wir uns oft still mit dem unterhalten, von dem wir wissen, er liebt uns". Das macht sie furchtlos und kühn.

Bild 49
15. Oktober: Teresa von Ávila
Die Heilige bei der Einkleidung eines jungen Mönchs
Gemälde, 17. Jahrhundert

OKTOBER

15

Nichts soll dich ängstigen, nichts dich verwirren, alles vergeht. Gott bleibt derselbe. Geduld erreicht alles. Wer sich an Gott hält, dem fehlt nichts. Gott nur genügt.
THERESIA VON ÁVILA

THERESIA VON ÁVILA; trat 20jährig in den Karmel ihrer Heimatstadt ein; nach schwerer Erkrankung mystische Erfahrungen; Gelübde, immer das jeweils Vollkommenere zu tun – innerer Ursprung ihrer Ordensreform, die sie unter größten Schwierigkeiten mit der Gründung zahlreicher Reformklöster (Unbeschuhte Karmelitinnen und Karmeliter) durchsetzte; umfangreiches literarisches Werk, das sie als Meisterin der mystischen Theologie erweist († 1582). 1970 mit Katharina von Siena zur Kirchenlehrerin erhoben. – GK/G.

AURELIA, in Straßburg verehrt; vielleicht identisch mit einer in Bregenz schon zur Zeit Kolumbans verehrten Aurelia und mit gleichnamiger Reklusin in Regensburg.

OKTOBER

(Bei der Nachricht vom Tod ihres Sohnes in der Tatarenschlacht:) Es ist der Wille Gottes, und es muß uns gefallen, was Gott will und was Gott, unserem Herrn, gefällt.
HEDWIG

MARGARETA MARIA ALACOQUE, früh mystische Erfahrungen; Eintritt ins Kloster der Visitantinnen (Salesianerinnen) in Paray-le-Monial/Burgund; durch Visionen Auftrag zur Einführung eines Herz-Jesu-Festes; schwere Leiden im Kloster († 1690). – GK/g.

GALLUS, aus Irland; kam mit Kolumban von Luxeuil als Glaubensbote an den Bodensee; aus seiner Einsiedelei spätere Abtei St. Gallen († um 640). – RK/g (Gal/H, Diözesanpatron; Chu, Fel, Sit/G).

HEDWIG, mit Herzog Heinrich I. von Schlesien vermählt, vorbildliche Familien- und Landesmutter; lebte zuletzt im Kloster Trebnitz bei Breslau († 1243). – RK/g (Gör/H; Ber, Mei/F; Mün/G).

LULLUS, Bischof von Mainz; gründete Abtei Hersfeld († 786). – Ful, Mai/g.

OKTOBER

Seien wir nicht gefühllos gegen Christi Güte. Wenn er nämlich uns in unserem Tun nachahmen wird, dann ist es aus mit uns. Lernen wir deshalb, nachdem wir seine Jünger geworden sind, dem Christentum gemäß zu leben.
IGNATIUS VON ANTIOCHIEN

IGNATIUS, Bischof von Antiochien, vielleicht noch Schüler des Apostels Johannes; unter Kaiser Trajan zum Martyrium nach Rom gebracht; auf dem Weg Briefe an Gemeinden, die zu den wichtigsten nachapostolischen Schriften zählen († um 110). – GK/G.

CONTARDO FERRINI, aus Mailand, Studium u. a. in Berlin, Professor für römisches Recht; einer der bedeutendsten Rechtswissenschaftler und -historiker seiner Zeit, gleichzeitig Jugend- und Caritasapostolat († 1902; sel.g: 1947). – (Ber/g am 22. 10.).

Über die Vollkommenheit des geistlichen Lebens kann niemand urteilen als diejenigen, die darin Erfahrung haben, denn Gefühl und Bewußtsein werden von dem bestimmt, was man selber zu leben versucht.

PETRUS VON ALCÁNTARA

OKTOBER

18

LUKAS, Verfasser des lukanischen Doppelwerkes (Evangelium und Apostelgeschichte); hellenistisch gebildeter Heidenchrist, der durch sein Werk die christliche Botschaft in die Heidenwelt tragen wollte; nach alter Überlieferung aus Antiochien stammend, Arzt, Paulusbegleiter; nach Legende Madonnenmaler. – GK/F.

PETRUS von Alcántara, aus Lissabon; Franziskaner, Provinzial; gründete Reformkongregation der „Brüder von der strengsten Observanz"; wichtigster Berater der hl. Theresia bei ihrer Ordensreform; verfaßte weitverbreitete Gebetslehre († 1562).

Es ist gut und heilig, an das Leiden des Herrn zu denken und es zu betrachten, denn so gelangen wir zur Vereinigung mit Gott. In dieser Schule lernen wir die wahre Weisheit, dort haben alle Heiligen sie gelernt.

PAUL VOM KREUZ

OKTOBER

JOHANNES DE BRÉBEUF und ISAAK JOGUES und Gefährten; acht französische Jesuitenmärtyrer, die in der nordamerikanischen Indianermission wirkten; sie wurden in Stammesfehden zwischen Irokesen und Huronen verwickelt und starben z. T. unter grausamsten Quälereien am Marterpfahl (J. de Brébeuf und vier Gefährten † 1649, I. Jogues und ein Gefährte † 1646; ein weiterer † 1642). – GK/g.

PAUL vom Kreuz, aus Piemont; suchte strenges Bußleben und gründete die Passionisten; einer der größten Prediger seiner Zeit, hochbegnadeter Mystiker; starb in Rom († 1775). – GK/g.

O du mein Herr und Gott! Wir stehen ja schon fassungslos vor deiner majestätischen Herrlichkeit, aber noch viel fassungsloser macht uns deine Demut, mein Herr, und die Liebe, mit der du jemandem wie mir begegnest. Man kann sich mit dir einfach über alles unterhalten. THERESIA VON ÁVILA

OKTOBER

WENDELIN, fränkischer Einsiedler oder Mönch in den Vogesen (6. Jh.). Grab in St. Wendel/Saar um 1000 bezeugt, bedeutender Wallfahrtsort; zahlreiche Patrozinien, typischer Volksheiliger. – RK/g.

VITALIS, Schüler des hl. Rupert und dessen Nachfolger als Abtbischof von Salzburg; missionierte im Pinzgau († vor 730).

MARIA BERTILLA BOSCARDIN, wurde Dorotheenschwester in Vicenza (Norditalien); aufopferungsvolle, selbst schwer leidende Krankenpflegerin († 1922; zahlreiche Gebetserhörungen, hl.g: 1961).

Das heilige Bild am Herzen tragen

Auf dem Widmungsbild zum berühmten Hedwigs-Codex von 1353 ist der Auftraggeber, der Piastenfürst Ludwig I. von Liegnitz, zu sehen. Mit seiner Gemahlin Agnes kniet er ehrfürchtig vor der großen Gestalt seiner Ahnherrin Hedwig, die 1243 in dem von ihr gegründeten Kloster Trebnitz gestorben war. Das kostbare Gewand, das sie als Herzogin von Schlesien trägt, verbirgt die Einfachheit und Härte ihrer Lebensweise. Ihr Gesicht verrät die Sorge um ihr Land, die sie als Zwölfjährige aus ihrer bayerischen Heimat kommend auf sich genommen und siebenundvierzig Jahre lang unermüdlich getragen hat. Es zeigt auch, daß sie viel gelitten hat – um ihr eigenes, vom Untergang bedrohtes Geschlecht der Andechs-Meranier, beim furchtbaren Zwist ihrer Söhne, bei der Gefangennahme, Krankheit und beim Tod ihres Gatten und als ihr Lieblingssohn Heinrich II. in der Schlacht bei Wahlstatt fällt.

Woraus sie die Kraft schöpfte, woran sie sich festhielt, um dabei gelassen, tapfer und geduldig zu bleiben, zeigen ihre Hände, die Gebetbuch und Gebetsschnur umklammern und ein elfenbeinernes Bildnis Marias mit dem Kind an die Brust drücken. Der Codex berichtet, sie habe es oft in Händen gehalten und mit Liebe angesehen. Sie habe vor ihm gebetet und es dem Volk zur Verehrung gereicht, wie sie immer darauf bedacht war, die Freude ihres Glaubens den vielen ihm noch Fernstehenden nahezubringen. Mit ihm segnete sie Kranke, weil diese und andere Notleidende ihrer barmherzigen Liebe sicher sein durften, und siehe, sie wurden gesund. Dies Bild des Heils hatte sie auch im Sterben nicht losgelassen. Als man ihre Gebeine erhob, fand man nur die drei Finger, die das Bildnis umschlossen, ganz unversehrt.

Hedwig war eine große Frau und Landesmutter, von der viel Trost und Hilfe, viel Glaubensunterweisung und Kultur ausging. Sie selber schöpfte immer wieder neue Kraft und Ermutigung aus dem kleinen Bild der in Maria menschgewordenen göttlichen Liebe, das sie mit sich trug. Sie konnte Barmherzigkeit ausstrahlen, weil sie das Bild der göttlichen Barmherzigkeit an ihrem Herzen trug.

Bild 50
16. Oktober: Hedwig von Schlesien
Die Heilige mit dem kleinen Elfenbeinbildnis der Gottesmutter
Miniatur, Hedwigs-Codex, 1353

OKTOBER

21

Gott von Gott, wahrer Gott vom wahren Gott. Wir bekennen, daß du gut bist; steh uns in deiner Güte bei. Wir bekennen, daß du barmherzig bist; beschirme uns unter den Flügeln deiner Barmherzigkeit. Wir bekennen, daß du Erlöser bist; erlöse und errette uns vom Bösen. Wir preisen dich, weil du heilig bist; mögen wir durch dein Fleisch und Blut geheiligt werden.

EPHRÄM DER SYRER

URSULA. Sehr frühe Verehrung durch Inschrift und archäologischen Befund gesichert; vermutlich eine oder mehrere christliche Märtyrinnen, auf einem römischen Gräberfeld bei der heutigen Ursulakirche in Köln begraben. Seit 10. Jh. romanhaft ausgestaltete Legende von 11 000 Jungfrauen (Zahl wahrscheinlich durch Lesefehler entstanden); sehr beliebte Patronin von Städten, Ländern, der Jugenderziehung (unter ihren Schutz stellte Angela von Merici ihren Orden der Ursulinen), der Lebensreise (Bruderschaften vom „Ursulaschifflein"). – RK/g (Köl/G).

OKTOBER

22

Herr meiner Seele! Als du noch in der Welt wandeltest, hast du den Frauen immer deine besondere Zuneigung bewiesen. Fandest du doch in ihnen nicht weniger Liebe und Glauben als bei den Männern. Die Welt irrt, wenn sie von uns verlangt, daß wir nicht öffentlich für dich wirken dürfen, noch Wahrheiten aussprechen, um derentwillen wir im Geheimen weinen, und daß du, Herr, unsere gerechten Bitten nicht erhören würdest. Ich glaube das nicht, Herr, denn ich kenne deine Güte und Gerechtigkeit, der du kein Richter bist wie die Richter dieser Welt, die Kinder Adams; kurz, nichts als Männer, die meinen, jede gute Fähigkeit bei einer Frau verdächtigen zu müssen.

THERESIA VON ÁVILA

KORDULA, nach der Legende eine der Gefährtinnen der hl. Ursula.

INGBERT, Einsiedler oder Mönch; lebte in einer Zelle im Saarland (6. Jh.). Ursprung der späteren Stadt St. Ingbert.

OKTOBER

23

Licht strahlt nicht für sich selbst, sondern ergießt sich nach allen Seiten und macht so alles sichtbar. Wer mit der Sorge für andere betraut ist, muß mit seinem eigenen Leben den anderen den Weg in das Haus des Herrn weisen.

JOHANNES VON CAPESTRANO

JOHANNES von Capestrano, mit seinem Freund Bernhardin von Siena der größte franziskanische Wanderprediger im 15. Jh. (vor allem in Italien und Mitteleuropa); Kreuzzugsprediger gegen die Türken (Rettung Belgrads 1456); schon zu Lebzeiten viele wunderbare Krankenheilungen; setzte im Orden Unabhängigkeit der Observanten von den Konventualen (der „braunen" von den „schwarzen" Franziskanern) durch († 1456). – RK/g.

SEVERIN, Bischof von Köln zur Zeit Martins von Tours (4./5. Jh.). Sehr alter Kult, durch Ausgrabungen bestätigt. – Köl/G.

OKTOBER

Die wichtigste Tugend ist die Liebe. Ja, ich kann es nicht oft genug wiederholen: Die Tugend, die ein apostolischer Arbeiter vor allen anderen notwendig hat, ist die Liebe. Er muß Gott lieben, die allerseligste Jungfrau und die Menschen. Hat er diese Liebe nicht, dann werden ihm alle seine Fähigkeiten nicht helfen. Mit dieser Liebe aber und den gewöhnlichen Fähigkeiten wird er alles überwinden können. ANTONIUS MARIA CLARET

ANTONIUS MARIA CLARET, aus Spanien, Priester und Volksmissionar; gründete Missionsorden „Söhne des Unbefleckten Herzens Mariä" (Claretiner) und Bildungsinstitut der Claretinerinnen; 1850–1857 Erzbischof von Santiago de Cuba, danach am spanischen Hof und Präsident des Escorial; bedeutender Prediger; verfaßte auch zahlreiche Schriften († 1870; hl.g: 1950). – GK/g.

EVERGISIL, Nachfolger Severins als Bischof von Köln († vor 594). – Köl/g.

OKTOBER

Ein Altvater sprach: Wir kommen deshalb im Guten nicht voran, weil wir nicht Maß zu halten verstehen, noch auch bei angefangenen Arbeiten Geduld haben, sondern die Tugend ohne Mühe erlangen möchten. WORTE DER MÖNCHSVÄTER

KRISPIN UND KRISPINIAN, wahrscheinlich Märtyrer in Rom († um 287). Reliquien im 9. Jh. nach Osnabrück (Stadtpatrone). – Osn/G.

MINIAS, Märtyrer in Florenz († um 250). An seinem Grab die berühmte Kirche S. Miniato al Monte.

CHRYSANTHUS UND DARIA, römische Märtyrer (3./4. Jh.). Von Papst Damasus verfaßte Grabinschrift aus 4. Jh.; Kirche; Reliquien in Prüm/Eifel und Münstereifel.

LUDWIG von Arnstein, sel.; verwandelte sein Stammschloß (bei Lahnstein) in Prämonstratenserkloster († 1185).

OKTOBER

Es genügt nicht, Christ zu heißen, man soll es auch sein. So gibt es auch Christen, die den Bischof zwar Bischof nennen, aber alles ohne ihn tun. IGNATIUS VON ANTIOCHIEN

AMANDUS, erster bekannter Bischof von Straßburg (4. Jh.). – Stra/g.

WITTA (latinisiert Albuin), Gefährte des hl. Bonifatius, erster und einziger Bischof von Buraburg bei Fritzlar/Hessen (Bistum danach mit Mainz vereinigt) († nach 760). – Ful/g.

DEMETRIUS, Märtyrer in Sirmium (im heutigen Jugoslawien) († um 306). In Saloniki Anfang 5. Jh. Basilika, von dort Kult stark im Osten verbreitet (noch heute in Griechenland über zweihundert Demetriuskirchen); als „Großmärtyrer" verehrt und neben Georg der meistdargestellte Soldatenheilige.

Im Schiff der Kirche

Die Legende hat den geschichtlichen Kern überlagert; vielleicht sind aus zehn Gefährtinnen, die mit Ursula in Köln das Martyrium erlitten, die elftausend Jungfrauen geworden, die die Königstochter auf ihrer Fahrt nach Rom begleiteten. Nun, auf der Rückfahrt, habe sich neben Bischöfen auch der Papst zugesellt; der englische Königssohn, dem Ursula als Braut versprochen war, sei auf göttliche Weisung ihr nach Köln entgegengefahren, um mit ihr gemeinsam den Martertod zu sterben. Dies sei geschehen durch die Hunnen, die damals Köln belagerten. So hat sich das in Köln schon früh bezeugte Martyrium einiger Jungfrauen geweitet zu einem Völker und Zeiten umspannenden Ereignis, zu einem Sinnbild der ganzen Kirche.

So sehen wir das große Schiff vor uns, auf dem Ursula in prächtigem Gewand hoch aufgerichtet steht und das die sie begleitenden Jungfrauen, aber auch Papst und Bischöfe, Königssohn und Bürger, Nonnen und Mönche aufgenommen hat. Während im Hintergrund der Rhein und seine Landschaft und auch die Stadt Köln in ruhiger Helligkeit dargestellt sind, bringen die Scharen der Hunnen vor den Toren und auf den Schiffen Unruhe ins Bild, die zu tödlicher Bedrohung wird beim Schiff der hl. Ursula, das von der Gischt aufgewühlte Wasser umspülen. Von der linken Seite hat sich das Boot der Feinde genähert, die das friedliche Schiff erklettern, nach den Jungfrauen greifen und sie mit dem Krummsäbel töten.

In solcher Bedrohung ist das Volk Gottes immer auf dem Weg durch die Zeiten. Hier aber ist nichts zu spüren von Panik und Angst, von Abwehrmaßnahmen oder Fluchtversuchen, von aufgeregten Beratungen oder verzweifelter Ausschau nach Hilfe. Diese Kirche ist in ruhiger Erwartung des Kommenden, in Bereitschaft zum Zeugnis für Christus, weil sie auf die Heilige in ihrer Mitte schauen kann, die das Kreuz Christi hochhebt, das Kreuz, das auch auf dem hohen Mastbaum des Schiffes als Zeichen des endgültigen Sieges steht. „In diesem Kreuz Christi wollen wir alle tapfer kämpfen.“

Bild 51
21. Oktober: Ursula und Gefährtinnen
Das Schiff der heiligen Ursula
Oberrheinischer Meister, um 1500

OKTOBER

Richten wir den Blick auf eigene Fehler und nicht auf die anderer; es ist immer eine Gefahr sehr rechtschaffener Personen, daß sie an allem Anstoß nehmen. Dabei könnten wir oft in wichtigen Dingen viel von dem lernen, über den wir uns aufhalten, mögen wir ihm auch in Auftreten und Umgangsformen überlegen sein. Vor allem dürfen wir nicht alle zu unserem Weg bekehren wollen und sie geistlich unterweisen, obwohl wir selbst vielleicht noch gar nicht wissen, wovon wir sprechen. THERESIA VON ÁVILA

WOLFHARD, aus Augsburg, Sattlergeselle; lebte in Oberitalien an der Etsch als Einsiedler zwanzig Jahre, dann Rekluse im Kamaldulenserkloster in Curte-Regia († 1127). Reliquien nach Augsburg (St.-Sebastians-Kirche). – Aug/g.

OKTOBER

Das ist die Glorie des Menschen, durchzuharren und auszuhalten im Dienst Gottes. ... Denn eben in dem Maße, als Gott keines Dinges bedarf, bedarf der Mensch der Lebensgemeinschaft mit Gott. IRENÄUS VON LYON

SIMON und JUDAS THADDÄUS, Apostel. Fast nur in Apostellisten genannt: Simon in Mk 3, 18; Mt 10, 4 mit dem Beinamen „Zelot" (Eiferer). Der andere heißt in Lk 6, 16; Apg 1, 13 „Judas (Sohn) des Jakobus", in Mk 3, 18; Mt 10, 3 „Thaddäus", beide Namen später zu „Judas Thaddäus" verbunden; seit 18. Jh. Anrufung als Helfer in verzweifelten Situationen. – GK/F.

ALFRED der Große, König der Angelsachsen; fast ständig Kämpfe gegen heidnische Dänen/Normannen; gründete Klöster und Schulen; förderte Seelsorge, Rechtspflege, Bildung († 900).

OKTOBER

Ja du, du bist es – / Du Gott und Schöpfer allen Seins, / Du führst die Himmel ihre Bahn, / Du kleidest uns den Tag in Licht, / Du schenkst die Nacht so ruhesam, / Daß stille Rast den müden Leib / Erquicke für die neue Müh, / Das Herz veratme von der Last / Und lasse von der Traurigkeit. AMBROSIUS

FERRUTIUS, Soldatenmärtyrer in Mainz (Anfang 4. Jh.). Gebeine 812 von Kastel nach Kloster Bleidenstadt (bei Wiesbaden) übertragen. – Lim, Mai/g.

NARCISSUS, Bischof von Gerona in Katalonien (4. Jh.). In Augsburg bekehrte er nach der Legende Afra und weihte Dionysius zum ersten Bischof.

HERMELINDIS, aus reicher Familie in Brabant; floh vor Heiratsplänen ihrer Eltern in die Einsamkeit († vor 600). An dem Ort später Kloster Meldaert (bei Brüssel).

OKTOBER

30

(Gott spricht:) O Seele, suche dich in Mir, und Seele, suche Mich in dir.

THERESIA VON ÁVILA

Wer mit der Übung des inneren Gebets noch nicht begonnen hat, den bitte ich bei der Liebe Gottes, sich ein solches Gut doch nicht entgehen zu lassen. Es gibt hier nichts zu fürchten, aber alles zu hoffen. Wer darin beharrlich ist, der wird die Barmherzigkeit Gottes erfahren, der jede Freundschaft erwidert. Denn das innere Gebet ist, so meine ich, nichts anderes als Umgang und vertraute Zwiesprache mit dem Freunde, von dem wir wissen, daß er uns liebt.

THERESIA VON ÁVILA

THÖGER, aus Thüringen; studierte in England, ging als Missionar nach Norwegen, (Kaplan bei König Olaf II.), dann nach Jütland († 1065).

OKTOBER

31

Im Zorn nichts ausführen. Dem Groll nicht einen Augenblick einräumen. Keine Arglist im Herzen tragen. Nicht heuchlerisch Frieden bieten. Von der Liebe nicht lassen.

BENEDIKT-REGEL

WOLFGANG, aus Schwaben, Ausbildung auf der Reichenau und in Würzburg, Lehrer an der Domschule in Trier, Mönch in Einsiedeln (hier vom hl. Ulrich zum Priester geweiht), Missionar in Ungarn, Bischof von Regensburg; reformierte Klöster, förderte Bildung und geistliches Leben, ermöglichte Gründung des Bistums Prag († 994). Zentrum der Verehrung St. Wolfgang am Arbersee, bedeutender Wallfahrtsort. – RK/g (Reg/H, Diözesanpatron; Ein/F; Lin/G).

FOILLAN, irischer Mönch, Regionalbischof und Glaubensbote im Hennegau; gründete mit Gertrud von Nivelles Kloster Fosses (bei Namur); von Räubern erschlagen († um 655).

NOVEMBER

1

Wir wollen endlich aufwachen und aufstehen mit Christus, suchen, was droben ist, und den Sinn darauf richten. Wir wollen nach denen verlangen, die Sehnsucht nach uns haben. Wir wollen hineilen zu denen, die uns erwarten, mit den Wünschen des Herzens wollen wir ihnen entgegeneilen, die nach uns ausschauen.

BERNHARD VON CLAIRVAUX

ALLERHEILIGEN. Fest im Osten seit 4. Jh. bekannt (bei den Griechen 1. Sonntag nach Pfingsten); im Westen Kirchweihfest der römischen Pantheonkirche (Maria zu den Märtyrern, am 13. 5. 610 eingeweiht), das im 8. Jh. unter englischem Einfluß auf den 1. 11. verlegt und auf alle Heiligen ausgedehnt wurde. – GK/H.

WOLFHOLD, Dompropst in Freising, Mönch in St. Georgen/Schwarzwald, Abt im Stift Admont/Steiermark, das unter ihm inneren und äußeren Aufschwung erlebte und zu einem Zentrum der cluniazensischen Reform wurde († 1137).

Hingeworfen und hingegeben

Was kennzeichnet einen großen Bischof wie Wolfgang als Heiligen? Gewiß verfügte Wolfgang über eine hervorragende und fromme Bildung. Erzogen in der Klosterschule der Reichenau, wurde er schon in jungen Jahren Lehrer an der Domschule zu Trier, dann Mönch in Einsiedeln. Gewiß hat er mit seiner Energie und Klugheit später viel geleistet, als Missionar in österreichischen Ländern, von 972 an als Bischof von Regensburg, ein Reformer der Kirche, ein Freund der Armen. Auf unserem Bild ist er in der Haltung zu sehen, die am tiefsten das Wesen des Heiligen bezeichnet, in der des Betenden.

Hingeworfen hat er sich auf die Stufen des Altars, sein Haupt legt er in seine Hände, um sein ganzes Denken und Fühlen Gott zu übergeben. In den wichtigen Entscheidungen vertraut er nicht auf seine Klugheit, nicht auf seine Erfahrung, auf seine Willensstärke und Tüchtigkeit. Solche Entscheidungen waren etwa die des Verzichts auf die Diözese Prag, die er in die Selbständigkeit und damit in eine gute Entwicklung freigab, und zunächst die ihm als Mönch besonders am Herzen liegende Reform der Klöster Regensburgs. War den Mitgliedern der klösterlichen Gemeinschaften eine strenge Reform zumutbar? Sollte und konnte etwa beim berühmten Kloster St. Emmeram die traditionelle Verquickung von Kloster und Bistum gelöst, die Rechte des Bischofs als Leiters der Abtei aufgegeben werden? Die von ihm vollzogene Trennung und Bestellung eines eigenen Abtes erwies sich für St. Emmeram als überaus segensreich.

Die im Bild dargestellte Legende läßt während des langen Betens einen Engel zu Wolfgang kommen und die Monstranz auf den Altar stellen, ein Zeichen der Ermutigung, die strenge Reform durchzuführen. Dem, der die irdische Landschaft und die drängenden Geschäfte im Gebet ganz hinter sich gelassen, der sich allein Gott hingegeben hat, naht sich Gott im mächtig hereinragenden Engel, berührt ihn leise und gibt ihm das Zeichen seiner Gegenwart. Der Heilige entscheidet und handelt aus Licht und Kraft des Gebets.

Bild 52
31. Oktober: Wolfgang von Regensburg
Das Gebet des Heiligen
Michael Pacher, Kirchenväteraltar, um 1480

NOVEMBER

Es ist ein ganz falscher Standpunkt, wenn man meint, man habe sich nur um die Seele der Armen und Verbitterten zu kümmern und die materielle Hilfe ginge uns nichts an. RUPERT MAYER

ALLERSEELEN. Um 1000 durch Abt Odilo in den cluniazensischen Klöstern eingeführt und dadurch bald in der ganzen Kirche verbreitet. – GK/G.

RATBOLD, aus Aibling/Oberbayern, Einsiedler in Schwaz/Tirol (10. Jh.). Später Benediktinerkloster und Wallfahrtsort.

WICHMANN von Arnstein, sel., Propst in Magdeburg; führte hier Dominikaner ein und trat selbst dem Orden bei; Prior in Eisenach, Erfurt und Neuruppin († 1270).

MARGARETA, sel.; verheiratet mit Herzog René d'Alençon von Lothringen, nach dessen frühen Tod über zwanzig Jahre Regentin; Franziskanerterziarin und zuletzt Klarissin in Argentan († 1521).

NOVEMBER

MARTINICO DE PORRES, aus Lima/Peru; Dominikanerbruder, Krankenpfleger aller ohne soziale Unterschiede (er selbst als Mulatte oft zurückgesetzt); großer Beter und Büßer († 1639; hl. g: 1962). – GK/g.

HUBERT, Schüler des hl. Lambert; wurde dessen Nachfolger als Bischof von Tongern-Maastricht; verlegte Bischofssitz nach Lüttich; Glaubensbote in den Ardennen († 727). – RK/g.

PIRMIN, fränkischer Abtbischof und Missionar; wirkte im alemannischen Raum; gründete Abtei auf der Reichenau und war an zahlreichen Klostergründungen beteiligt († 753). – RK/g.

VICTORINUS, Bischof von Pettau; gilt als ältester Bibelerklärer der lateinischen Kirche; wahrscheinlich Märtyrer († um 304). – Gra/g.

RUPERT MAYER, aus Stuttgart, Jesuit, Volksseelsorger; als Divisionspfarrer im Ersten Weltkrieg schwer verwundet; Caritasarbeit und mutiger Prediger gegen Nationalsozialismus in München; mehrfach verhaftet; im KZ Dachau und Oranienburg, Hausarrest in Ettal († 1945; sel.g: 1987).

NOVEMBER

Mach, daß du vor allem durch Leben und Tat predigst; man soll nicht sehen müssen, daß du anders sprichst, als du tust, und darum über deine Worte spotten und den Kopf schütteln. KARL BORROMÄUS

KARL BORROMÄUS, aus einflußreicher oberitalienischer Adelsfamilie, Geheimsekretär bei seinem Onkel Pius IV., Kardinal; streng asketische Lebensweise; als Erzbischof von Mailand gegen viele Widerstände Reformen im Sinne des Trienter Konzils durch Visitationen, Synoden, Sorge für Priesterausbildung; Vorbild eines tridentinischen Reformbischofs († 1584). – GK/G.

FRANÇOISE D'AMBOISE, aus dem Hochadel; mit dem Herzog der Bretagne vermählt; gründete nach dessen Tod das erste Karmelitinnenkloster Frankreichs (Vannes in der Bretagne, später in die Nähe von Nantes verlegt), in das sie selbst eintrat († 1485).

NOVEMBER 5

Am Kreuz kommt niemand vorbei, sei es nun groß oder klein, und die es nicht tragen wollen, sind unglückliche Menschen. RUPERT MAYER

Es muß Wärme von uns ausgehen, den Menschen muß es in unserer Nähe wohl sein, und sie müssen fühlen, daß der Grund dazu in unserer Verbindung mit Gott liegt. RUPERT MAYER

Es gibt wenig Menschen, die alles auf die Karte Gottes setzen. RUPERT MAYER

EMMERICH, Sohn König Stephans I. von Ungarn; vorbildliche Lebensweise; starb in noch jugendlichem Alter kurz vor seiner Krönung († 1031). Zusammen mit seinem Vater kanonisiert. – Eis/g.

ALLE MÄRTYRER des Bistums: Ber/G.

ALLE HEILIGEN der Diözese: Lau, Sit/G.

NOVEMBER 6

Ich bete zu Gott, er möge Ihnen immer mehr Fortschritt schenken in der Liebe Gottes durch alle Dinge. Daß er doch Ihre Liebe nicht nur ein wenig, sondern ganz, ganz sage ich, in sich hineinziehe und durch Sie wiederum auf alle Geschöpfe auswirken lasse! IGNATIUS VON LOYOLA

LEONHARD, nach der stark legendären Lebensbeschreibung Einsiedler bei Limoges (vielleicht 6. Jh.). Patron der Gefangenen; seit 12. Jh. Verehrung auch im deutschsprachigen Raum; wurde als Bauern- und Viehpatron einer der beliebtesten Volksheiligen. – RK/g.

PROTASIUS, Bischof von Lausanne (7. Jh.). – Lau/g.

MODESTA, Äbtissin in Trier; mit Gertrud von Nivelles befreundet († nach 659). Verehrung in Trier seit 10. Jh. bezeugt. – Tri/g.

NOVEMBER

Vor allem zeige sich nie das Laster des Murrens aus irgendeinem Grund, in irgendeinem Wort oder nur in einer Andeutung. BENEDIKT-REGEL

WILLIBRORD, aus Northumbrien (Nordengland); ging als Mönch mit Gefährten (darunter Swidbert, die beiden Ewalde) in die Friesenmission unter dem Schutz des fränkischen Hausmeiers Pippin d. M. und mit päpstlicher Vollmacht; Erzbischof von Utrecht; gründete Kloster Echternach als Missionsstützpunkt († 739). – RK/g (Lux/F).

ENGELBERT, Sohn des Grafen von Berg; Dompropst; als Erzbischof von Köln um Wiederaufbau nach Kriegsverheerungen, weitsichtige Bündnispolitik, Schutz der Armen und der Klöster gegen erpresserische adlige Vögte bemüht; von Kaiser Friedrich II. zum Reichsverweser und Vormund seines Sohnes eingesetzt; fiel einem Meuchelmord zum Opfer († 1225). – Ess, Köl/g.

Christuserfahrung im Teilen

Wir möchten gern klare Erkenntnisse, Beweise, überzeugende Erlebnisse, bevor wir etwas tun, uns auf Schritte der Erfahrung einlassen. Martin kommt durch das Tun zur Erkenntnis. Gewiß weiß der junge römische Offizier im nächtlichen tiefen Blau unseres Bildes schon seit der Kindheit von Christus, ist schon lange Taufbewerber, sehnt sich nach einem christlichen Leben. Das Haupt des Schlafenden ist hochgelagert, ragt in eine andere, seinen irdischen Tag deutende Sphäre. In der Kälte des Winterabends war er vor Amiens dem Bettler begegnet; da er sonst nichts zu geben hatte, teilte er mit seinem Schwert den Mantel, damit auch der Arme etwas habe, sich damit zu umhüllen.

Nun schaut er im Traum Christus, in weit ausgespannten Händen dies Mantelteil haltend. „Martinus, noch Katechumene, hat mich mit dem Mantel bekleidet." Diese Stimme verändert sein Leben, er läßt sich taufen, er verläßt den Kriegsdienst. Christus blickt ihn an, in den ausgemergelten Zügen des Bettlers und doch mit der ihm eigenen Hoheit und Liebe. Dem schlafenden Martinus leuchtet auf, wem er in der Winterkälte begegnet ist: Christus, dem Herrn, der immer so unwirklich ferne schien. In das Halbrund des Liegenden senkt sich der Mantel, die Tat seines Teilens, als Gemeinschaft mit Christus, als beglückende Erfahrung.

Jetzt kann Christus wie im Traumbild in der Mitte stehen, sein künftiges Leben bestimmen. Aufgabe und Seligkeit des Teilens wird es prägen: die Liebe zu den Armen, das Verlangen, mehr von diesem Christus zu erfahren, das ihn als Schüler zu Hilarius treibt; der Wille, anderen die Frohbotschaft mitzuteilen, zu missionieren in seiner ungarischen Heimat, wo er als erste seine Mutter bekehrt; die Bereitschaft zu dienen, als Mönch und dann als Bischof von Tours. Auch als nach fast dreißigjährigem Bischofsdienst die Kräfte versagen, bekundet er trotz aller Sehnsucht nach der ewigen Heimat: Ich verweigere mich nicht dem mühseligen Dienst.

Bild 53
11. November: Martin von Tours
Christus erscheint dem Heiligen im Traum
Glasfenster, Tours, 2. Hälfte des 13. Jahrhunderts

NOVEMBER

Ein Hirt der Kirche muß so sein, daß er wie Paulus allen alles wird, daß der Kranke bei ihm Genesung findet, der Traurige Freude, der Verzweifelnde Vertrauen, der Unerfahrene Klärung, der Schwankende Halt, der Reuevolle Vergebung und Trost, kurz, ein jeder das, was ihm zum Heil notwendig ist.

PETRUS KANISIUS

WILLEHAD, aus Northumbrien; in der Friesenmission tätig; von Karl d. Gr. zu den Sachsen geschickt; setzte nach Unterbrechung durch Widukinds Sachsenaufstand Missionsarbeit als Bischof im Weser-Ems-Gebiet fort und baute den ersten Dom in Bremen († 789). – Hil, Mst, Osn/g.

GOTTFRIED, Abt im Kloster Nogent-sous-Coucy/Champagne, Bischof von Amiens; auf seiten des Volkes beim Kampf um städtische Freiheiten; von äußerster Freigebigkeit gegenüber Armen († 1115).

NOVEMBER

Ich wünsche Ihnen die Liebe! Dieses Wort schließt, wie mir scheint, alle Heiligkeit in sich ein.

ELISABETH VON DIJON

WEIHETAG DER LATERANBASILIKA. Der Brauch, den Jahrestag der Kirchweihe zu feiern, um 400 für Jerusalem bezeugt, seit 5. Jh. auch im Westen; es bildete sich ein dreifaches Jahrgedächtnis aus: Weihetag der Kathedrale des Papstes (Lateranbasilika in Rom), Weihetag der Kathedrale der jeweiligen Diözese, Weihetag der einzelnen Kirche (falls dieser nicht bekannt, für jede Diözese ein gemeinsamer Termin angesetzt). – GK/F.

THEODOR, Soldat und Märtyrer in Kleinasien (4. Jh.). Reich ausgestaltete Legende (mit Drachenkampfmotiv und vielen Wundern), als „Großmärtyrer" verehrt; zahlreiche Kirchen- und Klosterpatrozinien.

ELISABETH von der Heiligsten Dreifaltigkeit, französische Karmelitin in Dijon, Mystikerin; starb 26jährig († 1906; sel. g: 1984).

NOVEMBER

Erkenne, Christ, deine Würde! Denke daran, welchen Hauptes, welchen Leibes Glied du bist! Vergegenwärtige dir, daß du der Macht der Finsternis entrissen und in Gottes lichtvolles Reich versetzt bist! Durch das Sakrament der Taufe wurdest du zu einem Tempel des Heiligen Geistes. Vertreibe nicht durch schlechte Handlungen einen so hohen Gast aus deinem Herzen!

LEO DER GROSSE

LEO I. der Große, Papst, Kirchenlehrer; kluger Verteidiger der Rechtgläubigkeit (dogmatisches Schreiben an den Patriarch Flavianus von Konstantinopel); Verfechter des Jurisdiktionsprimats, griff ordnend in die kirchlichen Verhältnisse in Nordafrika, Gallien und Illyrien ein; rettete Italien vor den Hunnen († 461). – GK/G.

JOHANNES Scotus (aus Schottland), Missionar; von Erzbischof Adalbert I. von Bremen-Hamburg zum Bischof von Ratzeburg/Mecklenburg geweiht; bei Slawenaufstand ermordet († 1066).

NOVEMBER

11

Nicht geh mit mir ins Gericht, vorführend die Werke, nachspürend den Worten, strafend die Triebe. In deiner Liebe hab nicht auf die Sünden acht. Rette mich. Denn alles steht in deiner Macht. THEODOR STUDITES

MARTIN, in Pannonien (Ungarn) geboren, in Pavia erzogen, römischer Soldat in Gallien (in dieser Zeit berühmte Mantelszene); 18jährig getauft, Schüler des Hilarius von Poitiers; gründete das erste Kloster Galliens in Ligugé; zum Bischof von Tours gewählt († 397). Schon früh verehrt; Schutzpatron der fränkischen Könige, sein Grab Nationalheiligtum; zahllose Kirchen und Klöster ihm geweiht. – GK/G (Mai, Rot, Eis/H, Diözesanpatron; Hil/H, Patron des Eichsfelds; Ein/H, Patron des Kantons Schwyz).

MENAS, Märtyrer; der volkstümlichste Heilige Ägyptens († 295).

THEODOR Studites, Abt des Studiosklosters in Konstantinopel; Reformer des Mönchtums; Verteidiger der Bilderverehrung († 826).

NOVEMBER

12

(Sulpicius Severus in seiner Lebensbeschreibung des hl. Martin:) Auch wenn er las oder sonst mit einer Arbeit beschäftigt war, ließ sein Geist doch nie vom Gebet ab. Wie ein Schmied bei seiner Arbeit immer wieder den Hammer auf den Amboß fallen läßt, so betete Martin ohne Unterbrechung, auch wenn er anscheinend etwas anderes tat.

JOSAPHAT KUNZEWITSCH, in Wolhynien von orthodoxen Eltern geboren, schloß sich in Wilna der ruthenisch-unierten Kirche an, Basilianermönch; setzte sich für Union mit Rom ein; Erzbischof von Polozk; auf einer Visitationsreise von Unionsgegnern in Witebsk ermordet († 1623). – GK/G.

ARSACIUS, Bischof von Mailand, Märtyrer (4. Jh.?). Reliquien 766 von Rom nach Ilmmünster (längere Zeit in München). – Mün/g.

KUNIBERT, aus moselländischem Adel, Bischof von Köln, Ratgeber der fränkischen Könige, großer Wohltäter († 633). – Tri, Köl/g.

NOVEMBER

13

Alles vergeht! Am Abend des Lebens bleibt nur die Liebe. Man muß alles aus Liebe tun; man muß sich selbst ständig vergessen: Der gute Gott liebt es so sehr, wenn man sich selbst vergißt. ELISABETH VON DIJON

HIMERIUS, Glaubensbote im Schweizer Jura (7. Jh.). An seinem Grab entstand St-Imier. – Bas/g.

STANISLAUS KOSTKA, aus polnischem Adel; zum Studium nach Wien, wegen der Frömmigkeit und Lauterkeit seines Wesens angefeindet; floh, um Jesuit werden zu können, nach Augsburg und Dillingen zu Petrus Kanisius, der ihn nach Rom schickte; vom Jesuitengeneral Franz von Borgia ins Noviziat aufgenommen, starb er bald darauf, noch nicht 18jährig († 1568). – Wie/G; Aug/g.

BRIKTIUS, Schüler und Nachfolger Martins als Bischof von Tours; war verleumderischen Anschuldigungen ausgesetzt († um 444).

Der Weg hinunter

Wir Menschen sind vom Gedanken des Aufstiegs fasziniert, von der Höherentwicklung der Menschheit, vom gesellschaftlichen Aufstieg, auch vom Höhenflug des Geistes. Elisabeth beschreitet auf dem Bild den Weg hinab, von der Wartburg, vom Leben als angesehene Fürstin. Es ist nicht die Gebücktheit des Alters, es ist die Lebensentscheidung der erst Zwanzigjährigen, die sie sich so tief hinabbeugen läßt. Gewiß sind es die Leute vom thüringischen Hof, die sie nach dem Tod ihres Gatten in Apulien hinausdrängen, weil sie ihre allzu große Liebe zu den Armen und ihre Freigebigkeit fürchten. Aber sie geht mit ihren Kindern freiwillig hinunter nach Eisenach, weil sie schon lange das Unrecht der herrschenden Schicht erkannt und verabscheut hat, weil sie Freude gefunden hatte, die Kranken eigenhändig zu bedienen, weil sie im Programm des heiligen Franz entdeckt hatte: „Dies ist es, was ich immer schon gemeint habe."

Ihr Onkel, der Andechser Grafensohn Bischof Eckbert von Bamberg, nimmt sich ihrer an und will sie wieder verheiraten, vielleicht mit dem eben verwitweten Kaiser. Sie aber will den Weg weiter nach unten, ganz im Dienst der Armen, selber ganz arm. Auf Geheiß ihres Seelenführers Konrad von Marburg wird sie sich später auch noch von ihren Kindern trennen, schlechthin auf alles verzichten. Als sie, die in dem von ihr gebauten Spital in Marburg die schwersten und unangenehmsten Arbeiten auf sich nahm, sogar unziemlicher Beziehungen zu ihrem Beichtvater bezichtigt wurde, sagte sie: „Ich habe den Adel meines Geschlechtes verleugnet um der Liebe des Herrn willen und mich zu einer Magd gemacht, ich habe Reichtum und Ehre der Welt verschmäht, ich habe die Schönheit meiner Jugend vernichtet und mich ungestalt gemacht, aber ich dachte zu behalten die Zierde der fraulichen Ehre. Nun danke ich aber Gott, daß ich auch dieses ihm opfern darf." Sie geht den Weg nach ganz unten, weil es der Weg Christi ist.

Bild 54
19. November: Elisabeth von Thüringen
Die Heilige verläßt mit ihren Kindern die Wartburg
Tafelbild, Lübeck, um 1420

NOVEMBER

14

Alles müssen wir Gott zuschreiben, der den guten Willen des Menschen zur Unterstützung vorbereitet und nach der Vorbereitung unterstützt. Denn in der Heiligen Schrift heißt es sowohl: „Seine Barmherzigkeit kommt mir entgegen", als auch: „Seine Barmherzigkeit wird mir folgen." Dem, der nicht will, kommt sie entgegen, damit er will; dem aber, der will, folgt sie nach, damit er nicht vergeblich will. AUGUSTINUS

ALBERICH, Mönch in Utrecht, Neffe des hl. Abtes Gregor, hochgebildet (mit Alkuin befreundet), Bischof von Utrecht († 784).

NIKOLAUS TAVELIĆ und Gefährten, Franziskaner in Jerusalem; wegen Verkündigung des christlichen Glaubens eingekerkert, gefoltert und hingerichtet († 1391; hl. g: 1970).

NOVEMBER

15

Der Mensch, der Gott ‚Vater' nennt, muß ihn darin nachahmen, daß er die Wahrheit erkennt und liebt wie Gott und daß er die Güte erkennt und liebt wie Gott. ALBERT DER GROSSE

ALBERT der Große, aus Lauingen/Donau; wurde in Padua Dominikaner; Lehrer an verschiedenen Ordensschulen, längere Zeit in Köln; Bischof von Regensburg (zwei Jahre); lebte in Würzburg, Straßburg und die letzten zehn Jahre wieder in Köln; stand schon zu Lebzeiten als „Doctor universalis" in höchstem Ansehen († 1280). – RK/g (Köl/F; Reg/G).

LEOPOLD III., Markgraf von Österreich; mit Agnes, der Tochter Heinrichs V., vermählt; von ausgeprägter kirchlicher Gesinnung; als Politiker Begründer der Größe Österreichs, allerdings auch des späteren Staatskirchentums († 1136). – RK/g (Lin, Wie/H, Landespatron; Pöl/F; Gur/G).

NOVEMBER

16

Wir müssen das, was wir haben, froh und gerne geben.
Der Herr ist da! Betrübt ihn nicht. ELISABETH VON THÜRINGEN

MARGARETE von Schottland; in Ungarn geboren; lebte in England am Hof ihres Großonkels Eduard des Bekenners; mit dem König von Schottland vermählt; vorbildliche Familien- und Landesmutter; reformierte das kirchliche Leben († 1093). – GK/g.

OTMAR, Gründerabt von St. Gallen; führte dort die Benediktregel ein; als Verteidiger der Klosterrechte gefangengenommen und verbannt († 759). – Gal/F; Chu, Ein/G; Frei, Bas/g.

EDMUND von Abington (bei Oxford), Erzbischof von Canterbury; als Verteidiger kirchlicher Rechte vom König vertrieben; starb auf dem Weg nach Rom († 1240). Grab in Pontigny (Dép. Yonne).

Als ich mich am Abend zum Gebet niederkniete, dachte ich plötzlich an die Worte des Evangeliums: „Wer mich liebt, der hält sich an mein Wort: mein Vater wird ihn lieben, und wir werden zu ihm kommen und bei ihm Wohnung nehmen." Da fühlte mein Herz, daß du angekommen und in mir gegenwärtig warst.

GERTRUD DIE GROSSE

NOVEMBER 17

GERTRUD die Große; als Kind ins Kloster Helfta bei Eisleben; gründliche Bildung unter der Äbtissin Gertrud von Hackeborn, 25jährig erste Christusvision; größte deutsche Mystikerin († 1302). – RK/g.

FLORIN, aus dem Vintschgau (Südtirol), Pfarrer in Remüs im Engadin († um 856). – Chu/G; Boz/g.

GREGOR, Bischof von Tours; von großem Einfluß im Merowingerreich; wichtigster Historiker und Hagiograph der fränkischen Epoche († 594).

HILDA, Äbtissin des von ihr gegründeten Doppelklosters Streaneshalch (heute Whitby, Yorkshire) († 680).

Versucht nicht, eure Eigensinnigkeit als vernünftig hinzustellen; vielmehr gebe es in der Versammlung nur ein Gebet, ein Bitten, einen Sinn, eine Hoffnung in Liebe und in ungeteilter Freude. Das ist Jesus Christus, der über allem ist.

IGNATIUS VON ANTIOCHIEN

Die heilige Gertrud fragte den Herrn, was sie ihm am besten anbieten könne, um ihm zu gefallen. Und er antwortete: „Du kannst nichts Wohlgefälligeres tun, als die Prüfungen, die über dich kommen, mit Geduld durchzustehen."

ALFONS VON LIGUORI

NOVEMBER 18

WEIHETAG DER BASILIKEN ST. PETER UND ST. PAUL in Rom; die alte Peterskirche wurde am 18. 11. 326, der Neubau am 18. 11. 1626 eingeweiht; das Kirchweihfest beider Basiliken seit dem 11. Jh. zusammengefeiert. – GK/g.

ODO, Abt von Cluny, ein Begründer der cluniazensischen Reform († 942).

Seht, ich habe es immer gesagt, man muß die Menschen froh machen. – Wie kann ich eine goldene Krone tragen, wenn der Herr eine Dornenkrone trägt?

ELISABETH VON THÜRINGEN

NOVEMBER

ELISABETH von Thüringen; in Ungarn als Königstochter geboren, als Kleinkind auf die Wartburg; mit dem Landgrafen Ludwig IV. von Thüringen vermählt (drei Kinder); nach frühem Tod Ludwigs auf dem Kreuzzug von der Wartburg vertrieben und in bitterer Not; gründete in Marburg mit der inzwischen erhaltenen Abfindung Spital; lebte im Geist des Franz von Assisi selbst in größter Armut, radikaler Entsagung und Nächstenliebe; starb 24jährig († 1231). Bereits 1235 heiliggesprochen. – RK/G (Ber, Ful, Gör, Mei/F).

MECHTHILD von Hackeborn; Nonne im Kloster Helfta bei Eisleben, Mystikerin, auch für Herz-Jesu-Verehrung bedeutsam († 1299).

Trinken vom Kelch Christi

Mit dem heiligen Konrad steht einer der großen Heiligen des 10. Jahrhunderts vor uns, die unseren Landen den Sinn für das Heilige tief eingeprägt haben. Im Beisein des heiligen Ulrich von Augsburg ist er zum Bischof von Konstanz erwählt worden (934) und hat in über vierzig Jahren bischöflichen Dienstes aus seinem welfischen Erbe und seinem Einkommen viele Kirchen, Klöster und Hospize gegründet und ausgestattet. Dreimal ist er ins Heilige Land gepilgert – der Kontakt mit der Erde, die die Heiligkeit Gottes berührt hatte, sollte auch dem Heimatland Heiligung bringen. So steht er vor uns im priesterlichen Gewand, mit den bischöflichen Insignien, Stab und Mitra, das Gesicht geprägt von der Verantwortung des Hirten, in der Hand den Kelch, das Zeichen für das Opfer Christi, das die Welt versöhnt, für Christi Blut, das uns heiligt.

Auf dem Kelch ist eine Spinne zu sehen. Sie erinnert an die Legende, einmal sei bei der Messe eine giftige Spinne in seinen Kelch gefallen. Er aber habe unbeirrbar und ohne Furcht den Kelch ausgetrunken, ohne irgendwelchen Schaden zu nehmen. Es ist die den Jüngern verheißene Kraft des Glaubens, die sie Schlangen aufheben und Todbringendes trinken läßt, ohne daß es ihnen schadet (Mk 16,18). Es ist die Ehrfurcht vor dem heiligen Blut Christi, das alle menschliche Furcht überwindet. Das Geheimnis Christi in der Eucharistie ist so kostbar, daß er dafür das Leben zu riskieren bereit ist; es ist dem Glaubenden so wirksam, daß es die tödlichen Bedrohungen in die Flucht schlägt.

Die Gemeinschaft mit Christus ist immer an die Frage gebunden: Könnt ihr den Kelch trinken, den ich trinken werde? (Mk 10,38). Kein Dienst am Leib Christi ist möglich ohne Teilhabe am Leiden Christi. Wer aber aus dem Opfer Christi lebt, für den ist Heiligung und Versöhnung Wirklichkeit in dieser unserer Welt. Davon gibt die andere Legende aus dem Leben Konrads Kunde: Als Konrad das von der Reichenau gegründete Kloster Einsiedeln weihen sollte, sah er die Engel vom Himmel herabsteigen und die Kirche weihen. Gott selber heiligt unsere Erde.

Bild 55
26. November: Konrad von Konstanz
Der heilige Bischof mit dem Kelch
Tafelbild, Werkstatt Matthäus Gutrechts d. Ä., um 1500

NOVEMBER 20

Wir alle wollen überall an jedem Ort, zu jeder Stunde und jederzeit, täglich und unablässig, wahrhaftig und demütig glauben, im Herzen bewahren und lieben, ehren, anbeten, dienen, loben und benedeien, verherrlichen, hoch erheben und preisen den höchsten und erhabensten ewigen Gott und ihm danksagen.

Franz von Assisi

Korbinian, aus gallo-fränkischer Sippe, zunächst Einsiedler; gründete bei Wallfahrt nach Rom Kloster bei Meran/Südtirol; vom Papst zum Bischof für Mission geweiht, erster Bischof von Freising († 720/730). – Mün/H (Diözesanpatron) (Boz/g am 9. 9.).

Bernward, aus sächsischem Adel, Erzieher Ottos III., Bischof von Hildesheim; großer Seelsorger, Klostergründer, bedeutender Anreger der Künste und selbst Künstler († 1022). – Hil/F.

NOVEMBER 21

Heilig ist Maria, selig ist sie. Aber noch seliger zu preisen als Maria ist die Kirche. Warum? Weil Maria ein Glied der Kirche ist, zwar ein heiliges, ein mehr als erhabenes, aber doch ein Glied des ganzen Leibes. Wenn sie Glied des ganzen Leibes ist, dann ist doch sicher der ganze Leib mehr als das Glied. Der Herr ist das Haupt, der ganze Christus ist Haupt und Leib. Achtet also darauf, daß auch ihr Glieder Christi, Leib Christi seid.

Augustinus

Gedenktag Unserer Lieben Frau in Jerusalem. Der Tag ist ursprünglich Kirchweihfest einer Marienkirche an der Jerusalemer Tempelmauer (seit 5. Jh.); später wurde er mit der Legende (aus dem apokryphen Jakobusevangelium) verbunden, wonach Maria als kleines Kind an den Jerusalemer Tempel zur Erziehung als „Tempeljungfrau" gegeben worden sei („Mariä Opferung"). – GK/G.

NOVEMBER

Liebe verbindet uns mit Gott, Liebe deckt eine Menge Sünden zu. Liebe erträgt alles, Liebe ist in allem geduldig. Nichts Niedriges gibt es in der Liebe, nicht Hochfahrendes. Liebe kennt keine Spaltung, Liebe lehnt sich nicht auf; Liebe tut alles in Eintracht. In der Liebe haben alle Auserwählten Gottes ihre Vollendung erlangt, ohne Liebe ist Gott nichts wohlgefällig.

Klemens von Rom

Cäcilia, nach der Legende aus römischem Adel und als Christin mit ihrem Verlobten und dessen Bruder enthauptet (historisch vermutlich der Gedächtnistag nicht Todestag einer Märtyrin, sondern Weihetag der Kirche S. Cecilia in Rom und die Heilige Stifterin der Kirche). Patronin der Kirchenmusik wurde sie Ende des Mittelalters, als man die Worte der Festantiphon („cantantibus organis – als die Instrumente [zur Hochzeit] ertönten") entsprechend auslegte. – GK/G.

NOVEMBER

23

Bedenke nicht, was du bist, armer Mensch, sondern bedenke, was du sein wirst. Was du bist, ist ein Augenblick; was du sein wirst, ist immer.

Kolumban

Klemens I., Papst; gilt als dritter Nachfolger des hl. Petrus; Verfasser des kirchengeschichtlich wichtigen Korintherbriefes († 101). – GK/g.

Kolumban, aus Irland, Mönch und dreißig Jahre Lehrer im Kloster Bangor; ging mit Gefährten als wandernder Bußprediger nach Gallien; gründete Klöster, darunter Luxeuil mit strenger Regel; zog weiter an Bodensee (Bregenz) und über die Alpen; Gründung des Klosters Bobbio in Oberitalien († 615). – RG/g (Fel, Gal, Chu/G).

Trudo von Haspengau (Belgien); gründete auf seinem Familiengut Kloster (später nach ihm Sint-Truiden benannt) († um 695). – Lüt/g.

Klemens, erster Bischof von Metz (3. Jh.).

NOVEMBER

24

Könnte ich dir doch das Geheimnis des Glücks beibringen, wie der liebe Gott es auch mich gelehrt hat! Du meinst, ich hätte weder Sorgen noch Leid. Es stimmt, ich bin sehr glücklich; aber man kann genausogut glücklich sein, auch wenn einem nicht alles paßt. Man muß nur immer Gott anschauen. Anfangs muß man sich Gewalt antun, wenn man merkt, wie man innerlich kocht. Aber mit Geduld und mit Gottes Hilfe lernt man allmählich, sich die Freude des Herzens zu bewahren.

Elisabeth von Dijon

Modestus, wohl irischer Herkunft, Chorbischof in Salzburg, von Bischof Virgil als Glaubensbote zu den Karantaner Slawen gesandt; errichtete Kirchen zu Maria-Saal und St. Peter im Holz (in der Völkerwanderungszeit untergegangene römische Bischofssitze) († um 772). – Gur/G.

NOVEMBER

25

Glaube nur ja nicht, wenn jemand deiner Erwartung nicht entspricht, daß er dann auch vor Gott nicht bestehen kann.

Johannes vom Kreuz

Katharina, Märtyrin in Alexandrien (Anfang 4. Jh.). Nach der Legende soll die hochgebildete Jungfrau fünfzig Philosophen in der Disputation über die Wahrheit des Christentums besiegt haben; das Rad, mit dem sie gemartert werden sollte, sei zersprungen; nach ihrer Enthauptung hätten Engel ihren Leichnam auf den Sinai getragen (dort entstand im 6. Jh. unter Kaiser Justinian das berühmte Katharinenkloster). – Im Osten und Westen weitverbreitete Verehrung, zu den Vierzehn Nothelfern gezählt. – RK/g (Lau, Sit/G).

Elisabeth von Reute, sel.; aus Waldsee/Oberschwaben, Franziskanerterziarin, stigmatisierte Mystikerin (die „gute Beth“ genannt); starb 34jährig († 1420). – Rot/g.

Christus und alle Heiligen

Christus, der als Richter wiederkommt, ist die Mitte der Ikone, ist das Ziel aller Geschichte der Heiligen. Sie sind alle um ihn versammelt, die uns bekannten und die unbekannten, denn Gott will durch Christus alle Menschen heiligen. Auf der weiten Landschaft der Erde sehen wir die Urväter des Glaubens, Abraham und Jakob, an denen diese Berufung der Menschen offenbar wird: der Segen, den sie nicht nur für sich, sondern für viele Völker empfangen haben. Darum tragen sie Seelen der Geretteten vor sich, von denen es heißt, sie seien „in Abrahams Schoß". In der Mitte aber erhebt sich der gute Schächer, der von Jesus selber als erster die Heiligsprechung empfing und in der Ostkirche sehr verehrt wird. So können wir, geleitet auch noch von den beiden Propheten am oberen Bildrand, in den Kreis der Vollendung selber blicken.

Christus begegnet uns in dreifacher Weise: unten symbolisch auf dem für seine Wiederkunft bereiteten Thron, vor dem sich in Adam und Eva die ganze Menschheit tief verneigt und dem Herrn der Welt in dem Gefäß mit dem Lebenswasser den ganzen Kosmos darbringt. Oberhalb der Mandorla ist Christus als die göttliche Weisheit zu sehen, mit Flügeln und Nimbus, umrahmt von zwei Vierecken, die einen achtzakkigen Stern bilden: Die göttliche Weisheit bringt und durchwaltet den achten Tag der Vollendung.

Von Maria und Johannes werden die Heiligen angeführt. Sie stehen direkt an der Mandorla zusammen mit den vier lebenden Wesen, die Christus anbeten und zugleich seine Botschaft weitergeben. Alle Heiligen und in ihnen die ganze Menschheitsgeschichte gehören zu Christus. Jeder hat seine individuelle Gestalt, das Gesicht seiner Zeit, seiner Kultur, seines Berufes. Nur alle zusammen bilden den ganzen Christus, der als Sieger herrschen kann über alle Finsternis des Todes und der alle Zweifel am Scheitern des göttlichen Heilsplans überwindet. Er will auch mich in diesen Kreis ziehen.

Bild 56
Die Heiligen mit dem endzeitlichen Christus
Allerheiligenikone, Griechenland

ΑΒΡΑΜ
ΙΑΚΩΒ

NOVEMBER

26

Täglich mache ich die Erfahrung, daß durch diese Gebetsform die Sitten der Menschen sich in kürzester Zeit zum Besseren wandeln. Der Kreuzweg ist ein Gegengift gegen die Laster, Heilung von den unbändigen Lüsten, ein unwiderstehlicher Anreiz zur Tugend und zu einem heiligen Leben.

LEONHARD VON PORTO MAURIZIO

KONRAD, aus dem Welfengeschlecht, Bischof von Konstanz; unermüdlicher Seelsorger; beschenkte Kirchen und Klöster aus seinem Besitz; mit Ulrich von Augsburg und Kaiser Otto I. befreundet; pilgerte dreimal ins Heilige Land; weihte die erste Kirche von Einsiedeln († 975). – RK/g (Frei, Ein, Gal/G).

LEONHARD von Porto Maurizio (bei Genua); gehörte zu einem Reformzweig der Franziskaner, über vierzig Jahre Volksmissionar in Nord- und Mittelitalien; förderte u. a. die Kreuzwegandacht († 1751).

NOVEMBER

Was ist also mein Gott? Was, frage ich, wenn nicht Gott, der Herr? Denn wer ist Herr außer dem Herrn? Oder wer ist Gott außer unserem Gott? Höchster, Bester, Mächtigster, Allmächtigster, Barmherzigster und Gerechtester, Verborgenster und Gegenwärtigster, Schönster und Stärkster, Beständigster und Unfaßbarer, Unveränderlicher, der alles verändert. Niemals neu und niemals alt. Immer wirkend und immer ruhig. Sammelnd und keines Dinges bedürfend. Tragend und erfüllend und schützend. Schaffend, ernährend und vollendend. Suchend und doch ist nichts, was dir fehlte. AUGUSTINUS

BILHILDIS, Gründerin des Klosters Altenmünster in Mainz († um 700). – Mai/g.

NOVEMBER

Du gnadenreichstes und heiligstes Wort Gottes! Du erleuchtest die Herzen der Gläubigen, du sättigst die Hungrigen, tröstest die Betrübten. Du machst fruchtbar in allen guten Werken, läßt alle Tugenden aufsprießen. Du reißt die Seelen fort vom Schlund der Hölle, rechtfertigst die Sünder und verwandelst Irdisches in Himmlisches.

JACOBUS DE MARCHIA

JACOBUS de Marchia, Franziskaner, Schüler des hl. Bernhardin von Siena, einer der großen Volksprediger des Spätmittelalters in Italien; um Ordensreform bemüht; gründete auch eine Art von Darlehenskassen gegen Wucher (ähnlich wie vor ihm Bernhardin von Feltre); starb in Neapel († 1476).

NOVEMBER

29

Gott ist an keinem Ort, denn er ist immateriell und unbegrenzt. Er selbst ist sein Ort, da er alles erfüllt und über allem ist und alles zusammenhält. Man sagt aber auch, er sei an einem Ort. Ort Gottes heißt der Ort, wo seine Wirksamkeit sich offenbart. Er selbst durchdringt ja alles und teilt allem von seiner eigenen Wirksamkeit mit, so wie es der Empfänglichkeit des einzelnen und seiner Aufnahmefähigkeit entspricht, ich will sagen: der Reinheit seiner Natur und seines Willens. JOHANNES VON DAMASKUS

FRIEDRICH, sel., Bruder im Kloster der Augustiner-Eremiten in Regensburg († 1329). – Reg/g.

RADBOD, Bischof von Utrecht; mußte bald nach Amtsantritt vor den Normannen nach Deventer fliehen; sehr gebildet, schriftstellerisch tätig († 917).

NOVEMBER

30

Mein Herr und Gott! Wenn ein Mensch in fremdem Lande weilt und trifft dort unvermutet seinen Bruder oder seinen Sohn, den er schon lange nicht mehr sah, so bedeutet ihm diese Begegnung Trost und Freude. Wir aber, die wir unser wahres Sein verloren, wie groß müssen unser Trost und unsere Freude sein, wenn wir dich finden in der Fremdheit dieser Welt, dich finden als unseren Vater, unseren Schöpfer und Wohltäter. RAMON LLULL

ANDREAS, aus Betsaida; lebte mit seinem Bruder Simon (Petrus) als Fischer in Kafarnaum; Jünger Johannes' des Täufers (Joh 1, 40), von Jesus berufen (Mk 1, 16f; Mt 4, 18f); in Apostellisten genannt (Mt 10, 2; Mk 3, 18; Lk 6, 14; Apg 1, 13), ferner Mk 13, 3; Joh 6, 8; 12, 22. – Nach späterer Überlieferung missionierte er am Schwarzen Meer, in Thrakien und Griechenland und erlitt (an einem schrägen Kreuz) das Martyrium zu Patras. – GK/F.

DEZEMBER

1

Ein Altvater antwortete auf die Frage, was die Demut sei: Die Demut besteht darin, daß du deinem Bruder, der gegen dich gefehlt hat, verzeihst, noch ehe er dich um Verzeihung gebeten hat. WORTE DER MÖNCHSVÄTER

NATALIA, nach der Legende Gattin eines römischen Offiziers in Nikomedien, den sie im Kerker vor dem Martyrium betreute und an dessen Grab sie als Witwe lebte.

ELIGIUS, aus der Gegend von Limoges, Goldschmied am fränkischen Hof; wurde Priester und Bischof von Noyon († 660).

BLANCA, kastilische Königstochter, Gemahlin König Ludwigs VIII. von Frankreich, Mutter des hl. Königs Ludwig IX.; führte für Gatten und Sohn zeitweise die Regierung († 1252).

EDMUND CAMPION, anglikanischer Diakon; wurde katholisch, in Rom Jesuit, Lehrer in Brünn und Prag; ging verkleidet nach England, nach Verrat eingekerkert, gefoltert und gehenkt († 1581; hl.g: 1970).

Verantwortung für die Welt

In Anno steht der Erzbischof von Köln vor uns, aber zugleich der Erzkanzler des Heiligen Römischen Reiches. Er ist umgeben von seinen fünf Kloster- und Kirchenstiftungen: St. Georg und St. Mariengraden in Köln, Siegburg, Saalfeld in Thüringen und Grafschaft in Westfalen. Sie drücken die ganze Heilige Stadt aus, die es auf dieser Welt zu errichten gilt. Anno trägt die Bauten mit der entschlossenen Verantwortung dessen, der sich zur Politik, zum aktiven Eingreifen in die Geschicke der Welt gerufen weiß. Sein Gesicht drückt Erfahrung aus, auch bittere und enttäuschende, aber sein Blick läßt keinen Zweifel daran, daß er bis zum letzten Atemzug kämpfen wird.

Als junger Leiter der Bamberger Domschule ist er mit Kaiser Heinrich III. in Kontakt gekommen, der ihn zuerst in die königliche Hofkapelle nach Goslar und 1056 auf den bischöflichen Stuhl von Köln berief. Anno hat 1062 den zwölfjährigen Heinrich IV. zu Kaiserwerth auf ein Schiff locken und nach Köln entführen lassen. Er fühlte sich für das Reichswohl zuständig – so verdrängte er die Kaiserinwitwe Agnes aus der Regentschaft. Als der junge Herrscher drei Jahre später waffenfähig wurde, wandte er sich deshalb gleich von Anno ab. In den Auseinandersetzungen zwischen Kaiser und Papst sucht Anno sich seine Unabhängigkeit zu bewahren.

Das Eingreifen in die Politik bringt manchen riskanten Einsatz, manche für die spätere Beurteilung zweifelhafte Handlung und manches Scheitern mit sich. Aus der Sicht des Evangeliums, aus der Sicht von heute wird man die Verquickung von geistlichem Amt und weltlicher Herrschaft bedauern. In der geschichtlichen Stunde gibt es kein Ausweichen. Anno wollte mit seinen Versuchen, Bereiche der Welt zu Stätten des Glaubens werden zu lassen, an der Heiligen Stadt in dieser unserer Welt bauen. Das ist ein großes Ziel, für das sich der Einsatz lohnt – auch wenn wir uns ihm auf Erden nur stückweise und für vergängliche Zeitspannen annähern können. Die endgültige Heilige Stadt, das Ziel aller Geschichte, wird nicht von unserer Hand gebaut.

Bild 57
5. Dezember: Anno von Köln
Der Heilige als Kirchenstifter
Miniatur, Siegburg, um 1183

Sanctus episcopus
Anno coloniensis

DEZEMBER 2

Je mehr die Seele gibt und empfängt, um so größer ist ihr Verlangen, zu geben und zu empfangen. Und sie kann sich selbst nicht ganz Gott geben noch Gott ganz empfangen. Sie kann Gott nicht entbehren noch ihn erlangen; sie kann ihn nicht fassen und nicht lassen. JOHANNES VAN RUYSBROEK

LUZIUS, erster Bischof von Chur, Glaubensbote und Märtyrer (5./6. Jh.). – RK/g (Chu/H, Diözesanpatron).

BIBIANA, römische Märtyrin († um 363). Im 5. Jh. Kirche in Rom.

JOHANNES van Ruysbroek, sel., Priester und Kaplan an der Stiftskirche in Brüssel; bedeutendster flämischer Mystiker (Hauptwerk: „Zierde der geistlichen Hochzeit"); gründete mit Gefährten das Augustiner-Chorherrenkloster Groenendael, wo er in hohem Alter starb († 1381).

DEZEMBER 3

(Aus einem der letzten Briefe an Ignatius von Loyola:) Betet viel für uns zu Gott, denn wir laufen die allergrößte Gefahr, in die Gefangenschaft zu geraten. Aber wir finden Trost in dem einen Gedanken: Viel besser ist es, gefangen zu werden rein aus Liebe zu Gott, als frei zu sein durch die Flucht vor den Mühen des Kreuzes. FRANZ XAVER

FRANZ XAVER, aus Navarra/Spanien; schloß sich in Paris Ignatius von Loyola an; nach Aufenthalt in Venedig (Priesterweihe) und Rom als Missionar nach Goa, Travancore (Südosten Indiens), Malakka (Hinterindien), Molukken; auch in das neuentdeckte Japan suchte er das Christentum zu bringen; zuletzt wollte er in das verschlossene China vordringen, starb aber auf der Insel Sancian vor dem Festland; er ist der bahnbrechende Begründer der Missionsarbeit in der Neuzeit († 1552). – GK/G.

DEZEMBER

Als zu den mutlosen Jüngern hintrat der Retter, verscheucht durch seine Gegenwart er alle Trauer und weckt sie auf, zu seiner Auferstehung zu tanzen. JOHANNES VON DAMASKUS

JOHANNES von Damaskus, aus vornehmer christlich-arabischer Familie; ging ins Sabaskloster bei Jerusalem, Priester; wegen seiner großen theologischen Bildung mit wichtigen Aufgaben betraut; zahlreiche, auch dichterische Werke; entschiedener Bilderverteidiger († um 750). – GK/g.

BARBARA, Märtyrin in Nikodemien († 306). Nach der Legende vom Vater in Turm gesperrt, dort wunderbar durch die Eucharistie gestärkt. Gehört zu den Vierzehn Nothelfern. – RK/g.

OSMUND, aus normannischem Adel; Kanzler Wilhelms des Eroberers; Bischof von Exeter, dann von Salisbury († 1099).

CHRISTIAN, sel., Zisterzienser, Missionsbischof bei den heidnischen Preußen; kaum Erfolge, lange in Gefangenschaft († 1245).

DEZEMBER 5

Reinigen laßt uns die Sinne und schauen werden wir Christus, wie er hervorblitzt in der Auferstehung unzugänglichem Licht. Und ihn, der „Freuet euch“ sagt, werden deutlich wir hören, und wir singen ein Siegeslied.

JOHANNES VON DAMASKUS

ANNO, Erzbischof von Köln; eine Zeitlang Reichsverweser für den minderjährigen Heinrich IV., erweiterte das Kölner Territorium erheblich; gründete Reformklöster; freigebig gegen Arme, streng gegen aufständische Kölner Bürger († 1075). Grab in seiner Lieblingsgründung Siegburg. – RK/g (Köl/G).

ATTALA, Äbtissin des Stephansklosters in Straßburg († 741). – Stra/g.

SOLA, angelsächsischer Mönch; kam auf Bitten des Bonifatius in deutsche Mission, lebte im Altmühltal (Solnhofen) († 794). – Eich/g.

HARTWICH, Erzbischof von Salzburg; reformierte Domschule und Kloster; bei Pest und Hungersnot voll tatkräftiger Hilfe († 1023).

DEZEMBER 6

Ein Greis sagte: Wenn ein Mensch nur Worte macht, aber keine Werke aufzuweisen hat, dann gleicht er einem Baum mit Blättern, aber ohne Frucht. Und wie ein Baum, der reich an Früchten ist, selbstverständlich auch Blätter hat, so folgt bei einem Menschen, der gute Werke hat, das Wort von selbst.

WORTE DER MÖNCHSVÄTER

NIKOLAUS, Bischof von Myra (in Lykien/Kleinasien); in letzter Christenverfolgung um 310 gefangen und mißhandelt; Teilnehmer am Konzil von Nizäa († 345/351). Leichnam 1087 von Myra nach Bari/Unteritalien überführt. Kult im Osten seit 6. Jh., im Westen seit 9. Jh. bezeugt; einer der meistverehrten Heiligen, im Mittelalter Patron von mehr als zweitausend Kirchen; zahlreiche Wunderlegenden; Volkstümlichkeit fand Ausdruck in reichem Brauchtum. – GK/g (Lau/F; Fribourg H, Patron von Kathedrale, Stadt und Kanton).

DEZEMBER

Darum wollen wie fliehen wie der Hirsch zum Wasserquell. Nach diesem Quell sehnte sich David, nach ihm dürstet auch unsere Seele. Was für ein Quell ist das? Höre, wie David spricht: „Zu dieser Quelle spreche meine Seele: Wann darf ich kommen und Gottes Antlitz schauen?“ Die Quelle, das ist Gott.

AMBROSIUS

AMBROSIUS, in Trier als Sohn des Präfekten für Gallien geboren, hoher Beamter; noch als Katechumene zum Bischof von Mailand gewählt; überragend als Prediger, Seelsorger, Kirchenpolitiker, Verteidiger des Glaubens; auch Hymnendichter und „Vater des Kirchengesangs“; führte Augustinus zur Kirche und wurde Wegbereiter der mittelalterlichen christlichen Kultur († 397). – GK/G.

Die rettende Gegenwart des Heiligen

Nur wenig wissen wir vom historischen Nikolaus, der um 300 Bischof von Myra (heute das türkische Demre) wurde und dort an einem 6. Dezember um 350 starb, nachdem er bei einer Christenverfolgung schwere Mißhandlungen erduldet und dann am berühmten Konzil von Nicäa teilgenommen hatte. Vertraut ist er uns als Inbild des gütigen Heiligen, der die Not der Menschen sieht und hilft. So zeigt er sich auch auf unserer Ikone.

Seefahrer sind in größter Bedrängnis durch den Sturm und das wild aufwogende Wasser. Sie denken an Bischof Nikolaus, der freilich gerade auf dem Konzil in Nicäa weilt. Doch plötzlich ist er bei ihnen, beruhigt den Sturm und ihre Herzen und führt das Schiff aus der Gefahr. Dicht zusammengedrängt und in den Bauch des Schiffes geduckt sind die Menschen auf unserem Bild. Allzu dunkel ist das sie umgebende Meer, das sich vor ihnen bedrohlich aufrollt, das sich im Hintergrund so hoch auftürmt, als ergössen sich immer neue Wassermassen herab. Ein Ende ist nicht abzusehen. Sie haben es aufgegeben, zu kämpfen oder auch nur der Gefahr ins Auge zu sehen. Sie möchten sich verkriechen oder sich aufgeben.

Aber da kommt der rettende Gedanke: der Gedanke an einen lieben Menschen, der uns sicher nicht aufgibt, der Gedanke an eine Kraft, die schon früher durchgetragen hat, der Gedanke an Gott, der an heiligen Menschen aufleuchten läßt, daß bei ihm kein Ding unmöglich ist. Und das, was wir in der Ferne wähnen, ist unversehens Gegenwart. Und so ist der ferne Nikolaus im Boot, mit seinem Schein das Dunkel erhellend, mit seinem Stab die Wasser beruhigend, das Schiff steuernd. Seine Hand öffnet sich ganz den Verängstigten und weist auf das Segel hin, das seine weiße Schönheit und Würde wiedergewonnen hat, zu neuem Dienst bereit. Im Gedenken des Heiligen, im Schauen seines Bildes erfahren wir die Gegenwart des in ihm, des in uns wirkenden Gottes, so daß wir uns mit neuem Mut unseren Aufgaben stellen können.

Bild 58
6. Dezember: Nikolaus von Myra
Der Heilige als Beistand in Gefahr
Ikone, Rußland, 16. Jahrhundert

DEZEMBER

Sei gegrüßt, Herrin, heilige Königin, heilige Gottesgebärerin Maria, die du bist Jungfrau, zur Kirche gemacht und erwählt vom Heiligsten Vater im Himmel, die er geweiht hat mit seinem heiligsten geliebten Sohn und dem Heiligen Geist, dem Tröster, in welcher war und ist alle Fülle der Gnade und alles Gut.

FRANZ VON ASSISI

HOCHFEST DER OHNE ERBSÜNDE EMPFANGENEN JUNGFRAU UND GOTTESMUTTER MARIA. Im Hinblick auf die Verdienste Jesu Christi, des Erlösers des Menschengeschlechts, ist Maria durch ein einzigartiges Gnadengeschenk Gottes vom ersten Augenblick ihres Daseins an von allem Makel der Erbsünde rein bewahrt geblieben. Diese Glaubenswahrheit von der „Unbefleckten Empfängnis Marias", 1854 von Pius IX. als Dogma verkündet, wurde als Fest (nach Vorstufen im Osten wie im Westen) seit dem 13. Jh. gefeiert (seit 1708 in der ganzen Kirche). – GK/H.

DEZEMBER

Vergessen Sie sich selbst, so gut Sie können. Das ist das Geheimnis des Friedens und des Glücks. Der heilige Franz Xaver hat einmal ausgerufen: „Was mich betrifft, berührt mich nicht, aber was Ihn betrifft, berührt mich gewaltig." Glücklich der Mensch, der so völlig frei geworden ist von sich selbst! Er liebt die Wahrheit.

ELISABETH VON DIJON

EUCHARIUS, erster Bischof von Trier. – Tri/F (Lim/g am 11. 9. mit Valerius und Maternus).

LIBORIUS WAGNER, aus Mühlhausen/Thüringen; studierte in Würzburg, wurde katholisch, Priester und Pfarrer in Altenmünster bei Schweinfurt; im Dreißigjährigen Krieg von Schweden überfallen, gefoltert, weil er nicht vom katholischen Glauben abfallen wollte, und ermordet († 1631; sel. g: 1974). – Wür/g.

DEZEMBER

Glaube! Und wenn du auch tot wärst, du wirst leben; glaubst du aber nicht, dann bist du tot, auch wenn du lebst. – Ich glaube, Herr, daß du die Auferstehung bist, ich glaube, daß du das Leben bist. Ich glaube, daß jeder, der an dich glaubt, leben wird, wenn er auch stirbt, und jeder, der lebt und an dich glaubt, in Ewigkeit nicht stirbt.

AUGUSTINUS

PETRUS FOURIER, aus Lothringen; in Trier zum Priester geweiht, Pfarrer in Mattaincourt/Lothringen; wirkte über vierzig Jahre vorbildlich in der verwahrlosten Gemeinde als Priester und Seelsorger, auch durch karitative und soziale Einrichtungen; gründete Lehrorden der Chorfrauen Unserer Lieben Frau († 1640). – Tri/g (Metz/g am 9. 12.).

Auch wir wünschen den Frieden, ja, wir bitten darum. Aber um den Frieden Christi, um den wahren Frieden, um einen Frieden ohne Feindseligkeit, um einen Frieden, der nicht den Kriegskeim in sich birgt, um einen Frieden, der nicht Gegner unterjocht, sondern in Freundschaft vereinigt. HIERONYMUS

DEZEMBER 11

DAMASUS, Papst; das bei seiner Wahl entstandene Schisma erst nach Jahren beigelegt; wichtige Entscheidungen für das Verhältnis Staat–Kirche in der Gerichtsbarkeit; primatsbewußte Politik; entschiedene Stellungnahme gegen verschiedene Häresien; beauftragte Hieronymus mit Bibelübersetzung; ließ an den Gräbern berühmter Märtyrer Inschriften anbringen, die er selbst in Gedichtform verfaßte († 384). – GK/g.

DAVID, sel., aus Florenz, Zisterzienser in Clairvaux; von Bernhard mit anderen zur Gründung von Himmerod/Eifel ausgeschickt; mystisch begnadet (Wundergabe) († 1179).

Wann werden wir alle Härte überwinden durch Güte und Milde gegenüber dem Nächsten? Wann werden wir das Innere unseres Nächsten im heiligen Herzen Jesu sehen? FRANZ VON SALES

DEZEMBER 12

JOHANNA FRANZISKA FRÉMYOT DE CHANTAL, aus Dijon; nach plötzlichem Tod des Gatten verstärktes religiöses Leben, wählte Franz von Sales als Seelenführer; gründete unter seiner Leitung Orden von der Heimsuchung Marias (Visitantinnen, Salesianerinnen) († 1641). – GK/g.

VIZELIN, Priester in Magdeburg; von Bremen aus zur Wendenmission gesandt, die erfolglos blieb; Bischof von Oldenburg, konnte er sein Amt wegen politischer Wirren nicht antreten († 1154). – Osn/g.

HARTMANN, sel., Bischof von Brixen; vorher Augustiner-Chorherr, Domdekan in Salzburg, Propst in Herrenchiemsee und Klosterneuburg; wirkte im Sinn der gregorianischen Reform († 1164). – Pas, Gra, Wie, Boz/g.

Nicht stolz sein. Nicht trunksüchtig. Nicht eßgierig. Nicht schlafsüchtig. Nicht träge. Kein Murrer sein. Kein Verleumder. BENEDIKT-REGEL

DEZEMBER 13

LUZIA, Märtyrin in Syrakus († um 303). Der Luziatag galt (bis zur Kalenderreform 1582) als „Mittwintertag" und wurde mit zahlreichen Volksbräuchen der Wintersonnenwende und des Jahreswechsels verbunden. – GK/G (RK/g).

ODILIA, Tochter des elsässischen Herzogs Attila; gründete Chorfrauenstift auf der Hohenburg (nach ihr Odilienberg genannt), erste Äbtissin († um 720). Patronin des Elsaß. – RK/g.

JODOK, Sohn eines bretonischen Fürsten; Priester und Einsiedler an verschiedenen Orten (7. Jh.). Pilgerpatron; nach ihm Abtei St-Josse-sur-Mer genannt; Wallfahrtsort St. Jost in der Eifel; größere Reliquie in der Jodokskirche in Landshut.

Zum Leben gerufen

Eine furchterregende Landschaft ist im Bild aufgebaut: kahle, zerklüftete Felsen, alles ist Stein, gespalten zu einer Öffnung in die schwarze Nacht des Todes. Ratlos, verwirrt, verwundert steht die Gruppe der Menschen, angewidert vom Geruch des Todes („Er riecht schon"), die Köpfe, die Gedanken zusammensteckend (über Jesus: „Wie lieb er ihn hatte!" – aber auch: „Hätte er nicht verhindern können, daß dieser starb?").

Jesus selbst ist in das dunkle Gewand der Trauer gehüllt, sein Nimbus ist aufgerauht wie von der Erschütterung, die ihn erregt, von den Tränen, die er geweint hat. Denn Lazarus war sein Freund. Was ist es Wunderbares, daß der Mensch Gott so viel wert ist, daß er in Jesus um ihn weint! Und da sind noch die zwei Schwestern zu Füßen Jesu, in diese Freundschaft all ihr Vertrauen legend. Sie wissen nicht, was geschehen soll, aber die eine schmiegt sich an den Fuß Jesu, auf seinen Schritt zum Grab ihre Hoffnung setzend, die andere richtet sich auf, bereit, Jesus ins Ungewisse zu folgen. Und so gibt Jesus die Weisung, der zwei Diener gehorchen; sie tragen den Stein weg. So kann der mächtige Ruf ergehen: „Lazarus, komm heraus!"

Wer Freund Jesu ist, wer ihm vertraut, wer glaubt, kann nicht dem Tod verfallen sein. Er hört auf ewig den Ruf zum Leben. Der Heilige ist der von Jesus, seinem Freund, aus vielfältigem Tod zum Leben Gerufene. So steht Lazarus vor dem dunklen Abgrund des Todes, leuchtend in seinem weißen Gewand und im Nimbus des Geheiligten. Nichts soll im Menschen tot bleiben, erstorben und kalt, vergraben in die Vergangenheit, gefesselt und gebunden. Darum heißt es: „Löst ihm die Binden!" Der Heilige ist der ganz und gar Lebendige. Mit Jesus der Welt sterben heißt nicht starr und unbeweglich werden, uninteressiert und ohne Leidenschaft sein. Es heißt gewiß allem absagen, was den Menschen (sich oder andere) versklavt und tötet, und ganz ergriffen werden von der Dynamik dessen, der von sich sagt: „Ich bin die Auferstehung und das Leben."

Bild 59
17. Dezember: Lazarus von Betanien
Der Heilige, von den Toten erweckt
Ikone, Rußland, 15. Jahrhundert

DEZEMBER
14

Es war mir, als hätte ich vom Kreuz herab vernommen, daß ich mich durch tätige Nächstenliebe dem Herrn ganz hingeben müßte. Ich fühlte ein großes Verlangen, den Herrn in den Armen, Kranken und Unglücklichen zu suchen und zu lieben.

FRANZISKA SCHERVIER

JOHANNES vom Kreuz, Karmelit; wirkte mit Theresia von Ávila für Ordensreform, Spiritual im Kloster von Ávila; schwere Klosterhaft durch Reformgegner in Toledo; lebte nach Trennung der Ordenszweige in Baeza und Segovia, zuletzt als Prior; starb nach schweren Leiden; Mystiker und maßgebender Theologe der Mystik; gleichzeitig Klassiker der spanischen Literatur; Kirchenlehrer († 1591). – GK/G.

FRANZISKA SCHERVIER, aus Aachen; Gründerin der „Armen Schwestern vom heiligen Franziskus" († 1876; sel. g: 1974). – Aac, Köl/g.

BERTOLD von Regensburg, Franziskaner; der größte deutsche Volksprediger des Mittelalters († 1272).

DEZEMBER
15

Die Weisheit hält ihren Einzug durch die Liebe, das Stillschweigen und die Abtötung. Große Weisheit ist es, schweigen und leiden zu können und auf die Worte und Taten und das Leben anderer gar nicht zu achten.

JOHANNES VOM KREUZ

WUNIBALD, aus Südengland; erfüllt vom Ideal der asketischen Heimatlosigkeit; von Bonifatius für deutsche Mission gewonnen, wirkte er in Thüringen und in der Oberpfalz; gründete zusammen mit seinem Bruder Willibald (Bischof von Eichstätt) Kloster Heidenheim († 761). – Eich/F (Ful/g am 7.7. mit Willibald).

CARLO STEEB; stammte aus Tübingen von evangelischen Eltern; wurde in Verona katholisch, Priester, Theologieprofessor und Seelsorger der Armen, Kranken, Gefangenen; gründete für seine karitative Arbeit die „Schwestern der Barmherzigkeit" († 1856; sel. g: 1975). – Rot/g.

DEZEMBER
16

(In einem Brief über Franz von Sales:) Die für ihn besonders charakteristische Tugend war Gelassenheit. Sein Grundsatz: „Bitte um nichts, wünsche nichts und verweigere nichts", den er bis zum Tod treu befolgte, zeigt, daß er ganz gelassen und völlig frei von sich selbst war.

JOHANNA FRANZISKA VON CHANTAL

STURMIUS, Lieblingsschüler des Bonifatius; gründete in dessen Auftrag Kloster Fulda, das er zu großer Blüte führte; erreichte vom Papst Unabhängigkeit des Klosters, die er gegen Erzbischof Lullus von Mainz verteidigte († 779). – Ful/F; Mün/g.

ADELHEID, deutsche Kaiserin, Gemahlin Ottos I.; zeitweise Regentin für Otto II. (Verhältnis zu ihm und seiner Gemahlin, Kaiserin Theophanu, ständig gespannt) und Otto III.; förderte die cluniazensische Reform; starb in dem von ihr gegründeten Kloster Selz/Elsaß († 999). – Ein/G; Aug, Lau, Stra/g.

DEZEMBER

17

Die Heiligen sind ganz Auge: sie durchschauen alles in voller Schärfe, während die Triefäugigen, deren Auge umschattet ist, von den feineren Dingen nichts wahrnehmen. Die Heiligen entdecken auch das in sich, was der gleichsam verfinsterte Blick unserer Seele überhaupt nicht bemerkt.

Johannes Cassian

Lazarus von Betanien, Bruder der Maria und Marta; mit Jesus befreundet und von ihm von den Toten auferweckt (Joh 11, 1–44). Spätere Legenden lassen ihn nach Marseille und Autun/Burgund (Bischof und Märtyrer) gekommen sein, deswegen Patron dieser Diözesen (in Autun wurde auch Lazarusgrab verehrt).

Johannes von Matha, aus der Provence; Priester in Paris; gründete Orden von der Allerheiligsten Dreifaltigkeit (Trinitarier) zum Loskauf von Christensklaven († 1213).

DEZEMBER

18

Kein Mensch ist im Guten stetiger und unbeirrbarer als der Milde und Gütige. Ewig wankend sind sie alle, die sich vom Zorn und von der unersättlichen Gier der Leidenschaften fortreißen lassen. Sie handeln schrullenhaft und unbeherrscht – wie Sturzbäche sind sie, deren Kraft und Ungestüm nur im Überborden besteht. Sowie sie verfließen, trocknen sie aus. Anders die Ströme, die wie gütige Menschen sind – ohne Geräusch und voller Ruhe ziehen sie dahin, ohne je zu versiegen.

Vinzenz von Paul

Oft schadet man den guten Werken dadurch, daß man es zu eilig hat. Das Gute, das Gott will, geschieht sozusagen von selbst, ohne daß man daran denkt.

Vinzenz von Paul

DEZEMBER

Gott ist der eigentlich Handelnde und Blindenführer, der die Seele bei der Hand nimmt und sie dorthin bringt, wohin sie selbst nicht zu gehen vermöchte. Läßt sie sich aber von einem anderen Blinden führen, so kann sie den Weg verfehlen. Denn es gibt drei Blinde, die sie leicht in die Irre bringen: der Seelenführer, der Teufel und sie selber.

Johannes vom Kreuz

Die Seele macht auf ihrem Wege zur Gotteinung eine Erfahrung des Übergangs, die wir aus drei Gründen als Nacht bezeichnen können: Erstens vom Ausgangspunkt her, denn die Seele muß anfangs einen totalen Verzicht auf die Freuden und Genüsse dieser Welt leisten. Zweitens von der Mitte oder vom Weg her, den sie im Glauben gehen muß. Der aber ist ihrem Verstand eine sehr dunkle Nacht. Drittens weil Gott, das Ziel und Ende ihrer Wanderschaft, ihr in diesem Leben nicht mehr und nicht weniger ist als nächtliches Dunkel.

Johannes vom Kreuz

Die Bereitung des Heils

Das Heil Gottes ist immer Neuschöpfung; in Jesus Christus bricht das schlechthin Neue an. Aber es ist im Alten immer schon vorbereitet. Darum blicken wir auch dankbar auf die Menschen, die sich dem vorbereitenden Wirken für das Kommen Gottes in unsere Welt zur Verfügung stellten. Die Darstellungen der Wurzel Jesse wollen solch dankbare Erinnerung an das Volk Israel sein, in dem sich das Kommen Gottes im Fleisch vorbereitete.

Bei Jesaja (11, 1) lesen wir: „Aus dem Baumstumpf Isais wächst ein Reis hervor, ein junger Trieb aus seinen Wurzeln bringt Frucht." Isai steht für seinen Sohn David, den der Prophet Samuel als den vom Herrn Erwählten zum König salbte. Aus diesem königlichen Geschlecht, wie verderbt und dezimiert, wie geschlagen und herabgekommen es auch sein mochte, sollte der Kommende hervorsprossen. So sehen wir aus dem schlafenden Stammvater (wie einst aus dem schlafenden Adam die Eva) den neuen Lebensbaum herauswachsen mit Maria, der Mutter des neuen Lebens. Sie ist darum die von Gott Geliebte schlechthin, die Braut des Hohenliedes, die von sich sagt: „Ich bin eine Blume auf den Wiesen des Scharon, eine Lilie der Täler." Zwei Frauen und zwei Engel als Zeugen der irdischen und himmlischen Geschichte begleiten in diesem Baum das Hervorwachsen Christi aus Maria.

Als Krone dieses Baumes, der in vielen Darstellungen außer Maria noch viele andere Gestalten ihrer Geschlechterfolge und der vorausdeutenden Geschichte aufweist, sehen wir den thronenden Christus. Es ist freilich auch der „Wurzeltrieb aus trockenem Boden", der keine „schöne und edle Gestalt" hat (Jes 53), der vielmehr alle Kraft von oben empfängt: „Der Geist des Herrn läßt sich nieder auf ihm." Die in Jesaja 11 genannten Gaben des Geistes wie Einsicht und Stärke sehen wir in der siebenfältigen Taube von jenseits des Rahmens der irdischen Geschichte auf den in ihr Bereiteten einströmen.

Bild 60
Aus königlichem Geschlecht
Die Vorfahren Jesu als „Wurzel Jesse"
Evangelistar, Köln, Anfang 13. Jahrhundert

49
EGO·FLOS·CAMPI

DEZEMBER

20

Wir wollen deshalb eine Schule für den Dienst des Herrn gründen. Bei ihrer Einrichtung möchten wir nichts Hartes, nichts Schweres anordnen. Wird aber aus einem angemessenen Grund zur Läuterung von Fehlern und zur Erhaltung der Liebe eine etwas strengere Forderung gestellt, sollst du nicht, von plötzlicher Angst verwirrt, vor dem Weg des Heils zurückschrecken, der am Anfang nicht anders als eng sein kann. Wer aber im religiösen Leben und im Glauben vorausschreitet, dem weitet sich das Herz, und mit der unsagbaren Freude der Liebe eilt er voran auf dem Weg der Gebote Gottes.

BENEDIKT-REGEL, EPILOG

DOMINIKUS, Benediktinermönch in Nordspanien; wurde Abt in dem kastilischen Kloster S. Sebastián de Silos, das durch ihn zu religiöser und kultureller Blüte geführt wurde; unter ihm der berühmte romanische Kreuzgang begonnen; später Kloster nach ihm benannt († 1073).

DEZEMBER

21

Als Gott den Adam schuf, hatte Adam eine große Liebe in seinem Schlafe, den Gott über ihn sandte. Und Gott gab der Liebe des Mannes Gestalt, und so ist die Frau die Liebe des Mannes. Sowie nun die Frau gebildet ward, gab Gott dem Manne jene Schöpferkraft, daß er aus seiner Liebe, welche die Frau ist, Kinder erzeugen könne. Als nämlich Adam Eva zum erstenmal erblickte, war er ganz von Weisheit erfüllt, da er in ihr die Mutter seiner Kinder erkannte. Als aber Eva Adam ansah, schaute sie ihn so an, als blickte sie in den Himmel hinein und als richtete sie ihre Seele empor, die den Himmel ersehnt: war doch ihre Hoffnung auf den Mann gerichtet. Und darum wird eine einzige Liebe sein, und nur so sollte es sein in der Liebe zwischen Mann und Frau und nicht anders.

HILDEGARD VON BINGEN

DEZEMBER

Freut euch im Herrn, nicht in der Welt, das heißt: Freut euch an der Wahrheit und nicht am Bösen; freut euch an der Hoffnung auf die Ewigkeit, nicht am Glanz der Eitelkeit. So freut euch! Wo immer ihr seid und wie lange auch immer ihr hier seid: Der Herr ist nahe, macht euch keine Sorge.

AUGUSTINUS

JUTTA, aus dem Geschlecht der Grafen von Sponheim; gründete Kloster auf dem Disibodenberg (an der Nahe); hier wuchs ihre Nichte Hildegard von Bingen auf, die ihre Nachfolgerin wurde und erste Lebensbeschreibung verfaßte († 1136).

FRANCESCA SAVERIA CABRINI, aus der Nähe von Mailand; gründete Kongregation der „Missionarinnen vom Heiligsten Herzen"; ging nach USA, errichtete in Großstädten Schulen, Krankenhäuser (besonders für Auswanderer); Mutterhaus in Chicago († 1917; sel.g: 1946).

Mensch, du bist ein Armer, der Gott um alles bitten muß.

JOHANNES VIANNEY

DEZEMBER

23

JOHANNES, aus Kety (daher Beiname Cantius), Professor in Krakau († 1473). – GK/g.

DAGOBERT II.; lebte in den Wirren der Merowingerzeit, König von Austrasien; vom neustrischen Hausmeier Ebroin ermordet, vom Volk als Märtyrer verehrt († 679). – Stra/g.

IVO, Bischof von Chartres; im Investiturstreit papsttreu, aber vermittelnd; als Rechtslehrer von hoher Autorität († 1116).

THORLAK THORHALLSSON, Augustiner-Chorherr, Bischof von Skálholt (östlich von Reykjavik); Nationalheiliger Islands († 1193).

MARIA-MARGUERITE DUFROST DE LAJEMMERAIS, aus Varennes/Kanada; nach Tod des Mannes setzte sie sich ganz für die Armen ein, gründete in Montreal „Graue Schwestern der Liebe" († 1771; sel.g: 1959).

Gott hat Maria seinen einzigen wesensgleichen Sohn gegeben, den er aus seinem Herzen zeugt, den er liebt wie sich selbst. Aus Maria schuf er sich den Sohn, nicht einen anderen, sondern eben diesen. So ist der eine und gleiche Jesus wesenhaft der gemeinsame Sohn Gottes und Marias.

ANSELM VON CANTERBURY

DEZEMBER

24

ADAM und EVA, Stammeltern des Menschengeschlechts; bereits in frühchristlicher Zeit als Heilige verstanden; in byzantinischer Kirche Verehrung zusammen mit den Gerechten des AT (Fest am 1. Adventssonntag), in armenischer mit den Patriarchen (Samstag vor dem 2. Sonntag nach Verklärung); im Westen kein eigenes Fest.

SCHARBEL MAKHLUF, aus dem Libanon; Mönch und Priester, längere Zeit im Maron-Kloster in Annaya, dann im einsamen Bergkloster Peter und Paul; an seinem Grab zahlreiche Wunder; von Christen und auch Moslems verehrt als „Abuna (Vater) Scharbel" († 1898; hl.g: 1977).

Tu den Willen des Vaters, damit du Mutter Christi bist. Viele haben Christus empfangen und ihn doch nicht hervorgebracht. Nur wer Gerechtigkeit gebiert, gebiert Christus; wer die Weisheit gebiert, gebiert Christus; wer das Wort geboren hat, hat Christus geboren.

AMBROSIUS

DEZEMBER

25

WEIHNACHTEN, HOCHFEST DER GEBURT DES HERRN. Festdatum für Rom seit 336 bezeugt; vermutlich zurückzuführen auf christliche Reaktion gegen ein heidnisches Sonnengottfest und auf theologische Berechnungen seit dem 3. Jh., wonach Jesus zur Wintersonnenwende (wie Johannes der Täufer zur Sommersonnenwende) geboren sei. Durch Bekämpfung der arianischen Irrlehre seit 4. Jh. und Betonung der Geburt Jesu als wahrer Mensch und wahrer Gott wurde das Fest rasch verbreitet und dem Osterfest angeglichen.

ANASTASIA, Märtyrin in Sirmium, Hauptstadt von Illyrien und zeitweise Residenzstadt, deshalb verbreitete Verehrung († um 304).

Mitten in der Nacht

Arme Hirten sind die ersten Adressaten und Boten der weihnachtlichen Botschaft, Geheiligte durch die Heilige Nacht. Das kalte und dunkle Blau der Nacht überzieht Stadt, Berge und Land. Nur wo das Feuer brennt, wo Menschen treue Wache halten zum Schutz ihrer Herden, wo sie zusammen aushalten, da ist es wärmer und heller. Die Feuerflammen weisen freilich nach oben, von wo zarte Strahlen ausgehen. Mitten in die dunkle Welt der Hirten, voll Entbehrung und mühseligem Kampf, von zerrissenen Kleidern und hartem Boden, bricht das Licht einer neuen Botschaft ein. Doch die Welt der Armut ist eine Welt der Sehnsucht, die sich ausdrückt in den Melodien, die einer am nächtlichen Feuer bläst, in Liedern und Erzählungen, die weitergegeben werden von Generation zu Generation.

Die Armen warten auf die große Änderung der Welt, sie sind offen für das Geschenk des Neuen. Sie können sich noch überraschen lassen, im Liegen hinaufschauen und hinaufzeigen, wo sie die Quelle des neuen Glanzes vermuten. Sie können sich aufrichten und die Hand dagegen halten, um nicht geblendet zu werden, um genauer zu sehen. Sie können sich dem Licht entgegenstrecken, andächtig staunend, und sich von ihm überwältigen lassen. Sie können aufstehen und den Stab nehmen, sie können auf die lichte Botschaft achten, auf den Finger des Engels, der auf irgendeine Stelle in der weiten Landschaft Betlehems weist. Sie können sich gemeinsam auf den Weg dorthin machen. Sie werden fähig sein, die große Verheißung in dem kleinen Kind verwirklicht zu sehen, bei armen Leuten im Stall, bei ihresgleichen. Sie werden die ersten Heiligen sein, weil sie sich nicht enttäuschen lassen, wenn der Weg von der weiten Herrlichkeit des Engelsgesangs zur Enge der Krippe führt; weil sie voll Freude glauben, furchtlos weitersagen und dankbar im Herzen bewahren können, daß das Heil in ihrer armen Nacht beginnt.

Bild 61
25. Dezember: Weihnachten
Verkündigung an die Hirten. Miniatur
Grandes heures d'Anne de Bretagne, um 1506

DEZEMBER 26

Seht, Brüder, die Demut Gottes und schüttet euer Herz vor ihm aus! Demütigt euch, damit ihr von ihm erhöht werdet! Behaltet also nichts von euch zurück, damit der euch ganz aufnehme, der sich euch ganz hingibt.

FRANZ VON ASSISI

STEPHANUS, wohl hellenistischer Abstammung, einer der sieben Diakone in der Jerusalemer Urgemeinde; Verteidigungsrede vor dem Hohen Rat, Tod durch Steinigung (Apg 6 f); erster Märtyrer der Kirche. Nach Auffindung seiner Reliquien (415) rasche Verbreitung seines Kultes; im Hochmittelalter auch durch die deutschen Kaiser und Könige gefördert. – GK/F (Wie/H, Diözesanpatron).

VINCENZA MARIA LÓPEZ Y VINCUÑA; aus Navarra/Nordspanien; gründete Heim für arbeitsuchende Mädchen und Institut der „Töchter der Unbefleckten Jungfrau Maria" für die Hausangestellten; starb in Madrid († 1890; hl.g: 1975).

DEZEMBER

Nachdem nun einmal das Unerhörte geschehen ist, daß Gott-Sohn Mensch wurde, ist er in allem und überall und wesentlich Mittler, Führer, Vorbild, Weg zum Vater, Offenbarung des Vaters.

IGNATIUS VON LOYOLA

JOHANNES, Apostel; Sohn des Zebedäus und Bruder Jakobus' d. Ä., Fischer am See Gennesaret, von Jesus zum „Menschenfischer" berufen (Mk 1, 16 f); mit Petrus und Jakobus Vorzugszeuge bei Auferweckung der Jairustochter (Mk 5, 37 f), Verklärung (Mk 9, 2 f), Getsemanigebet (Mk 14, 33 f); nach Lk 22, 8 ausgesandt, das Paschamahl zu bereiten; mit Petrus Wortführer der Gemeinde (Apg 3–4); vielfach mit dem „geliebten Jünger" des vierten Evangeliums gleichgesetzt; unter seine apostolische Autorität Johannesevangelium, -briefe und -apokalypse gestellt; nach Gal 2, 9 mit Petrus und Jakobus „Säule der Kirche". – GK/F.

DEZEMBER

Warum kommt er? Damit jene, die ihn nicht kannten, erkennen; die nicht glaubten, glauben; die ohne Gottesfurcht waren, Gott fürchten; die nicht liebten, lieben.

AELRED VON RIEVAULX

UNSCHULDIGE KINDER. Die Erzählung vom Kindermord in Betlehem (Mt 2, 16 f) ist von frühjüdischen Mose-Erzählungen (Rettung des Erlöserkindes vor Verfolger) beeinflußt; zum historischen Hintergrund paßt die Ausrottung des hasmonäischen Königsgeschlechts durch Herodes. – Ein Fest seit 6. Jh. nachweisbar; der Tag wurde gewählt, um den Rang des Weihnachtsfestes durch Begleitfeste („Krippenheilige") zu steigern – ebenso wie bei Stephanus (26. 12.), Johannes (27. 12.). – GK/F.

GASPARE DEL BUFALO, aus Rom, Priester, Volksmissionar; erneuerte das religiöse Leben Mittelitaliens in nachnapoleonischer Zeit; starb in Rom als „Opfer der Nächstenliebe" († 1837; hl.g: 1954).

DEZEMBER 29

Der wahre Märtyrer ist jener, der Gottes Werkzeug geworden ist, der seinen eigenen Willen im Willen Gottes verloren hat, jener, der nichts mehr für sich selbst begehrt, nicht einmal den Glorienschein des Martyriums.

Thomas Becket

Thomas Becket, aus London, Lordkanzler König Heinrichs II., Erzbischof von Canterbury; führte von da an mönchisches Leben, verzichtete auf Kanzleramt und wurde zum Verteidiger der Freiheit der Kirche und ihrer Einheit mit Rom; lebte sechs Jahre im Exil in Frankreich; bald nach seiner Rückkehr in der Kathedrale von Canterbury ermordet († 1170). Bereits drei Jahre später heiliggesprochen. – GK/g.

David, König Israels; schuf die Einheit von Süd- und Nordstämmen mit der Hauptstadt Jerusalem; die Natanverheißung vom bleibenden Königtum wurde Grundlage für Erwartung des Messias aus Davids Geschlecht, die sich in Jesus erfüllte.

DEZEMBER 30

Da wir im Leben wie in tiefer Finsternis umherirren, haben wir einen nicht strauchelnden und zuverlässigen Führer nötig. Der beste Führer ist aber nicht der Blinde, der, wie die Schrift sagt, Blinde in den Abgrund führt, sondern der scharf sehende und die Herzen durchschauende Christus.

Klemens von Alexandrien

Herr, Gott, gib uns Frieden – du hast uns alles ja gegeben – Frieden der Ruhe, Frieden des Sabbats, Frieden ohne Abend. Denn alle diese herrlich-schöne Ordnung der sehr guten Dinge wird vergehen, wenn ihr Maß erfüllt ist: und es ward Morgen in ihnen und es ward Abend. Der siebte Tag aber ist ohne Abend, und er hat keinen Untergang: denn du hast ihn geheiligt, daß er ewig dauere.

Augustinus

Germar, am Hof der Frankenkönige tätig; wurde Mönch; Gründerabt des Kloster Flay (St-Germer-de-Fly, Dép. Oise) († um 660).

DEZEMBER 31

Laßt uns die gegenwärtige Gnade lieben. Ignatius von Antiochien

Gott, du warst also nicht gestern oder wirst morgen sein, sondern gestern und heute und morgen bist du. Ja, du bist weder gestern noch heute noch morgen, sondern du stehst einfachhin außer aller Zeit. Denn nicht anderes ist gestern und heute und morgen als in der Zeit; du aber, obwohl nichts ohne dich ist, bist dennoch nicht an einem Ort oder in der Zeit, sondern alles ist in dir. Denn nichts umschließt dich, sondern du umschließt alles.

Anselm von Canterbury

Silvester I., aus Rom; vermutlich Bekenner in der letzten (diokletianischen) Verfolgung; erster Papst nach der „konstantinischen Wende" († 335).

Melania, aus römischer Senatorenfamilie; gab ihren großen Besitz an Arme, Kirchen und Klöster; lebte zuletzt in einem am Ölberg zu Jerusalem gegründeten Kloster († 439).

Schau der Vollendung

Vor dem Ende des bürgerlichen Jahres steht Johannes vor uns, der alles zusammenfaßt in das Wort Liebe. Seinen Namen trägt auch das letzte Buch der heiligen Schriften, die Geheime Offenbarung. So sehen wir ihn, dem sich in der Rückschau die Zukunft eröffnet. Ist der Heilige also der privilegierte Bewohner einer Insel (hier etwa Patmos), einer heilen Welt, in der im Gegensatz zum Schrecken unserer Gegenwart und zur Angst vor unserer Zukunft Liebe und Harmonie die entscheidenden Worte sind? Was der Seher schaut, was er in das geöffnete Buch niederschreiben wird – die Überfülle scheint beide Hände zu brauchen –, ist genug an Furchtbarem und Entsetzlichem.

In einer weiten Landschaft, in der Erde, Wasser und Luft ineinander übergehen, herrschen die vier Reiter: der auf dem weißen Pferd mit dem Pfeil des Völkerkriegs; der auf dem feuerroten Pferd mit dem Schwert des Bürgerkriegs; der auf dem schwarzen Pferd mit der Waage der Teuerung und Hungersnot; der auf dem fahlen Pferd, der Tod heißt und den Rachen der feurigen Unterwelt hinter sich herzieht. Diese Welt ist von Schrecken und Untergang gekennzeichnet und von der Angst, in der der nackte, ungeschützte Mensch in die Felsenspalten zu fliehen sucht.

Der Seher blickt auf die Drangsale seiner Zeit und der Verfolgung unter Kaiser Domitian, er blickt auf die Bedrängnisse aller kommenden Zeiten. Sein Blick ist gefaßt, weil er zugleich dorthin blickt, wo der Ursprung und das Ziel alles Kommenden ist, wo über dem Regenbogen zwischen die Throne der vierundzwanzig Ältesten der gewaltige Engelsdiakon tritt und auf den Thron des Einen, auf das Buch mit den Siegeln und das Lamm zeigt. Und an dies Geheimnis tritt ein anderer Engel heran und verbrennt Weihrauch auf dem Altar, um „die Gebete der Heiligen vor Gott zu bringen". Der Heilige sieht im Glauben trotz der vielen Unbegreiflichkeiten die ganze Geschichte zusammen in ihrer Vollendung, läßt alles enden in Anbetung.

Bild 62
27. Dezember: Johannes, Apostel und Evangelist
Der Heilige schaut das Kommende
Hans Memling, Katharinen-Altar, 1475–1479

Nachwort: Mit den Heiligen leben

1. Zum Glaubensverständnis der Heiligenverehrung

Zu den biblischen Grundaussagen gehört das Bekenntnis, daß Gott sich als der Heilige erwiesen hat: als Retter aus der Gewalt des Todes und der Finsternis der Sünde, den unbegreiflich liebende Zuneigung bewegt; als Schöpfer von Himmel und Erde, den unvorstellbare Mächtigkeit erfüllt; als Herr aller Lebenswege und Menschengeschichte, der sich ganz anders als alle Herren dieser Welt verhält. Gott allein ist der Heilige.

Die Gemeinde des ersten Bundes weiß um die erschreckende und zugleich überwältigende Heiligkeit ihres Gottes. Was seiner Nähe, was der Begegnung mit ihm gewürdigt wird, muß in kultischer und zunehmend auch sittlicher Reinheit geheiligt werden: „Seid heilig, denn ich, der Herr, euer Gott, bin heilig" (Lev 19,2). Für die christliche Gemeinde leuchtet der Heiligkeitsglanz Gottes in unüberbietbarer Weise in der Person Jesu Christi auf, er ist „der Heilige Gottes" (Mk 1,24), der endgültige Mittler zwischen dem heiligen Gott und den Menschen, die, der Sünde und dem Tod verfallen, durch ihn und die liebende Hingabe seines Lebens gerettet und geheiligt werden. Die Gemeinschaft mit ihm gewährt Anteil am Leben Gottes und an seiner Heiligkeit. So können im Neuen Testament alle, die von Christus berufen sind, die ihm im Glauben folgen und auf ihn hin getauft werden, als Heilige bezeichnet werden.

Dieser ursprüngliche Sprachgebrauch wandelt sich im Laufe der ersten Jahrhunderte der Kirche. Allmählich wird der Titel „Heiliger" denen vorbehalten, die in herausragender Weise Zeugen (griechisch: „mártyroi – Märtyrer") für Jesus Christus geworden sind, so wie dieser selbst der einzigartige „treue Zeuge" Gottes (Offb 1,5) ist. Die Blutzeugen sind nicht nur heldenhaft für eine Überzeugung gestorben, sondern folgten Jesus bis in seine Passion, bestanden in der Kraft seines Geistes den Kampf mit den Mächten des Bösen und sind nun mit ihm in der Herrlichkeit des Vaters. Darum werden sie verehrt, wird ihrer vor allem beim Gottesdienst gedacht, dienen sie als Vorbilder der Christusnachfolge, werden sie um ihre Fürbitte angerufen. Ihre Verehrung ist wesentlich verschieden von der Anbetung, die Gott allein gebührt, und doch ist sie begründet wegen der Gemeinschaft, die zwischen

Christus, dem Haupt, und den Gliedern seines Leibes besteht, und wegen der Gemeinschaft zwischen der himmlischen und der irdischen Kirche. So wird Verehrung und Fürbitte konkreter Ausdruck der Solidarität aller Glieder der Kirche im Heil.

Die angedeuteten Glaubensvorstellungen liegen der Geschichte der Heiligenverehrung zugrunde, die eine Fülle unterschiedlicher Ausdrucksformen hervorgebracht hat und mit den Verschiedenheiten der Kulturräume und geschichtlichen Epochen aufs engste verknüpft ist. Die Märtyrerverehrung der frühen Kirche übernimmt die antike Vorstellung vom Grab als dem Haus des Toten. Deswegen ist hier am Grab der gegebene Ort für die Anrufung des Heiligen, und die herausragende Zeit seiner Verehrung ist das Jahresgedächtnis seines Todestages als seines „Geburtstages" zum himmlischen Leben. Bald jede Gemeinde verbindet ihren gottesdienstlichen Mittelpunkt mit einem Märtyrergrab, und wo keines vorhanden war – besonders nach Aufhören der blutigen Verfolgung und mit der weiteren Verbreitung des Christentums –, schafft man es sich durch Übertragung von Märtyrerleibern aus anderen Gemeinden und durch Teilung und Übertragung von Reliquien. Zur Vermeidung von Mißbrauch bildet sich die Praxis, daß die Erhebung und Übertragung der Gebeine nur unter der Autorität des Bischofs vollzogen werden darf. Die einzelnen Kirchen teilen sich gegenseitig die Liste der anerkannten Märtyrer mit ihren Gedächtnistagen mit, und so entstehen die ersten Festkalender (Martyrologien).

Es ist naheliegend, daß die Beziehung, die zwischen einer Gemeinde oder einem einzelnen und dem angerufenen Heiligen besteht, mit Hilfe antiker Vorstellungen gedacht und formuliert wird. So wird zum Beispiel römischem Rechtsbrauch entsprechend der Heilige als „Patron" angesehen, der zu seinem „Klienten", seinem Schutzbefohlenen, in einem besonderen Fürsorgeverhältnis steht – ein Gedanke, der später in Verbindung mit dem germanischen Gefolgschaftsdenken außerordentlich volkstümlich werden sollte: Der Heilige wird zum Schutzpatron einer Kirche, einer Stadt, einer Gesellschaftsschicht oder eines Berufsstandes, von Kaisern und Königen, Ländern und Völkern; Heilige werden um ihren beschützenden Beistand in den vielen Nöten und Gefahren des Lebens angerufen, nicht zuletzt in der entscheidenden Stunde des Sterbens, und man verbindet damit die Hoffnung, daß Gott sich, wie es schon in den Psalmen heißt, wunderbar in seinen Heiligen erweisen werde. Mag auch das Vertrauen auf die Wundermacht der Heiligen in der Welt des Mittelalters manche befremdlichen, ja abergläubischen Züge angenommen haben, so wurzelt es doch in dem biblischen Glauben, daß der Anbruch des Gottesreiches und die Verbreitung des Evangeliums von Wunderzeichen begleitet ist.

Das Martyrium gilt als das sicherste Kennzeichen für die vollendete Gleichgestaltung mit Jesus. Im Jünger wird der Herr verfolgt; die Martyriumsgeschichte des Erstlingsmärtyrers Stephanus zum Beispiel ist bis in manchen Wortlaut hinein eine Vergegenwärtigung der Passionsgeschichte Jesu. Auch später, als die blutigen Verfolgungen aufgehört hatten, wirkt diese normierende Vorstellung weiter. Der Mensch, der „in die Wüste geht", der in Einsamkeit und Entsagung täglich sein Kreuz auf sich nimmt und sich selbst abtötet, durchlebt ein unblutiges Martyrium, ebenso wie der Bekenner, der den Kampf mit den Nachstellungen der Mächte des Bösen und nicht zuletzt mit der Selbstvergottung politischer Macht auf sich nimmt, oder die gottgeweihte Jungfrau, die sich um des Himmelreiches willen von der stärksten irdischen Bindung freihält.

Eine andere, außerordentlich wirksam gewordene Vorstellung von Heiligkeit hängt mit der uralten Idee vom heiligen Anfang zusammen. Für die Geschichte der Kirche liegt der normgebende Ursprung in der apostolischen Zeit. Deshalb können die Apostel als Fundament der Kirche bezeichnet werden (Eph 2,20), auch wenn niemand einen anderen Grund legen kann als den, der gelegt ist: Jesus Christus (1 Kor 3,11). In abgewandelter Weise erscheinen viele Ursprungsgestalten der christlichen Gemeinden und der Ortskirchen sowie der klösterlichen Gemeinschaften als die vorbildlichen Männer und Frauen. Der Heiligenkalender ist voll von Gründerbischöfen, Kirchen- und Klosterstiftern und -stifterinnen, und bis in die jüngste Zeit ist bei den Heiligsprechungen der Anteil an Gründern und Gründerinnen von Ordensgemeinschaften unverhältnismäßig hoch (was freilich auch damit zusammenhängen mag, daß es für einen Orden leichter ist, das Anliegen einer Heiligsprechung über längere Zeiträume lebendig zu halten).

Das Heiligkeitsideal schwankt im Wandel der Jahrhunderte zwischen Weltflucht und Weltdienst. Beides kann falsch verstanden werden. Es geht nicht um leibfeindliche Weltverachtung, sondern um Distanzierung von dem der Sünde verfallenen Lebensstil dieser Welt; die Hinwendung zu Christus ist gleichzeitig Abwendung von seinem Widersacher. Aber auch der Dienst in der Welt kann, von der Christusbeziehung gelöst, zu selbstgefälliger, aktivistischer, vielleicht verzweifelter Betriebsamkeit entarten – das Gegenteil von dem, was in Heiligengestalten als vorbildlich vor Augen gestellt wird.

Die Geschichte der Heiligen muß erzählt werden; das gnadenvolle und machtvolle Handeln Gottes, das sich in ihrem Leben und Sterben erwiesen hat, darf nicht verschwiegen werden. Zur Verehrung der Heiligen gehört von Anfang an die Beschreibung ihrer Lebens- und Glaubensgeschichten, die wie alle literarischen Zeugnisse von den geistig-kulturellen Strömungen der jeweiligen Zeit abhängig ist. Zeitgebundene Erwartungen an den Heiligen, Legendenfreudigkeit längst vergangener Epochen, übersteigerte Ruhmseligkeit, die sich in den zahllosen mittelalterlichen Wundergeschichten niederschlägt, haben manche Züge im überlieferten Bild der Heiligen entstellt. Manches hat sich vor dem nüchternen historischen Urteil als unhaltbar erwiesen, für manches aber – wie zum Beispiel den Tiefensinn von Legenden – hat gerade moderne Betrachtungsweise ein neues Gespür entwickelt. Gegenüber vielen typischen, um nicht zu sagen kitschigen Übermalungen ist in den letzten Jahrzehnten durch tiefbohrende biographische Forschung der Blick für das unverwechselbare Einmalige, für das Persönliche wie für das geschichtlich Bedingte im Lebensbild eines Heiligen geschärft worden. Dieser neuen Betrachtungsweise sind oftmals überraschende Wiederentdeckungen und fruchtbare Neubegegnungen zu verdanken.

2. Zur geschichtlichen Entwicklung der Heiligsprechung

Heiligenverehrung kann nicht von oben verordnet oder einfach gemacht werden. Das Leben und Wirken, das Leiden und Sterben eines Menschen muß von anderen als ein besonderes Zeichen Gottes erlebt worden sein; der Ruf seiner Heiligkeit muß auch nach seinem Tod weiter gewachsen sein; Menschen müssen ihn angerufen und seine Hilfe erfahren haben – das alles gehört zu den unabdingbaren Voraussetzungen von Heiligenverehrung. In früher Zeit gilt es als selbstverständlich, daß etwa die Verehrung eines bisher unbekannten Märtyrers nicht ohne Anerkennung durch den Bischof geschieht. Konkreter Ausdruck dafür und damit eine der ältesten Formen von „Heiligsprechung" ist die Erhebung und Übertragung der Gebeine des Heiligen in eine Kirche, wo er nun öffentlich verehrt werden kann.

Schon auf Bischofsversammlungen im Altertum hat man aber auch Grund, gegen wildwuchernde und allzu leichtgläubige Verehrung vorzugehen und auf eine kirchliche Prüfung zu dringen, und es ist in der Kirche unbestritten, daß das Recht hierzu bei den Bischöfen und Synoden liegt. Allmählich wird aus der nachträglichen Anerkennung eine vorausgehende Zustimmung der kirchlichen Autorität zur öffentlichen Verehrung eines Heiligen; dabei wächst die Tendenz, sich deswegen an den Papst zu wenden, schon allein, um dem Heiligen dadurch eine größere Aufmerksamkeit in der ganzen Kirche zu sichern.

Die erste Kanonisation – d. h. Aufnahme in den „Kanon", in das amtliche Verzeichnis der Heiligen – durch einen Papst erfolgt 993; auf Bitten des Kaisers Otto III. wird der zwanzig Jahre vorher gestorbene Bischof von Augsburg Ulrich durch eine römische Synode unter Vorsitz von Papst Johannes XV. heiliggesprochen. Zu den wesentlichen Elementen des damals noch sehr kurzen Verfahrens, die im Grunde bis heute gleich geblieben sind, gehören: die Bitte um Kanonisation, verbunden mit Lebensbeschreibung und Bericht über erfolgte Wunder; die Prüfung der Zeugenaussagen bzw. der Akten; die feierliche Verkündigung. Mit der wachsenden päpstlichen Autorität im hohen Mittelalter zieht der Apostolische Stuhl das Recht zur Heiligsprechung endgültig an sich, wobei auch praktische Gründe einheitlicher Bewertungsmaßstäbe eine Rolle spielen. Dennoch bleibt daneben auch die bisherige Praxis der bischöflichen oder synodalen Anerkennung noch für geraume Zeit üblich; hier liegt wohl die historische Wurzel für die in der alten Kirche unbekannte Unterscheidung zwischen „selig" (nur örtlich oder regional erlaubte Verehrung) und „heilig" (Verehrung in der ganzen Kirche).

Im 17. und 18. Jahrhundert werden die Rechtsvorschriften für die Selig- und Heiligsprechungsprozesse umfassend geregelt (1634 durch Urban VIII. und 1747 durch Benedikt XIV.); sie bilden die Grundlage für die Bestimmungen des kirchlichen Gesetzbuches (Codex Iuris Canonici) von 1917. Danach dürfen kirchenamtlich oder liturgisch nur die von der Kirche anerkannten Seligen und Heiligen verehrt werden; Selig- und Heiligsprechungen sind ausschließlich dem Heiligen Stuhl vorbehalten. In dem außerordentlich strengen, sorgfältigen und entsprechend langwierigen Verfahren, dem „Prozeß" der Selig- und Heiligsprechung, wird im wesentlichen geprüft, ob der Diener Gottes (oder die Dienerin Gottes) in seinen Schriften, sofern solche vorliegen, die Glaubenslehre rein dargelegt hat, ob er im Ruf der Heiligkeit steht und die Tugenden in heroischer Weise gelebt hat, ob die erforderlichen Wunder oder das erlittene Martyrium feststehen, ob kein Hindernis im Weg steht und bisher keine amtliche Verehrung erwiesen wurde.

Nach dem Zweiten Vatikanischen Konzil wurde 1983 ein neuer Codex Iuris Canonici erlassen. Er enthält (in can. 1187) nur noch die allgemeine Vorschrift, daß öffentliche Verehrung nur jenen Dienern Gottes erwiesen werden darf, die von der kirchlichen Autorität in das amtliche Verzeichnis der Heiligen und Seligen aufgenommen wurden. Normen, Zuständigkeiten und Verfahrensordnung des Heiligsprechungsprozesses sind in einer eigenen, gleichzeitig mit dem neuen Codex veröffentlichten Apostolischen Konstitution geregelt. Darin spielt eine wichtige und jetzt noch verstärkte Rolle das vorausgehende und selbstverantwortliche Untersuchungsverfahren beim zuständigen Bischof. Das Apostolische Prozeßverfahren ist vereinfacht und übersichtlicher gestaltet worden. Für die Durchführung sind nicht mehr wie früher zwei Abteilungen der Ritenkongregation, sondern eine im Zuge der Kurienreform 1969 neu errichtete Kongregation für die Heiligen (S. Congregatio pro causis Sanctorum) zuständig.

Aus dem Überblick wird deutlich, wie sich in allem geschichtlichen Wandel bleibende Grundformen und Grundüberzeugungen durchhalten. Dazu gehört – eigentlich selbstverständlich, was dennoch immer wieder einmal mißverstanden werden mag –, daß durch eine Heilig- oder Seligsprechung keineswegs jemand sozusagen in den Himmel aufgenommen wird. Vielmehr gibt die Kirche durch das kirchliche Lehramt ihrer streng geprüften, unwiderruflichen Überzeugung Ausdruck, daß ein Mensch zu der himmlischen Herrlichkeit bei Gott gelangt ist, zu der alle Menschen berufen sind, daß er öffentlich verehrt und um seine Fürsprache angerufen werden darf.

3. Zur Darstellung der Heiligen in der Kunst

Die Verehrung der Heiligen führt neben der Feier ihrer Festtage, der Überlieferung ihrer Lebensgeschichte, der Wallfahrt zu ihren Gräbern wie selbstverständlich auch zu ihrer Darstellung in Bildern und Figuren. Schon in der Katakombenkunst erscheinen Märtyrer, die als Fürsprecher den Verstorbenen zu Christus geleiten. In der Apsis und an den Wänden der altchristlichen Basiliken, auf Sarkophagen bis hin zu Tontäfelchen, die beim Besuch von Heiligengräbern mitgegeben wurden, finden sich Bilder von Heiligen. Besonders im christlichen Osten wird die Darstellung von Reihen und ganzen Prozessionen von Heiligen beliebt. Während in frühmittelalterlicher Zeit das Heiligenbild im Westen überwiegend auf Buchmalerei und Einbandkunst beschränkt bleibt, erlebt es im hohen und besonders im späten Mittelalter mit der Steigerung, ja Übersteigerung der Heiligenverehrung eine ausgesprochene Blütezeit, man denke nur an die Bilderfenster und Figurenportale der gotischen Kathedralen, die kostbaren Heiligenschreine, die unzähligen spätgotischen Altarbilder und figurenreichen Schnitzaltäre. Demgegenüber löste die Reformation mit ihrem Protest gegen Heiligenverehrung, besonders in den kalvinistisch beeinflußten Gebieten, einen Bildersturm aus (wie er sich später – aus ganz anderen Motiven – im Frankreich der Revolutionszeit wiederholen sollte). Das Wiedererstarken der katholischen Kirche, die der protestantischen Ablehnung eine betonte Verehrung der Heiligen entgegenstellte, fiel zeitlich zusammen mit der Entfaltung der kirchlichen Barockkunst. Bereits von den Kirchenfassaden begrüßten gleichsam die Heiligen die herbeiströmenden Gläubigen, erzählten auf den riesigen Altarwänden von dem wunderbaren Wirken Gottes in ihrem Leben und Sterben und ließen in den Decken- und Kuppelfresken einen Schimmer ihrer himmlischen Seligkeit erahnen.

Schon früh empfand man die Notwendigkeit, Heilige in der Darstellung voneinander zu unterscheiden. Wo Beischriften nicht gut möglich waren (z.B. auf Plastiken oder auch, weil die meisten sie nicht hätten lesen können), wurden ihnen charakteristische Merkzeichen (Attribute) beigegeben. Diese konnten für eine ganze Gruppe von Heiligen gelten, z.B. Palmzweige für Märtyrer, Buch oder Buchrolle für Apostel, oder auch für einen einzelnen Heiligen, z.B. Schlüssel für Petrus, das Lamm Gottes für Johannes den Täufer, ein Feuerrost für den Märtyrer Laurentius. Auch durch die liturgische oder weltliche Kleidung werden Heilige charakterisiert. Das Mittelalter ging dabei wie selbstverständlich von der jeweils zeitgenössischen Tracht aus und machte aus einem heiligen Soldaten der Antike einen mittelalterlichen Ritter, an dessen Rüstung man manchmal die Entstehungszeit des Bildes genau datieren kann. An weiteren Attributen kamen Amts- und Handwerkszeichen hinzu, Marterwerkzeuge, Gegenstände, die an ein besonderes Ereignis im Leben des Heiligen erinnern konnten, Symbole, die bestimmte Tugenden veranschaulichen sollten – eine außerordentlich reichhaltige Bildsprache, die freilich für uns heute weitgehend zur Fremdsprache geworden ist. Ein unerläßlicher Zugang hierzu ist die Kenntnis der alten Heiligengeschichten, wie sie vor allem in der berühmten Sammlung der „Goldenen Legende" (legenda aurea) des Genueser Erzbischofs Jacobus a Voragine († 1298) vorliegt, die seit dem Spätmittelalter außerordentlich beliebt war. Einflußreich wie kein Heiligenbuch sonst, hielt es das Leben der Heiligen in Erinnerung und prägte ihre Darstellung in den Werken der Kunst.

AUSWAHL HÄUFIGER ATTRIBUTE UND IHRER HEILIGEN

Adler: Johannes der Evangelist
Ähren: Apollinaris, Walburga
Amboß: Eligius
Anker: Klemens I., Nikolaus
Apfel: (in Körbchen) Dorothea, (drei goldene Äpfel) Nikolaus
Arzneibüchse (-tasche): Kosmas und Damian, Pantaleon
Augen: (auf Buch) Odilia, (auf Dolchspitze) Lucia von Syrakus
Bär: Maximin von Trier, Magnus, Gallus, Thekla, (mit aufgebundener Last) Korbinian, (Brot reichend) Lambert von Maastricht, (als Reittier) Romedius
Banner: Johanna von Orléans
Baum: (B.stamm in Händen) Christophorus, (an B. gefesselt) Sebastian, Afra, Ernst, Kastulus (mit B.kreuz) Bonaventura
Becher: Gertrud von Nivelles, (mit Schlange) Benedikt von Nursia, Eduard der Märtyrer
Beil/Axt: Josef von Nazaret, Judas Thaddäus, Matthäus, Matthias, Simon Zelotes, Wolfgang von Regensburg
Besen: Petronilla
Bienenkorb: Ambrosius, Bernhard von Clairvaux
Blätterkleid: Paulus der Einsiedler, Onuphrius
Blütenkranz: Cäcilia, Dorothea, (aus Rosen) Rosa von Lima, Rosa von Viterbo, Heinrich Seuse
Bohrer: Achatius, Apollonia, Leodegar
Brot, Brote: Paulus von Theben, Nikolaus von Myra, Elisabeth von Thüringen, Meinrad, Notburga, Verena
Buch: Apostel, Evangelisten, (B. der Ordensregel) Benedikt von Nursia, Ignatius von Loyola, (B. durchbohrt) Bonifatius, (B. mit Inschrift) Bernhardin von Siena, Johannes vom Kreuz, Petrus Damiani
Bürste: Radegundis
Diakon(sgewand): Stephanus, Laurentius, Vinzenz
Dolch: (im Hals) Lucia, Aquilinus, (in der Brust) Petrus Martyr, Irene von Portugal
Dornenkranz: Katharina von Siena, Ludwig IX. von Frankreich, Johannes von Gott, Elisabeth von Reute
Drachen: Erzengel Michael, Georg, Margareta von Antiochien, Antonius der Große, Eucharius, Servatius
Esel: Antonius von Padua
Fackel: Margareta, Agatha, Barbara, (Hund mit F. im Maul) Dominikus
Fahne: Michael, Georg, Mauritius, Gereon, Quirinus
Faß: Otmar, Willibrord
Fisch: Petrus Apostel, Zeno, Ulrich von Augsburg, Antonius von Padua, (mit zwei Schlüsseln) Benno
Frosch: Pirmin
Gans: Martin von Tours, Brigida von Kildare
Geißel: Gervasius und Protasius, Ambrosius, Aloisius, Margareta von Cortona, Maria Magdalena von Pazzi
Glocke: Antonius der Große, Vinzenz Ferrer, (auf Buch) Lioba
Haare: (lange H. als Kleid) Agnes, Maria von Ägypten, Maria Magdalena
Hammer: Eligius, Reinold
Harfe: Cäcilia
Haupt: (abgeschlagenes H. in Händen haltend) Alban, Dionysius, Felix und Regula, Placidus, Valentin, Viktor von Solothurn
Haut: (abgezogen) Bartholomäus
Hellebarde: Matthäus, Matthias, Judas Thaddäus, Wiborada
Herz: (brennendes) Augustinus, Antonius von Padua, Vinzenz Ferrer, Maria Magdalena von Pazzi, Franz Xaver, (mit Jesuskind) Gertrud von Helfta, (mit Kreuz) Katharina von Siena, (mit Pfeil) Theresia von Ávila
Hirsch: (mit Kreuz im Geweih) Hubert, Eustachius, Meinulf
Hirschkuh: Ägidius, Genovefa
Hund: Eucharius, Bernhard von Clairvaux, (mit Fackel im Maul) Dominikus, (mit Brot) Rochus, (Jagdhunde) Hubert, Eustachius
Hut: (breitrandiger Schlapphut mit Pilgerzeichen der Muschel) Jakobus der Ältere, Rochus, Sebaldus
Jesuskind: (auf dem Arm) Josef von Nazaret, Hermann Josef von Steinfeld, Antonius von Padua, Kajetan, Stanislaus Kostka, (im Herzen) Gertrud von Helfta, (auf den Schultern) Christophorus
IHS: Bernhardin von Siena, Heinrich Seuse, Ignatius von Loyola
Kardinalshut: Hieronymus, Karl Borromäus, (am Baum) Bonaventura
Kelch: (mit Hostie) Barbara, Benignus, Thomas von Aquin, (mit Schlange) Johannes der Evangelist, Benedikt von Nursia, (mit Spinne) Konrad von Konstanz, Norbert, (mit Traube) Urban I., Wigbert
Kerze: Blasius, Lucia, Genovefa
Kessel: (mit brennendem Öl) Johannes der Evangelist, Erasmus, Vitus
Kette: Anastasia, Balbina, Johannes von Matha, Leonhard, Onuphrius, (Büßerket-

ten) Margareta von Cortona, Wilhelm von Maleval

Keule: Judas Thaddäus, Ewald, Meinrad, Placidus, Apollinaris

Kirchenmodell: Adelheid, Bruno von Köln, Godehard, Hedwig von Schlesien, Heinrich II., Hemma von Gurk, Kunigunde, Leopold, Ludgerus, Sebaldus, Severin von Köln, Willibrord, Wolfgang von Regensburg

Kranz von Rosen: Dorothea, Heinrich Seuse

Kreuz: (Kreuzstab) Erzengel Michael, Johannes der Täufer, Apostel, Päpste, (Schrägbalkenkreuz) Andreas Apostel, (Gabelkreuz) Philippus Apostel, (T-Kreuz, Krückstab) Antonius der Große

Krone: (Zeichen irdischer und himmlischer Würde) viele Heilige, besonders Märtyrer; Kaiser, Könige; (meist dreifache Papstkrone oder Tiara) Päpste

Krug: (mit Broten) Elisabeth von Thüringen, (Wasser auf brennendes Haus gießend) Florian

Lamm: Johannes der Täufer, Agnes, Wendelin

Lampe: Gudula, Walburga, Katharina von Schweden

Lanze: Matthias, Thomas Apostel, Lambert, Koloman, Demetrius, Benignus

Lilie: Josef von Nazaret, Antonius von Padua, Hermann Josef, Katharina von Siena, Klara von Assisi, Aloisius, Stanislaus Kostka

Löwe: Markus Evangelist, Hieronymus, Thekla, Vitus

Mantel: Martin von Tours, (Schutzmantel) Ursula

Messer: Bartholomäus, (Winzer-M.) Morandus

Mitra: Bischöfe, Äbte

Monstranz: Norbert, Thomas von Aquin, Antonius von Padua, Klara von Assisi, Franz von Borgia

Mühlstein: Christina von Bolsena, Vinzenz von Saragossa, Florian

Muschel: (Pilgerzeichen) Jakobus der Ältere

Ölflasche: Walburga

Orgel: Cäcilia

Palmzweig: Märtyrer

Pfeil, Pfeile: Sebastian, Ursula, Ägidius

Rabe: Benedikt von Nursia, Paulus von Theben, Meinrad

Rad: Katharina von Alexandrien

Rosen: Dorothea, Elisabeth von Thüringen, Theresia von Lisieux

Rosenkranz: Dominikus

Rost: Laurentius, Christina von Bolsena, Blandina von Lyon

Rute: Ferreolus, Koloman, Benedikt von Nursia

Säge: Josef von Nazaret, Simon Zelotes, Quirinus

Salbgefäß: Maria Magdalena, Remigius, Afra, Rochus

Schiff: Ursula von Köln, Nikolaus von Myra

Schlange: Philippus Apostel, Hilarius, Amandus, Pirmin, Notburga, (Kelch mit Sch.) Johannes der Evangelist, Benedikt von Nursia

Schlüssel: Petrus Apostel, Päpste, Servatius, Benno

Schreibgerät: Evangelisten, Kirchenlehrer wie Hieronymus, Augustinus, Gregor der Große; Visionärinnen wie Hildegard von Bingen, Birgitta von Schweden

Schriftrolle: Apostel, Evangelisten

Schuhe: Krispin und Krispinian, Hedwig von Schlesien

Schwert: Erzengel Michael, Paulus Apostel, Katharina von Alexandrien und zahlreiche Märtyrer und -innen

Sonne: (mit Strahlen) Thomas von Aquin, Bernhardin von Siena

Stab: Hirten, Pilger, (mit Krümme) Bischöfe, Äbte

Stein, Steine: Stephanus, Judas Thaddäus, Matthias, Philippus, Hieronymus, Koloman, Suitbert

Stern: Dominikus, Thomas von Aquin, Johannes von Capestrano, Nikolaus von Tolentino, Hugo von Grenoble, Bruno der Kartäuser, Johannes Nepomuk

Stier: Lukas, Blandina von Lyon

Stigmata: Franz von Assisi, Katharina von Siena, Maria Magdalena von Pazzi, Margareta von Ungarn, Elisabeth von Reute

Strick: Afra, Rupert, Koloman, Ludmilla, Johanna von Valois

Taube: Evangelisten, Scholastika, Gregor der Große, Thomas von Aquin, Kunibert, Theresia von Ávila

Totenkopf: Maria Magdalena, Hieronymus, Franz von Borgia, Karl Borromäus, Aloisius, Kajetan, Margareta von Cortona

Traube: Morandus, Urban I., Wenzel, Wigbert

Treppe: Alexius

Turm: Barbara

Winde: Erasmus, Reparata

Wolf: Blasius, Antonius der Große, Radegundis, Remaclus

Zange: Agatha, Apollonia, Eligius, Livinus, Koloman

QUELLENNACHWEIS

Vor dem Doppelpunkt ist jeweils die Seitenzahl des zitierten Werkes angegeben, danach der betreffende Tag. Die Zitate wurden entsprechend den Erfordernissen des vorliegenden Werkes gelegentlich gekürzt und – bei übersetzten Texten – stilistisch redigiert.

Anselm von Canterbury, Proslogion. Untersuchungen. Lateinisch-deutsche Ausgabe von F. S. Schmitt (Stuttgart 1962) 83: 11.9. – 81: 3.10. – 119: 31.12.

Auclair, Marcelle: Vinzenz von Paul, Genie der Nächstenliebe (Freiburg i. Br. [2]1978) 91: 16.3./1 – 76f: 22.3. – 77: 7.5. – 261: 15.5. – 90f: 1.7./2 – 12: 20.7./1 – 280: 27.9./1 – 273: 27.9./2 – 263: 28.9. – 191: 18.12./2

Augustinus, Aurelius: Aufstieg zu Gott. Herausgegeben, eingeleitet und übersetzt von Ladislaus Boros (Olten 1982) 124: 12.4. – 96: 29.10. – 118: 27.11.

Bargellini, Piero: Bernardino, der Rufer von Siena (Freiburg i. Br. 1937) 137f: 23.5.

Benedictus. Eine Bild-Biographie nach dem Zweiten Buch der Dialoge Gregors des Großen, herausgegeben und eingeleitet von Emmanuel Jungclaussen, mit Bildern von Cláudio Pastro (Regensburg 1980) 128: 10.2.

Bernadette von Lourdes: Ich habe das Glück, zur Grotte zu gehen. Briefe und Bekenntnisse. Herausgegeben von André Ravier. Mit einer Einführung von Hans Urs von Balthasar (Freiburg i. Br. 1979) 28f: 11.2./1 – 32: 11.2./2

Bernhard von Clairvaux. Herausgegeben, eingeleitet und übersetzt von Bernardin Schellenberger (Olten 1982) 43: 13.3./2 – 150: 1.4. – 75: 29.5. – 65: 17.6. – 80: 20.7./2 – 110: 24.7. – 157: 20.8. – 44: 21.8./1 – 158: 21.8./2 – 196: 22.8. – 50: 24.9.

Bibliothek der Kirchenväter 31 (Kempten 1917) 29: 18.1./1 – 46 (1925) 14: 2.1./1 – 15: 3.1./1 – 47 (1925) 246 248: 5.1. – 59 (1928) 3: 3.1./2 – II, 9 (1934) 186: 1.1./2 – II, 16 (1936) 307 311: 26.1.

Bierbaum, Max: Maria Droste zu Vischering. Ein Lebensbild. Unter Benützung unveröffentlichter Quellen (Freiburg i. Br.) 1966 197: 8.6.

Bosco, Giovanni: Scritti spirituali I (Rom 1976) 37: 31.1./2

Bosco, Teresio: Don Bosco (Turin 1979) 259: 1.2. – 416: 31.1./1

Bours, Johannes: Nehmt Gottes Melodie in euch auf. Worte für das tägliche Leben (Freiburg i. Br. 1985) 46f: 14.2. – 57: 19.2./1 – 44f: 19.4. – 96: 16.6. – 54: 10.7. – 70: 15.8./1 – 69: 15.8./2 – 59: 27. 8. – 53: 31.8. – 42: 17.10. – 94: 23.12. – 38: 31.12./1

Du brennender Gott in Deiner Sehnsucht. Gebets- und Meditationsworte aus „Das fließende Licht der Gottheit" von Mechthild von Magdeburg, ausgewählt von Johannes Bours (Emmerich 1972) 29: 5.5.

Elisabeth von Dijon: Licht, das mich führt. Geistliche Botschaft. Herausgegeben von Conrad de Meester. Nachwort von Ulrich Dobhan (Freiburg i. Br. 1986) 103: 4.5. – 77: 9.11. – 135: 13.11. – 114: 24.11. – 81: 9.12.

Die Feier des Stundengebetes, Lektionar I,1: (1978) 163: 6.1. – 248f: 7.1. – 250: 8.1. – 11: 9.2. – 10f: 28.12. – I,2 (1978) 246: 16.3./2 – 242: 17.3. – 250: 19.3. – 258f: 25.3. – 264: 2.4. – 265f: 4.4./1 – 267f: 5.4. – 273f: 13.4. – 207: 16.4. – 281: 20.4. – I,3 (1979) 198: 10.1. – 268: 11.4. – 285: 21.5. – 291: 25. 5. – 264f: 27.4. – 267: 28.4. – 293: 31.5. – 307f: 6.6. – 306f: 5.6. – 311: 9. 6. – 311: 14.6. – 295: 22.12. – I,4 (1978) 234f 236: 21.1. – 245: 25.1./2 – 242: 30. 1./1 – 259: 3.2. – 279: 21.2. – 282f: 22.2. – 18f: 24.2./1 – 14: 28.2. – 180f: 29.2. – 298: 8.3. – 231: 22.4./1 – 81: 26.8. – 65: 13.11. – 183f: 10.12. – I/5 (1979) 154: 26.2./1 – 220: 18.4. – 220: 2.5. – 233: 24.6. – 291f: 26.6. – 302f: 30.6. – 278: 20.6. – 283f: 28.6. – 299: 29.6. – 274: 5.9. – I,6 (1979) 27f: 26. 3. – 24: 11.6. – 251: 13.7. – 252f: 14.7. – 264: 22.7. – 273: 26.7. – 233: 27.7. – 275f: 29.7. – 312: 14.8. – 319: 16.8. – 321: 19.8. – 330f: 23.8. – 337: 25.8. – 328: 30.8. – 309: 16.9. – I/7 (1979) 235: 11.1. – 263: 29.4. – 231f: 29.8. – 243 f: 12.9. – 297f: 2.10. – 263: 8.11. – I,8 (1979) 239: 19.10. – 259: 1.11. – 274: 4. 11. – 304: 21.11. – II,1 (1979) 275: 2.1/2 – 243f: 24.12. – II,2 (1979) 76: 13.1. – 84: 7.12. – II,4 (1979) 190: 27.2./1 – 125: 27.2./3 – 24: 23.4. – 213: 1.9. – 230: 21. 9. – 183: 26.10. – 187: 18.11./1 – II,8 (1980) 285f: 15.1.

Feldmann, Christian: „Diese Frau weiß, was sie will". Die selige Maria Theresia von Jesu Gerhardinger (Sankt Ottilien 1985) 13: 9.5.

Feldmann, Christian: Gottes sanfte Rebellen. Große Heilige der Christenheit (Freiburg i. Br. 1984) 291: 20.3. – 83: 14.4. – 53 46:

29.4. – 237 226: 2. 6. – 382: 22.6./2 – 361: 23.6. – 289: 5.8. – 88: 28.8./2 – 221: 26.9. – 27: 4.10. – 335: 15.10. – 186: 15.11. – 143: 16.11. – 128: 19.11.

Feldmann, Christian: Die Wahrheit muß gesagt werden. Rupert Mayer, Leben im Widerstand (Freiburg i.Br. 1987) 44: 2.11. – 65: 5.11./1 – 25: 5.11./2 – 29: 5.11./3

Figura, Michael: Das Kirchenverständnis des Hilarius von Poitiers (Freiburg i.Br. 1984) 323: 5.2./1 – 234: 13.2. – 110: 24.2./2

Folge mir. Betrachtungen im Geist Vinzenz Pallottis (Limburg 1962) 52: 22.1.

Franz von Sales: Feuer und Tau. Führung der Seele. Ausgewählt, eingeleitet und übersetzt von Ingeborg Klimmer (Freiburg i.Br. 1986) 27: 30.1./2 – 113: 1.3. – 42: 4.3. – 34: 12.12. – 120: 16.12.

Franz von Sales: Worte des Vertrauens. Herausgegeben von Maria Otto (Freiburg i.Br. 1975) 101: 24.1. – 33: 4.2. – 66: 4.3./2

Frühes Mönchtum I: Lebensformen. Eingeleitet, übersetzt und erklärt von Karl Suso Frank (Zürich 1975) 344: 11.3./1 – 338: 13.3./1 – 339: 7.6.

Gebete der ersten Christen. Herausgegeben von Adalbert Hamman. Mit einer Einführung von Henri Daniel-Rops (Düsseldorf) 1963 263: 26.2./2 – 195: 21.3. – 41: 10.4. – 256f: 15.4. – 278: 18.8. – 425: 14.9. – 280: 21.10.

Gregor von Nyssa, Der versiegelte Quell. Auslegung des Hohen Liedes. In Kürzung übertragen und eingeleitet von Hans Urs von Balthasar (Einsiedeln 1954) 22: 12. 7.

Große Gestalten christlicher Spiritualität. Herausgegeben von Josef Sudbrack und James Walsh (Würzburg 1969) 220: 2.9. – 54: 7.9. – 225: 7.10.

Hertz, Anselm: Dominikus und die Dominikaner. Mit 48 Farbtafeln von Helmuth Nils Loose (Freiburg i.Br. 1981) 53: 8.8.

Irenäus von Lyon, Geduld des Reifens. Auswahl und Übertragung von Hans Urs von Balthasar (Einsiedeln 1956) 91: 28.10.

Ignatius von Loyola: Geistliche Übungen. Übertragung und Erklärung von Adolf Haas. Mit einem Vorwort von Karl Rahner (Freiburg i.Br. 1975) 15: 6.7. – 26: 2.8.

Ignatius von Loyola, Gott suchen in allen Dingen. Herausgegeben von Josef Stierli (Olten 1981) 12: 8. 10./1 – 177: 8.10./2 – 86: 27.12.

Jármai, Edith: Magdalene Sophia Barat. Heilige und Ordensstifterin (Wien 1963) 204: 24.5.

Johannes Cassian, Spannkraft der Seele. Einweisung in das christliche Leben I. Ausgewählt, übertragen und eingeleitet von Gertrude und Thomas Sartory (Freiburg i.Br. 1981) 80: 9.4. – 93: 26.4. – 75: 14.5. – 59: 16.7.

Johannes Cassian, Aufstieg der Seele. Einweisung in das christliche Leben II. Ausgewählt, übertragen und eingeleitet von Gertrude und Thomas Sartory (Freiburg i.Br. 1982) 79f: 28.3.

Johannes Cassian, Ruhe der Seele. Einweisung in das christliche Leben III. Ausgewählt, übertragen und eingeleitet von Gertrude und Thomas Sartory (Freiburg i.Br. 1984) 82: 19.1./1 – 63f: 4.6. – 167: 23. 7. – 66: 17.8. – 154: 17.12.

Johannes vom Kreuz. Herausgegeben, eingeleitet und übersetzt von Johannes Boldt (Olten 1980) 206: 11.10. – 205: 25.11.

Jungclaussen, Emmanuel: Die Fülle erfahren. Tage der Stille mit Franz von Assisi (Freiburg i.Br. 1978) 63: 1.5. – 27: 9.7. – 25: 23.9. – 57f: 5.10./1 – 35: 5.10./2 – 72f: 9.10. – 52: 12. 10. – 58: 20.11. – 44: 8.12. – 122: 26.12.

Jungclaussen, Emmanuel: Worte der Weisung. Die Regel des heiligen Benedikt als Einführung ins geistliche Leben (Freiburg i.Br. 1980) 56: 12.2. – 36 38: 15.2./1 – 19: 27.3. – 54: 28.5. – 121: 12.6. – 52: 11.7. – 54: 19. 9. – 52: 31.10. – 90: 7.11. – 52: 13.12.

Keel, Anselm: Bruder Klaus heute. Meditationen zu seinen Reimsprüchen (Solothurn 1972) 36 43 48 83: 5.3.

Klara von Assisi: Leben und Schriften. Einführung, Übersetzung, Anmerkungen von Engelbert Grau (Werl ^{4}1976) 122: 3.3. – 114: 11.8. – 111f: 12.8.

Kleine Philokalie. Belehrungen der Mönchsväter der Ostkirche über das Gebet. Ausgewählt und übersetzt von Matthias Dietz. Eingeleitet von Igor Smolitsch (Zürich 1956) 94: 30.3. – 91: 31.3./1

Kranz, Gisbert: Politische Heilige und katholische Reformatoren. Fünfzehn Lebensbilder (Augsburg 1958) 25: 24.3./1 – 25: 24.3/2

Das Leben des heiligen Ambrosius. Die Vita des Paulinus und ausgewählte Texte aus den Werken des Heiligen und anderen Zeitdokumenten. Eingeleitet von Ernst Dassmann (Düsseldorf 1967) 23f: 25.12.

Das Leben der heiligen Hedwig. Übersetzt von Konrad und Franz Metzger und eingeleitet von Walter Nigg (Düsseldorf 1967) 64: 16.10.

Lebenshilfe aus der Wüste. Die alten Mönchsväter als Therapeuten. Ausgewählt und eingeleitet von Gertrude und Thomas Sartory (Freiburg i.Br. 1980) 104: 19.1./2 – 63: 24.8. – 53: 1.12.

Ein Lied, das nur die Liebe lehrt. Texte der

frühen Zisterzienser. Ausgewählt, übersetzt und eingeleitet von B. Schellenberger (Freiburg i. Br. 1981) 32: 12. 1./1 – 139: 12. 1./2

Liguori, Alfons von: Jesus lieben lernen. Herausgegeben und eingeleitet von Bernhard Häring (Freiburg i. Br. 1982) 20: 17. 2. – 40: 12. 3./2 – 15: 8. 5. – 51: 1. 8. – 22: 15. 9. – 48 f: 18. 11./2

Lorenz, Erika: Der nahe Gott. Im Wort der spanischen Mystik (Freiburg i. Br. 1985) 19: 20. 2. – 20: 11. 3. – 129 f: 10. 5. – 127: 11. 5. – 42: 3. 7. – 30: 5. 7. – 24: 8. 7./1 – 25: 8. 7./2 – 107: 18. 10. – 153: 20. 10. – 147: 30. 10./1 – 179: 19. 12./1 – 176 f: 19. 12./2

Lull, Ramon. Die Kunst, sich in Gott zu verlieben. Ausgewählt, übertragen und erläutert von Erika Lorenz (Freiburg i. Br. 1985) 70: 17. 5. – 69 f: 7. 7./1 – 67: 30. 11.

Die Martyrerakten des zweiten Jahrhunderts. Übertragen und eingeleitet von Hugo Rahner (Freiburg i. Br. [2]1954) 53 f: 3. 6.

Möhler, Johann Adam: Athanasius der Große und die Kirche seiner Zeit besonders im Kampfe mit dem Arianismus (Mainz 1844) 265: 3. 5.

Morus, Thomas: Worte der Ermutigung. Herausgegeben von Maria Otto (Freiburg i. Br. 1978) 52: 22. 4./2 – 85: 12. 5. – 89: 16. 5. – 25: 15. 6. – 111: 1. 7./1

Nigg, Walter: Des Pilgers Wiederkehr. Drei Variationen über ein Thema (Hamburg 1966) 119: 17. 4./1 – 128: 17. 4./2

Osterjubel der Ostkirche. Hymnen aus der fünfzigtägigen Osterfeier der byzantinischen Kirche I (Münster 1940) 46: 27. 2./2 – 48: 4. 12. – 169: 5. 12.

Die Ostkirche betet. Hymnen aus den Tagzeiten der byzantinischen Kirche. Die Vorfastenzeit (Leipzig 1934) 139: 3. 4./1 – 144: 3. 4./2 – 77: 11. 11.

Paulinus von Nola, Das eine Notwendige. Aus den Briefen ausgewählt, erstmals ins Deutsche übertragen und eingeleitet von Georg Bürke (Einsiedeln 1961) 74: 25. 2. – 11: 22. 6./1 – 125: 7. 7./2 – 15: 14. 10.

Pernoud, Régine: Jeanne d'Arc. Zeugnisse und Selbstzeugnisse (Freiburg i. Br. 1965) 216: 30. 5.

Quellen geistlichen Lebens. Die Zeit der Väter. Herausgegeben und eingeleitet von Wilhelm Geerlings und Gisbert Greshake (Mainz 1980) 37 f: 23. 2. – 248: 14. 3.

Quellen geistlichen Lebens. Das Mittelalter. Herausgegeben und eingeleitet von Gisbert Greshake und Josef Weismayer (Mainz 1985) 247 f: 12. 3./1 – 219: 2. 12. – 79: 21. 12.

Rahner, Hugo: Ignatius als Mensch und Theologe (Freiburg i. Br. 1964) 305: 2. 7. – 310 f: 31. 7. – 232: 3. 8. – 386: 6. 8. – 193: 6. 11. – 116: 3. 12.

Sartory, Gertrude und Thomas: Benedikt von Nursia – Weisheit des Maßes (Freiburg i. Br. 1981) 109: 20. 12.

SCHOTT-Meßbuch für die franziskanischen Ordensgemeinschaften in Deutschland, Österreich, in der Schweiz, Südtirol und Luxemburg. Die Gedenktage des Ordens (Freiburg i. Br. 1986) 24: 16. 1. – 222: 5. 2./2 – 40: 6. 2. – 56: 2. 3. – 45: 6. 3. – 74: 6. 4. – 97: 25. 4. – 277: 13. 5. – 139: 18. 5. – 253: 19. 5. – 150: 20. 5. – 176: 13. 6. – 171: 15. 7. – 232: 19. 7./2 – 120: 30. 7. – 456: 18. 9. – 522: 23. 10. – 576: 26. 11. – 587: 28. 11. – 600: 14. 12.

SCHOTT-Meßbuch für die Wochentage I (Freiburg i. Br. 1984) 1523: 27. 1. – 1722: 4. 4./2 – 1752: 21. 5. – 1766: 24. 4. – 1837: 27. 5. – 1901: 9. 6. – 1860: 18. 6. – 1924: 19. 6. – 2007: 4. 7. – 2014: 5. 7./1 – 1448: 15. 12. – 1473 f: 29. 12. – II (1984) 1677 f: 15. 3. – 1100: 19. 7./1 – 1112: 21. 7. – 1191: 7. 8. – 1346: 10. 9. – 1342: 17. 9. – 1342: 20. 9. – 1404: 30. 9. – 1499 f: 24. 10. – 1576 f: 12. 11. – 1602: 17. 11. – 1628: 23. 11. – 1404: 29. 11. – 1384: 18. 12./1

Seuse, Heinrich: Deutsche mystische Schriften. Aus dem Mittelhochdeutschen übertragen und herausgegeben von Georg Hofmann. Mit einer Einführung von Emmanuel Jungclaussen (Düsseldorf 1986) 395: 23. 1.

Spaemann, Heinrich: Und Gott schied das Licht von der Finsternis (Freiburg i. Br. 1982) 177: 31. 3./2 – 189: 6. 5. – 183: 1. 7. – 181: 17. 7. – 174: 5. 8./1 – 178: 4. 8./2

Stein, Edith: In der Kraft des Kreuzes. Herausgegeben von Waltraud Herbstrith (Freiburg i. Br. 1987) 86: 9. 8. – 30: 10. 8. – 20 f: 4. 9. – 31: 6. 9. – 63: 8. 9.

Stertenbrink, Rudolf: Allein die Liebe. Worte der heiligen Theresia von Lisieux (Freiburg i. Br. 1980) 57: 9. 9. – 151: 1. 10. – 154: 10. 10.

Stierli, Josef: Aloisius Gonzaga. Das Bild eines jungen Menschen (Freiburg i. Br. 1937) 74 f: 21. 6.

Teresa von Ávila: Ich bin ein Weib und obendrein kein gutes. Ein Porträt der Heiligen in ihren Texten. Ausgewählt, übersetzt und eingeleitet von Erika Lorenz (Freiburg i. Br. 1982) 37: 20. 1. – 75: 18. 7. – 34: 22. 10. – 35: 27. 10. – 50: 30. 10./2

Texte der Kirchenväter. Eine Auswahl nach Themen geordnet, zusammengestellt und herausgegeben von Alfons Heilmann unter wissenschaftlicher Mitarbeit von Heinrich Kraft II (München 1963) 80 f: 18. 2. – 61:

9.3. – 403: 10.3. – 284f: 29.3. – 77: 7.4. – 71f: 8.4. – 160f: 28.7. – 17: 13.9. – 168: 10.11. – 62: 22.11. – 149: 30.12./1 – III (1964) 249: 18.3. – 389f: 23.3. – 355: 11.12. – IV (1964) 209: 3.9.

Thomas von Aquin, Sentenzen. Deutsch von Josef Pieper (München 1965) 86: 28.1. – 74: 29.1./1 – 35: 29.1./2 – 90: 7.2. – 75: 15.2.

Thomas von Kempen: Nachfolge Christi 3,1: 25.7.

Ware, Kallistos/Jungclaussen, Emmanuel: Der Aufstieg zu Gott. Glaube und geistliches Leben nach ostkirchlicher Überlieferung (Freiburg i.Br. 1983) 121: 14.1.

Weisung der Väter. Einleitung von Wilhelm Nyssen, Übersetzung Bonifaz Miller (Trier 1986) 408: 17.1./2 – 358: 22.9. – 296: 29.9. – 378: 13.10. – 390: 25.10. – 377: 6.12.

BILDNACHWEIS

Aachen, Schatzkammer des Doms: 20 (Foto Ann Münchhoff)
Antwerpen, Königliches Museum der Schönen Künste: 15
Bamberg, Staatsbibliothek: 27 (Msc. Lit. 1, fol. 126^{v})
Basel, Öffentliche Kunstsammlung, Kunstmuseum: 12 (Inv. Nr. 646)
Beuroner Kunstverlag: 32 (Nr. 6051)
Brun, J. le, Konstanz: 55
Brügge, St. Janshospital: 62
Brüssel, Bibliothèque Royal Albert Ier: 11, 60
Colmar, Museum Unterlinden: 3
Darmstadt, Hessische Landesbibliothek: 6 (Ms 1640, fol. 23^{r}), 57 (Ms 945, fol. 1^{v})
Hansmann, Kulturgeschichtliches Bildarchiv, Stockdorf: 10, 25
Havers, W., Guadalajara: 7
Herder Bildarchiv: 9, 16, 19, 23, 31, 38, 40, 43, 56, 58, 59
Karlsruhe, Badische Landesbibliothek: 2 (Ms Bruchsal 1)
Köln, Wallraf-Richartz-Museum: 1, 14
London, National Gallery: 47
Loose, Helmuth Nils: 4, 5, 8, 13, 17, 21, 26, 29, 33, 34, 36, 37, 41, 42, 44, 46, 49, 50, 53, 54, 57
München, Alte Pinakothek: 52
München, Bayerische Staatsbibliothek: 28
Nürnberg, Germanisches Nationalmuseum: 35 (Inv. Nr. Gm 151)
Paris, Bibliothèque Nationale: 18, 22, 61
Perugia, Galleria Nazionale: 30
Scala, Florenz-Antella: 24 (K 70302)
Schneiders, Toni, Lindau/B: 39, 45, 48
Silzner, Franz, Baden-Baden: 51

VERZEICHNIS DER ZITIERTEN HEILIGEN

Register

Das Register führt die Namen des Heiligenkalendariums in alphabetischer Folge auf und verweist auf den Gedenktag des bzw. der betreffenden Heiligen. Zusätzlich ist in der Regel die Wortbedeutung eines Namens in Klammern hinzugefügt. Sofern der Name mehrfach vertreten ist, erfolgt die kurze Worterklärung beim ersten Vorkommen. Bei altdeutschen Namen ist der erste Bestandteil, wenn er mehr als zweimal vorkommt, für sich aufgeführt und bei den nachfolgenden Nennungen nur noch durch einen Strich wiederholt, z. B. Hild- (ahd. *hilt[j]a* 'Kampf') und Hildebold (- und *bald* 'kühn'). Die wenigen Abkürzungen beschränken sich auf weithin übliche; eigens erwähnt seien: Kf. = Kurzform; ahd. = althochdeutsch; germ. = germanisch; gr. = griechisch; hebr. = hebräisch; lat. = lateinisch.

Viktor (lat. 'der Sieger'): 10. 10.
Vincenza (lat. 'die Siegende') Maria López y Vincuña: 26. 12.
Vinzenz (lat. 'der Siegende') Ferrer: 5. 4.
Vinzenz Kadlubek: 8. 3.
Vinzenz Pallotti: 22. 1.
Vinzenz von Lérins: 24. 5.
Vinzenz von Paul: 27. 9.
Vinzenz von Saragossa: 22. 1.
Virgil (altrömischer Geschlechtername Vergilius): 24. 9.
Vitalis (lat. 'der Lebensvolle'): 20. 10.
Vitus: 15. 6.
Vizelin (Verkleinerung von Wido, ahd. *witu* 'Wald'): 12. 12.
Volker (ahd. *folc* 'Haufe, Kriegsvolk' und *heri* 'hart, stark'): 7. 3.
Volkmar (ahd. *folc* 'Haufe, Kriegsvolk' und *mar* 'berühmt'): 9. 5.

Wagner, Liborius: 9. 12.
Wal-, Wald-, Walt- (ahd. *waltan* 'walten, herrschen')
Wala (ahd. *wal* 'Schlachtfeld' oder *walha* 'Ausländer' oder *wallon* 'pilgern'): 31. 8.
Walburga (- und ahd. *burg* 'Burg, Schutz') 25. 2.
Walter (- und ahd. *heri* 'Heer') von Bierbeek: 22. 1.
Walter von Mondsee: 17. 5.
Walter von Pontoise: 8. 4.
Waltmann (- und ahd. 'Mann, Mensch'): 15. 4.
Waltrud (- und ahd. *trud* 'Kraft, Stärke'): 9. 4.
Wandregisil (wohl germ. *winid* 'zum slawischen Stamm der Wenden gehörig' und *gisal* 'Geisel, Adliger'): 14. 7.
Warin (Kf. von Namen mit Wer-, Wern-; ahd. *wari* 'Wehr, Verteidigung'): 20. 9.
Weihnachten: 25. 12.
Wendelin (Verkleinerung von Namen mit Wendel-; wohl vom Stamm der Vandalen): 20. 10.
Wenzel (Kf. von Wenzeslaus, slaw. wohl 'mehr Ruhm'): 28. 9.
Werenfried (vielleicht vom germ. Stamm der Warnen und ahd. *fridu* 'Friede'): 14. 8.
Werner (vielleicht vom germ. Stamm der Warnen und ahd. *heri* 'Heer'): 1. 10.
Wiborada (weibliche Form zu Wi[g]bert): 2. 5.
Wichmann (ahd. *wig* 'Kampf, Krieg' und 'Mann, Mensch'): 2. 11.
Widbert (Wigbert, ahd. *wig* 'Kampf, Krieg' und *beraht* 'glänzend'): 23. 5.
Wigbert (ahd. *wig* 'Kampf, Krieg' und *beraht* 'glänzend') von Augsburg: 18. 4.
Wigbert von Fritzlar: 13. 8.
Wiho (Kf. von Namen mit Wig, ahd. *wig* 'Kampf, Krieg'): 13. 2.
Wikterp (↗Wigbert): 18. 4.
Wil-, Willi- (ahd. *willio* 'Wille')
Wilfrith (- und angelsächsisch *fridhu* 'Friede'): 24. 4.
Wilhelm (- und ahd. 'Helm') von Aebelholt: 6. 4.
Wilhelm von Aquitanien: 28. 5.
Wilhelm von St-Bénigne: 1. 1.
Wilhelm von Hirsau: 5. 7.
Wilhelm von Malavalle: 10. 2.
Wilhelm von Vercelli: 25. 6.
Wilhelm von York: 8. 6.
Willehad (- und ahd. *hadu* 'Kampf'): 8. 11.
Willibald (- und ahd. *bald* 'kühn'): 7. 7.
Willibrord (- und ahd. *brord* 'Spitze, Speer'): 7. 11.
Willigis (- und vielleicht germ. *gaiza* 'Stab, Speer'): 23. 2.
Winfried (ahd. *wini* 'Freund' und *fridu* 'Friede'): 5. 6.
Witta (ahd. *hwit* 'weiß'): 26. 10.
Wladimir (kirchenslawisch *vlady* 'Macht' und ahd. *mar* 'berühmt'; von russ. *mir* 'Friede' gedeutet): 15. 7.
Wolf- (ahd. 'Wolf')
Wolfgang (- und ahd. *gang* 'Waffengang, Streit'): 31. 10.
Wolfhard (- und ahd. *harti* 'hart, stark'): 27. 10.
Wolfhelm (- und ahd. 'Helm'): 22. 4.
Wolfhold (- und ahd. *waltan* 'walten, herrschen'): 1. 11.
Wolfram (- und ahd. *hraban* 'Rabe'): 20. 3.
Wüllenweber, Therese: 5. 9.
Wunibald (ahd. *wun[i]a* 'Verlangen, Wonne' und *bald* 'kühn'): 15. 12.

Xaver, Franz: 3. 12.
Xystus (gr. *xystós* 'geglättet, fein'; lat. Sixtus) II.: 7. 8.

Yves (↗Ivo, frz.) Hélory: 19. 5.

Zaccaria, Antonius Maria: 5. 7.
Zeno (wohl Kf. von Zenódotos, gr. 'Geschenk des Zeus'): 12. 4.
Zita (ital.; vielleicht romanisiert von ahd. *diot* 'Volk', vgl. Diet-; vielleicht Kf. von Felizitas): 27. 4.

Moderne Heiligenbiographien im Verlag Herder:

Christian Feldmann
Gottes sanfte Rebellen
Große Heilige der Christenheit
2. Auflage 1988. 384 Seiten, gebunden. ISBN 3-451-20244-1

Christian Feldmann
Träume beginnen zu leben
Große Christen unseres Jahrhunderts
5. Auflage 1987. 384 Seiten, gebunden. ISBN 3-451-19896-7

Christian Feldmann
Liebe, die das Leben kostet
Edith Stein – Jüdin, Philosophin, Ordensfrau
4. Auflage 1987. 142 Seiten, kartoniert. ISBN 3-451-20958-6

Christian Feldmann
Die Wahrheit muß gesagt werden
Rupert Mayer – Leben im Widerstand
4. Auflage 1987. 117 Seiten, kartoniert. ISBN 3-451-20959-4

Klaus Hemmerle
Ulrika Nisch. Die leise Stimme
3. Auflage 1988. 96 Seiten, kartoniert. ISBN 3-451-21152-1

Paul Türks
Philipp Neri oder Das Feuer der Freude
240 Seiten, gebunden. ISBN 3-451-20809-1

Julien Green
Bruder Franz
3. Auflage 1987. 416 Seiten, gebunden. ISBN 3-451-20189-5

Verlag Herder Freiburg · Basel · Wien